全国革命老区县发展史丛书·广东卷

清远市清新区革命老区发展史

清远市清新区革命老区发展史编委会　编

SPM 南方出版传媒·广东人民出版社
·广州·

图书在版编目（CIP）数据

清远市清新区革命老区发展史／清远市清新区革命老区发展史编委
会编. —广州：广东人民出版社，2021.6
（全国革命老区县发展史丛书·广东卷）
ISBN 978-7-218-14704-8

Ⅰ. ①清…　Ⅱ. ①清…　Ⅲ. ①清远－地方史　Ⅳ. ①K296.53

中国版本图书馆 CIP 数据核字（2020）第 242654 号

QINGYUAN SHI QINGXIN QU GEMING LAOQU FAZHANSHI
清远市清新区革命老区发展史
清远市清新区革命老区发展史编委会　编　　版权所有　翻印必究
出 版 人：肖风华

责任编辑：窦兵兵
责任校对：林　俏
装帧设计：张力平等
责任技编：吴彦斌　周星奎

出版发行：广东人民出版社
地　　址：广州市海珠区新港西路 204 号 2 号楼（邮政编码：510300）
电　　话：(020) 85716809（总编室）
传　　真：(020) 85716872
网　　址：http://www.gdpph.com
印　　刷：广州市浩诚印刷有限公司
开　　本：715mm×995mm　1/16
印　　张：22.875　　插页：8　　字　数：300 千
版　　次：2021 年 6 月第 1 版
印　　次：2021 年 6 月第 1 次印刷
定　　价：97.00 元

如发现印装质量问题，影响阅读，请与出版社（020－85716849）联系调换。
售书热线：(020) 85716826

微信扫描二维码 ◀◀◀
您立即获得本书主要内容/
丛书介绍。

广东省编纂《革命老区县发展史》丛书
指导小组

组　长：陈开枝（广东省老区建设促进会会长）

副组长：林华景（广东省老区建设促进会常务副会长）

　　　　宋宗约（广东省农业农村厅二级巡视员、广东省老
　　　　　　　　区建设促进会副会长）

　　　　刘文炎（广东省老区建设促进会副会长）

　　　　郑木胜（广东省老区建设促进会副会长）

　　　　姚泽源（广东省老区建设促进会副会长兼秘书长）

　　　　谭世勋（广东省老区建设促进会副会长）

　　　　廖纪坤（广东省农业农村厅总经济师）

办公室

主　任：姚泽源（兼）

副主任：韦　浩（广东省农业农村厅扶贫协作与老区建设处
　　　　　　　　处长）

　　　　柯绍华（广东省老区建设促进会副秘书长）

　　　　伍依丽（广东省老区建设促进会副秘书长）

清远市编纂《革命老区县发展史》丛书指导小组

组　　长：谢土新

副组长：赖志军　蔡少玲　曾金玲　梁刚毅

办公室

主　　任：梁刚毅

副主任：林永泽　莫祖扬　卢瑞其　李秀红

《清远市清新区革命老区发展史》编纂委员会

编审组

组　长：张勇斌

副组长：潘国培　黄金伙

成　员：林伟奇　陈显东　周赴国　苏锐波

　　　　陈劲峰　温玉珍

在举国欢庆新中国成立 70 周年前夕，中国老区建设促进会王健会长请我为《全国革命老区县发展史》丛书作序，作为一名在老区战斗过并得到老区人民生死相助的老兵，回首往事，心潮澎湃，感慨万千，深感义不容辞，欣然应允。

中国革命老区，是以毛泽东为代表的中国共产党人在领导人民推翻帝国主义、封建主义和官僚资本主义三座大山，争取民族独立和人民解放伟大斗争中建立的革命根据地，在这片红色的土地上，诞生了无数可歌可泣的革命英雄儿女，为后人树起了一座不朽的丰碑，她是新中国的摇篮，是党和军队的根。

在艰苦卓绝的战争年代，老区人民把自己的命运与中华民族的命运紧紧地联系在一起，与中国共产党和人民军队的命运紧紧地联系在一起，他们生死相依，患难与共。我曾亲历过战争年代，并得到过老区红哥红嫂的救助，切身感受到发生在身边的一幕幕撼天动地的革命故事，在那极其艰难的条件下，老区人民倾其所有、破家支前，不怕艰难困苦，不怕流血牺牲。"最后一碗米送去做军粮，最后一尺布送去做军装，最后一件老棉袄盖在担架上，最后一个亲骨肉送去上战场"，这是当时伟大的老区人民为建立新中国做出巨大牺牲的真实写照，它将永远镌刻在中国共产党、中国人民解放军、中华人民共和国的历史丰碑上。他们的光辉业绩永载史册，他们的革命精神必将影响一代又一代的革命新人，造就一代又一代的民族脊梁。

在社会主义革命和建设时期，革命老区和老区人民响应党的号召，面对落后的面貌、脆弱的经济、恶劣的生态环境，他们本色不变，精神不丢，自力更生，艰苦奋斗，干一行爱一行。始终坚持"革命理想高于天"，自觉做共产主义远大理想的坚定信仰者和忠实实践者，勇于向恶劣的自然环境和贫穷落后宣战，他们在各条战线上为国建功立业，用平凡的双手创造了一个又一个不平凡的奇迹，彰显了老区人的崇高精神和人格力量。

在改革开放的伟大进程中，老区人民解放思想，勇于创新，发奋图强，攻坚克难，老区的经济社会建设取得了辉煌成就。特别是在改变中国的面貌、中华民族的面貌、中国人民的面貌、中国共产党的面貌的伟大实践中发挥了至关重要的作用。老区人民既是改革开放的参与者，也是改革开放的推动者。

艰苦练意志，危难见精神。老区人民在近百年的革命战争、社会主义建设和改革开放的伟大实践中，孕育形成了伟大的老区精神：爱党信党、坚定不移的理想信念；舍生忘死、无私奉献的博大胸怀；不屈不挠、敢干胜利的英雄气概；自强不息、艰苦奋斗的顽强斗志；求真务实、开拓创新的科学态度；鱼水情深、生死相依的光荣传统。这是党和人民宝贵的精神财富、丰厚的政治资源，是凝心聚力、振奋民族精神的重要法宝，也是社会主义核心价值观的重要内容。

中国老区建设促进会怀着强烈的政治责任感和历史使命感，组织全国各地老促会人员克服困难，尽心竭力编纂《全国革命老区县发展史》丛书，记录老区的光辉历史和辉煌成就，传承红色基因，弘扬老区精神，是功在当代、利及千秋的一件大事。手捧这部丛书的部分书稿，读着书中的故事，倍感亲切，深感这部丛书具有资政、育人、存史的社会功能，有着重要的时代和历史价值。它是不忘初心、牢记使命的源头活水，是赞颂共产党、讴歌老区人民的一部精品力作，是弘扬老区精神、传承红色记忆的丰厚载体，是一项继承优秀传统文化、弘扬革命文化、发展社会主义先进文化，坚定"四个自信"的宏大文化工程。它必将成为一种文化品牌，为各界人士了解老区宣传老区支持老区提供一部有价值的研究史料。希望读者朋友们能从中了解并牢记这些为党和民族的利益不断奉献的老区人民，从中得到教益，汲取人生奋斗的精神动力。

新时代赋予新使命，新起点开启新征程。让我们更加紧密地团结在以习近平同志为核心的党中央周围，坚持以习近平新时代中国特色社会主义思想为指导，增强"四个意识"，坚定"四个自信"，做到"两个维护"，弘扬老区精神，铭记苦难辉煌。为实现"两个一百年"奋斗目标，实现中华民族伟大复兴的中国梦作出新的更大的贡献！

遵湾田

2019 年 4 月 11 日

2017年6月，中国老区建设促进会组织全国各地老促会启动编纂《全国革命老区县发展史》丛书，按照"建立中国共产党、成立中华人民共和国、推进改革开放和中国特色社会主义事业"三大里程碑的历史脉络，系统书写革命老区百年历史，深入挖掘革命老区红色文化资源，这对于充实丰富中国革命史籍宝库、在新时代传承红色基因、弘扬革命精神、强固根本，对于激励人们在新的历史条件下夺取中国特色社会主义伟大胜利，实现中华民族伟大复兴的中国梦具有重要意义。

丛书编纂以习近平新时代中国特色社会主义思想为指导，以《中国共产党历史》《中国共产党的九十年》等重要文献为基本依据，以党的领导为核心，以老区人民为主体，以老区发展为主线，体现历史进程特征，突出时代发展特色，坚持辩证唯物主义和历史唯物主义相统一、历史真实性与内容可读性相统一的原则，书写革命老区从站起来、富起来到强起来的光辉革命史、不懈奋斗史、辉煌成就史，把老区人民的伟大贡献、伟大创造、伟大成就、伟大精神充分展示出来，形成一部具有厚重历史特征和鲜明时代特色的精品力作。这是一部培根铸魂、守正创新，既为历史立言，又为时代服务，字里行间流淌着红色血脉、催生着革命激情的传世之作。丛书的编纂出版将成为讴歌党讴歌人民讴歌时代、传播红色文化、为革命老区和老区人民树碑立传的重要载体。

　　丛书按照编年体与纪事本末体相结合、以编年体为主的编写体例确定框架结构；运用时经事纬、点面结合的方式记述史实；坚持人事结合、以事带人的原则处理人与事的关系；采取夹叙夹议、叙论结合以叙为主的方法展开内容。做到了史料与史论、历史与现实、政治与学术统一，文献性、学术性、知识性相兼容。

　　为编纂好《全国革命老区县发展史》丛书，打造红色文化品牌，中国老区建设促进会认真组织积极协调，提出政治立场鲜明、史料真实准确、思想论述深刻、历史维度厚重、时代特色突出、编写体例规范、篇目布局合理、审读把关严格、出版制作精良的编纂出版总要求，力求达到革命史籍精品的精神高度、思想深度、知识广度、语言力度，增强丛书的权威性和社会影响力。各省（区、市）、市（州、盟）、县（市、区、旗）老促会的同志，以强烈的使命感、责任感和紧迫感，勇于担当，积极作为，认真实施，组织由老促会成员、专家学者等参加的十余万人编纂队伍。编纂工作主体责任在县，省、市组织协调、有力指导、审读把关。各方面人员以高度负责的精神和科学严谨的态度，满腔热情地投入工作，为丛书编纂出版做出了重要贡献。丛书编纂工作还得到了党和国家有关部委、地方各级党委政府及有关部门的大力支持和积极参与，社会各界也给予了热情帮助。中共中央政治局原委员、中央军委原副主席、原国务委员兼国防部长迟浩田上将，对老区人民怀有深厚感情，对革命老区建设发展十分关注，欣然为《全国革命老区县发展史》丛书作总序。

　　丛书由总册和1599部分册（每个革命老区县编纂1部分册）组成，共1600册。鉴于丛书所记述的史实内容多、时间跨度长和编纂时间紧，不妥之处，敬请批评指正。

中国老区建设促进会

● 革命史迹 ●

五星庙仔岗村庙仔岗农会旧址（罗炜彬摄于 2017 年）

抗战后期中共清远县委旧址及思源亭，位于石马圩幼儿园内（罗梓棋摄于 2020 年）

秦皇太坪村廖氏宗祠，连江支队秦皇山领导机关驻地旧址（苏圣方摄于 2019 年）

粤桂湘边纵队秦皇山根据地伤兵站旧址，位于太平镇山心行政村上王村山岭（李木林摄于 2019 年）

回新江腰村三圣宫，粤桂湘边纵队广四清联区政府旧址（张婉珊摄于 2020 年）

桂湖天塘山古庙，连江支队第三团筹粮小分队驻地旧址（张森泉摄于 2020 年）

山心行政村山三自然村起振钟公祠，粤桂湘边纵队司令部旧址（张森泉摄于 2020 年）

郭屋纸厂村炮楼，连支三团指挥部、驻地旧址（古力飞摄于 2020 年）

粉洞大岽顶村炮楼，广怀区队马奔部交通站（李灿森摄于 2020 年）

沙连村"红军洞"（许建珍摄于 2020 年）

回新江咀村，珠江纵队西挺部队（连江支队前身）进入清远的第一个落脚点（谢云龙摄于 2017 年）

白芒大洲村，粤桂湘边纵队独立团整训和公开成立地点（谢云龙摄于 2017 年）

位于太和镇五星行政村庙仔岗村的赖松柏故居（杨水坚摄于 2019 年）

葛菜革命烈士纪念墓，位于龙颈镇镇平行政村新屋村（陈滔摄于 2020 年）

白芒革命烈士纪念碑，位于龙颈镇白芒小学旁（潘希就摄于 2020 年）

南冲革命烈士纪念碑，位于龙颈镇南冲圩南冲小学（张婉珊摄于 2020 年）

钟惠民烈士纪念碑，位于禾云镇建中铁坑四村铁坑冲山脚下（李金星摄于 2020 年）

桃源烈士纪念碑，位于浸潭镇桃源圩培侨小学背后山坡上（陈沛华摄于 2020 年）

庙仔岗烈士纪念碑，位于太和镇五星庙仔岗村（罗梓棋摄于 2020 年）

中国人民解放军粤桂湘边纵队秦皇山根据地纪念碑，位于太平镇山心行政村委会后（罗梓棋摄于2020年）

秦皇山革命根据地纪念馆，位于太平镇山心行政村委会旁（张森泉摄于2020年）

● 建设发展 ●

万家灯火耀清新（刘轶懿摄于 2020 年）

宝塔生辉（伍志勇供图）

飞来湖上的明珠（李文勇供图）

龙颈镇老区盘龙围美丽乡村建设风貌（罗梓棋摄于 2020 年）

笔架山坑口老区毛坪村新貌（谢云龙摄于 2017 年）

三坑镇老区枫坑村委会新貌（温玉珍摄于 2020 年）

太平镇老区秦皇村委会及卫生站（罗梓棋摄于 2020 年）

建设中的太平镇龙湾工业园（张森泉摄于 2019 年）

位于秦皇山老区甘竹顶的清远抽水蓄能电站（清新区老促会供图）

滨江河迳口的清连高速和广清高速"高接高"工程以及迳口水利枢纽工程（成计福摄于2018年）

位于笔架山老区三坑滩村的古龙峡漂流景区的云天玻璃平台（杜斯华摄于2018年）

老区镇龙颈镇石马小学（温玉珍摄于 2020 年）

位于太和镇老区乐园行政村的清新区第九小学（罗梓棋摄于 2020 年）

微信扫描二维码
您立即开展本书的
延伸阅读。

清新区地处广东省中部、北江中下游，是珠江三角洲与粤北山区的过渡地带。境内有山地、丘陵、平原，北江河流经区内太和镇、山塘镇，自然资源丰富，交通四通八达。

清新区是广东省清远市的市辖区。清远县历史悠久，汉元鼎六年（公元前 111 年）置中宿县至 1988 年撤县建市止，共有 2098 年的历史。中华人民共和国成立前，清远县的行政区除现在的清新区、清城区外，还包括 1958 年划给从化、佛冈两县管辖的龙潭片和龙山片。1988 年 1 月，广东省人民政府呈报国务院批准，撤销清远县，建立清远市，原清远县划分为清城、清郊两个县级区。1992 年，撤销清郊区设立清新县。2012 年 11 月，国务院批复同意撤销清新县，设立清远市清新区，以原清新县的行政区域为清新区的行政区域。

清远县人民富有顽强的斗争精神和革命传统，20 世纪初，清远人民就积极参加孙中山领导的民主革命：1911 年，清远籍人李文楷参加同盟会领导的广州起义，英勇杀敌，光荣牺牲，为黄花岗七十二烈士之一；石潭人陈可钰年轻时受革命思想影响，加入同盟会参加辛亥革命。清远县人民的光荣革命传统和爱国热情，是后来清远农民运动兴起和中共党组织在清远创建的重要思想基础之一。

1924 年国民党一大召开，标志着国共第一次合作和国民革命运动的开始，大革命洪流席卷全国。同年 11 月，中共广东区委通过省农民协会筹备委员会名义，派党员赖彦芳、宋华以特派员身份到清远成立农会、开展农运的具体指导。11 月 25 日，石板乡农民协会正式宣布成立。这是清远县的第一个农会，也是广东省早期成立的农会之一。

1925 年，经广东区委批准，建立起清远县第一个基层党组织——中共清远县党支部，韦启瑞任支部书记。1926 年初，清远县农民协会正式成立，农民运动蓬勃发展，积极开展二五减租、反对苛捐杂税，并惩办破坏农民运动的土豪劣绅。清远的反动民团，仇视农运，制造各种事端。在中共清远县委的领导下，农民自卫军与反动民团大小战斗数十次，最后平定民团。此外，清远县委与农会组织还援助省港大罢工、助平"杨、刘叛乱"、支持北伐战争，为国民革命运动事业作出了一定贡献。

1927 年蒋介石发动四一二反革命政变后，国民党右派大肆镇压共产党人和革命进步人士。为反对反革命政策，中共清远县委执行广东区委的应变指示，组织清远农军 280 人集结韶关，编入北江工农自卫军，北上湖南、武汉，最后参加了八一南昌起义。

南昌起义爆发后，中共中央决定进行土地革命和武装反抗国民党。1927 年 10 月，清远县农运骨干赖松柏在香港与汪耀等人组建中共香港（清远）小组，为清远县的革命指明方向——进行土地革命。经中共广东省委同意，同年 11 月，中共清远县委恢复。赖松柏与周其鉴等人为响应中共广东省委组织各地暴动策应广州起义的要求，决定组织清远农民攻打清远县城，发动清远暴动。

1927 年 12 月 3 日凌晨，由清远县和花县农军联合组成的清远县工农革命军独立团，从四面八方攻击县城。当天的中午时分，勇夺县印，升起党旗，取得了阶段性成果。可惜由于敌众我寡，为了保存实力，农军及时撤退，转战笔架山和秦皇一带。此次暴动有力地支持了7天后的广州起义，赖彦芳与赖德林等人也亲自率部分农军参加了广州起义。

1927年年底，随着广州起义的失败和清远县农运骨干及部分领导人相继被捕和遇害，清远县的中共组织大部分解体。至1930年秋，清远县党组织被改组为中共清远县特别支部，随后基本停止活动，革命处于低潮。

1937年抗日战争全面爆发，全国各阶层建立起抗日民族统一战线，一致抗日。抗日民族统一战线的建立，为清远党组织的恢复与当地抗日运动的高涨提供了有利的条件。

广州沦陷后，1938年10月，中共广东省委军委组织部长冯扬武在石角马头石村共产党的秘密联络点尚德小学成立了中共清远县临时工作委员会。是年11月，广东省委批准成立中共清远县工作委员会。1939年7月，中共北江特委在韶关河南八路军驻韶办事处重建，归属广东省委领导。北特重建后，积极恢复各县县委。1940年2月，为适应时势的需要，统一清远、花县两地党组织的领导，决定成立区工委，谢永宽为工委书记。是年，区工委在清远建立起抗战时期中共清远县城支部。1941年，区工委撤销，建立中共清远县委。1942年"粤北省委事件"发生后，清远党组织停止活动，党员隐蔽。1943年8月，中共北江特委派何俊才任中共清远县委特派员，全面恢复清远中共组织活动。

由于日军的不断进犯，1944年6月，开展敌后游击战争的时机已经成熟，清远县委组织了抗日游击队伍。1945年，中共领导的抗日武装"九中""五中"生擒伪军头子、攻打县城、打击国民党别动队，取得一系列斗争的胜利。是年，北江特委和清远县委根据形势的变化，公开宣布成立清远人民抗日同盟军大队。

1945 年，清远人民抗日同盟军大队与东江纵队远袭敌人老巢龙颈，粉碎了国民党顽固派的"扫荡"后，撤出文洞山区，在英德与珠江纵队南三大队汇合，北上五岭迎接"二王"部队。

1945 年 8 月 15 日，日本宣布无条件投降。9 月，侵粤日军向国民党广东省当局投降，广东人民迎来了抗战的胜利。

抗战胜利后，清远县党组织从 1945 年 9 月至 11 月由北江特委领导，从 1945 年 12 月起归属西江特委领导。1948 年 4 月，中共粤桂湘边工委任命苏陶为中共清远县委负责人；1949 年 5 月，任命苏陶为广（宁）四（会）清（远）花（县）三（水）边区县委书记（一说负责人）直到解放。整个解放战争时期，清远县党的建设有较大的发展，党员人数不断增多，并在斗争中培养造就了大批人才，为解放后政权的建立准备了干部力量。

解放战争时期，根据中央指示，按照广东区委工作部署，中共领导的广四清边区队等武装力量坚持开展隐蔽武装斗争，广泛发动群众反"三征"，减租减息，清匪除霸，成立民兵和农会组织，同时派出武工队向外围发展，开辟外围新游击区。随后还建立了以秦皇山、南冲、笔架山为中心的革命游击根据地，并建立南冲、山心、秦皇三个乡人民政府，同时建立了粤桂湘边纵队连江支队第三团等地方武装力量，先后组织了多次的武装战斗，并在 1947 年至 1949 年先后粉碎了敌人对游击根据地的数次"清剿"阴谋。1949 年，中共清远县委为配合解放军解放清远，做了大量的准备工作。1949 年 10 月 13 日，中国人民解放军解放了清远，推翻了清远县国民党的反动统治，清远县进入历史的新纪元。

1949 年 10 月 20 日，中共清远县委员会和清远县人民政府成立，清远县在县委、县政府的带领下开始进入 30 年的探索发展时期。

在建设新的地方政权、恢复国民经济时期，中共清远县委、县人民政府带领全县人民执行党中央的方针、政策，团结和依靠广大干部群众，结合本县实际，积极开展剿匪镇反斗争、清匪反霸、退租退押运动，开展禁毒禁赌和取缔娼妓运动、土地改革运动等，巩固了新生人民民主政权。1956年，社会主义三大改造基本完成，清远县初步建立社会主义制度。

1956年中共八大召开后，中共清远县委、县人民政府带领全县人民开始进行社会主义建设探索。1956年5月和1961年11月清远县先后召开了第一次、第二次党的代表大会，选举产生新一届县委领导班子，领导全县人民继续推进农业合作化，发展工业，兴修水利、公路等基础设施建设。虽然由于自上而下的历史原因的影响，清远县在建设过程中出现了一些失误，经历了三年困难时期，但中共清远县委、县人民政府在中央的领导下开展对有关错误进行初步纠正，县的工农业、教育、医疗卫生、基础设施建设等领域仍然取得一定的成就。

新中国成立后，党和人民政府从生产、生活、经济建设等方面，对庙仔岗、秦皇、笔架山、南冲等老区人民给予一定支持，促进老区民生发展。

在"文化大革命"十年间，清远县虽然也和全国一样陷入混乱，却能坚定党的领导不动摇，加上各级党组织和广大党员的抵制，以及创造性地推行"农忙暂停革命、大抓生产"的做法，全县的工农业生产得以恢复，缓慢发展。

1978年，党的十一届三中全会召开，清远县进入改革开放新时期。改革开放的前十年，是清远县大胆奋进的十年。农业上推行家庭联产承包责任制，使生产力得以解放，充分调动了农民生产积极性，农业经济得到迅速发展；工业上，镇办、村办、合资（联户）办、家庭（个体）办等形式的乡镇企业遍地开花，特别是国营企业的"清远经验"——超计划利润提成奖改革取得了巨大成功，使企业迅速扭亏为盈，并得到了国务院的高度评价。此外在社会民生方面，如抗击自然灾害、支持老区建设、扶贫助困等工作都取得一定的成果。

随着 1988 年清远撤县建市到 2017 年，清新历经了清郊区—清新县—清新区的行政区划变化。其间，清新地区尤其是革命老区抓住时代发展机遇，在各界的支持和共同努力下，各项事业均取得长足发展。

社会事业方面，教育、医疗卫生、扶贫、城乡建设等逐渐完善。清郊区设区初期，教育教学无论是硬件还是软件水平都比较低，现如今，在"普九"的基础上早已实现普及高中阶段教育，所有乡镇均通过省教育强镇评估验收，实现了"广东省教育强镇"全覆盖。同时，借助现代信息技术的力量，老区的教育教学质量年年攀升；县（区）、镇、村三级农村医疗卫生体系和网络健全，老区的医疗设施设备、医护人员业务水平、突发公共卫生事件应急处理能力和医疗卫生保障能力显著提高，老区群众看病难、看病贵的问题得到进一步缓解；通过结对扶贫、异地迁移、技术扶贫、金融扶贫、产业扶贫、教育扶贫、社会扶贫等精准扶贫方式，老区众多困难户提高了自身的生产劳动能力，从而实现了脱贫脱困；以创文、创卫、创模为契机，清新区积极推进新型城镇化建设，加快城乡一体化，中心城区功能和品位不断提升；通过美丽乡村建设，老区的人居环境质量大大改善。

经济方面，三大产业齐头并进，各领风骚。第一产业通过调整生产结构大力发展"三高"农业、打造农业品牌和建设农业示范区；第二产业积极招商引资、大力建设工业园区，在老区发展资源型工业；第三产业特别是旅游业，借助丰富的旅游资源，打造出"广东省首个旅游强县""中国首批优秀旅游名县""中国温泉之乡""中国漂流之乡"等旅游品牌，同时还在一些老区村庄积极发展乡村旅游和民宿经济等特色旅游活动；此外，三大产业还借助网络大力发展电子商贸。三大产业均实现了产值的大提升，人民收入大为增加。

党的建设方面，至 2017 年，清新区有中国共产党的基层组织 2371 个，全区有党员 19297 人，其中"两新"组织党员 747 人；至 2016 年，中国共产党清远市清新区共召开了七次代表大会，坚持以经济建设为中心，持续推进清新产业升级、城市建设和各项民生事业。

在党的十九大指导下，清新区老区人民不忘初心、牢记使命，决胜全面建设小康社会，为实现中华民族伟大复兴的中国梦不懈奋斗。

1

第一章

区域和革命老区划分概况

第一节 清新区基本情况

一、历史沿革

清新区是广东省清远市的市辖区。在春秋时期，清远是百越地，秦朝时属南海郡。汉元鼎六年（公元前 111 年）置中宿县。到南朝梁武帝年间（502—549 年）置清远郡。隋开皇十年（590 年）废清远郡置清远县和政宾县。唐武德六年（623 年），废政宾县入清远县。五代南汉以及宋、元、明、清等朝代，清远县均属广州府。明清时期，清远县设 4 属：捕属、滨属、回属、浧属。1930 年，将 4 属改为 4 个白治区：捕属称兴靖区，滨属称滨江区，回属称回岐区，浧属称浧江区。中华人民共和国成立后，清远县属韶关地区，1983 年 7 月改隶广州市。1988 年 1 月，广东省人民政府呈报国务院批准，撤销清远县，建立清远市，原清远县划分为清城、清郊两个县级区。1992 年，撤销清郊区设立清新县，其行政区划不变。2012 年 11 月，国务院批复同意撤销清新县，设立清远市清新区，以原清新县的行政区域为清新区的行政区域。

二、地域区划

清新区的行政区域经历了多次变更。1988 年 1 月，原清远县除清城、附城、洲心 3 个镇外，龙塘、高桥、江口、升平、高田、石角、山塘、回澜、太平、秦皇、三坑、石马、南冲、龙颈、珠坑、石坎、禾云、鱼坝、沙河、新洲、浸潭、白湾、桃源、石潭、源潭等25个镇归清郊区管辖。[①] 1988年6月，进行了管辖区调整，清城区除管辖清城、附城、洲心3个镇外，将清郊区管辖的高田、回澜、山塘、太平、秦皇、三坑、石角、龙塘、源潭、江口、升平、高桥12个镇和银盏、华侨、天堂山3个农林场，以及飞霞管理区划给清城区管辖，清郊区设立太和镇（管辖原清城区的黄坑、乐园、周田3个行政村）。调整后，清郊区管辖太和、珠坑、鱼坝、禾云、石马、南冲、龙颈、石坎、新洲、沙河、浸潭、石潭、白湾、桃源14个镇和笔架山林场。清郊区所辖面积1875平方千米，164个村民委员会，13个居民委员会，2434个村民小组，总人口约35万人。1989年11月，省政府将清城区管辖的高田、江口、升平、回澜、山塘、太平、三坑、秦皇8个镇和华侨农场、天堂山农场划归清郊区管辖。

1992年5月，经国务院批准，撤销清郊区设立清新县，辖高田、升平、江口、三坑、太平、山塘、秦皇、回澜、太和、珠坑、龙颈、石马、南冲、石坎、禾云、鱼坝、沙河、新洲、浸潭、桃源、石潭、白湾22个镇，及华侨农场、笔架山林场。1995年7月，升平镇划归新设立的飞来峡管理区（县级）管辖。2000年5月，华侨农场改建制为清侨镇（保留华侨农场牌子）。2001年10月，撤销飞来峡管理区，升平镇重新划归清新县管辖。2001年末，清新县管辖太和、珠坑、鱼坝、禾云、石马、南冲、龙颈、石坎、沙河、新洲、浸潭、石潭、白湾、桃源、回澜、三坑、太平、山塘、秦皇、江口、高田、升平、清侨23个镇和笔架山林

[①]　清新县地方志编纂委员会编：《清新县志（1988—2005）》，广东人民出版社2012年版，第35页。

场。全县所辖面积 2725 平方千米，共 292 个村委会，24 个居委会，3848 个村民小组，总人口 694077 人。2002 年 4 月，清新县撤销秦皇镇，原秦皇镇管辖的行政区域并入太平镇；撤销回澜镇，原回澜镇的回澜社区和飞水、井塘、白莲、塔脚、滘星、新洲、万群、万星、五星 9 个行政村并入太和镇；回正、低地、大湾 3 个行政村并入山塘镇。2003 年 6 月，撤销珠坑镇，将其并入龙颈镇；撤销清桥镇，将其并入江口镇；撤销新洲镇，将其并入沙河镇；撤销白湾镇，将其并入石潭镇。2003 年末，清新县辖太和、升平、高田、江口、山塘、太平、三坑、禾云、石马、南冲、龙颈、石坎、沙河、鱼坝、浸潭、石潭、桃源 17 个镇和笔架山林场。全县所辖面积 2725 平方千米，共 282 个行政村，31 个社区，3889 个村民小组，总人口 696219 人。2004 年 5 月，清新县撤销江口镇、升平镇、高田镇，合并设立飞来峡镇，调整后飞来峡镇管辖原江口镇、原升平镇和原高田镇的行政区域。撤销石马镇、南冲镇、石坎镇，将其行政区域并入龙颈镇，调整后龙颈镇管辖原石马镇、原南冲镇、原石坎镇和原龙颈镇的行政区域。撤销鱼坝镇、沙河镇，将其行政区域并入禾云镇，调整后禾云镇管辖原鱼坝镇、原沙河镇和原禾云镇的行政区域。撤销桃源镇，将其行政区域并入浸潭镇，调整后浸潭镇管辖原桃源镇和原浸潭镇的行政区域。2004 年末，清新县辖太和镇、山塘镇、太平镇、三坑镇、飞来峡镇、禾云镇、龙颈镇、浸潭镇、石潭镇 9 个镇和笔架山林场。2008 年 10 月，飞来峡镇由清城区代管。2009 年 3 月，飞来峡镇划归清城区管辖。

2012 年 11 月，国务院批复同意撤销清新县，设立清远市清新区，以原清新县的行政区域为清新区的行政区域。2017 年，清新区行政区域面积 2353 平方千米，辖太和、山塘、太平、三坑、禾云、龙颈、浸潭、石潭 8 个镇和笔架山林场，共 186 个村委会，

23 个社区居委会，3503 个村民小组，总人口 70.89 万人。

三、自然地理

（一）地理位置

清新区位于北纬 23°32′46″—24°19′04″，东经 112°23′41″—113°20′55″之间。位于广东省北部偏南地区，北江中下游，是珠江三角洲与粤北山区的衔接地带。全区总面积 2353 平方千米，东邻英德市和清城区，西连广宁县、四会市，北接阳山县，南面紧靠清城区。区政府所在地太和镇距广州市 68 千米，距广州新机场 40 千米。

（二）地形地貌

清新区境南北长 85 千米，东西宽 55 千米。北部是典型的石灰岩山区，中部是中低山区，南部以平原为主。最高峰是位于龙颈镇和浸潭镇之间的平坑顶，海拔 1181 米。

（三）气候

区境靠近北回归线，属典型的亚热带季风气候区，冬无严寒，夏无酷热，气候温和，年平均气温为 20℃ 至 22℃，无霜期 330 天以上。降水丰富，是广东省三大降雨量高值区之一，全区多年平均降雨量为 2139 毫米，降雨量时空分布不均匀，降雨主要集中在每年 4—9 月的汛期，约占全年降雨量的 80%，暴雨频繁。

（四）水文

区境雨量充沛，河流众多。集水面积在 100 平方千米以上的干支流共有 12 条，主要有北江、滨江及其支流秦皇河、威整河等，均属珠江流域，北江水系。

北江，是流经区境的第一大河，也是广东省主要河流之一。它发源于江西省信丰县大庾岭，流入广东省南雄后称浈水，至曲江与武水汇合后称北江，南流至三水思贤滘与西江汇合并流入珠江。北江干流全长 468 千米，集水面积 46686 平方千米，流经区内太和镇、山塘镇。

滨江，为北江的一级支流，是区内的主要河流。全流域均在本区境内，发源于区内西北部石潭镇的大雾山，上游称大岩水，至石潭墟与白湾水汇合后始称滨江。自西北向东南流经浸潭、禾云、龙颈、太和等镇后，由飞水口汇入北江。滨江干流全长 97 千米，集水面积 1728 平方千米，多年平均径流量 25.7 亿立方米。

秦皇河，为北江一级支流，发源于秦皇花杆顶，至回澜正江口汇入北江。

威整河（又称漫水河），是北江一级支流，发源于广宁县涩仔山，流经四会市后进入清新区三坑镇，至三水市埗街上社汇入北江。

四、人口民族

清郊区在 1988 年设立时，常住居民主要是汉族。1990 年第四次全国人口普查时全区普查人口 563481 人，其中汉族人口 563209 人，占 99.95%，少数民族 16 个（包含 5 个未识别民族成分），人口 278 人，占 0.05%。2000 年第五次全国人口普查时，普查人口 531226 人，汉族人口 529100 人，占 99.6%，少数民族 19 个（包含 1 个未识别民族成分），人口 2126，占 0.4%。少数民族人口数量和所占比例有所增长。2014 年末，清新区户籍人口 68.16 万人，常住人口 72.17 万人，全区居民汉族人口占 99% 以上。全区有姓氏 300 多个，其中，万人以上的姓氏约 20 个，以陈、黄、李、梁、刘、罗、朱、曾、潘、何等姓人数较多。大多数居民以清远白话为日常交际语言，亦有小部分居民讲客家话及鹤话，讲客家话及鹤话的居民大部分也能讲流利的清远白话。

五、资源优势

（一）农业资源

清远市清新区地势由北向南倾斜，北部山多田少，部分镇为石灰岩山区；中部以低山丘陵地为主，部分为山冲田段；南部比较平坦，有部分河流冲积田。农作物品种繁多，土地资源丰富，农村劳动力充裕。清新区农业以粮食生产为主，水稻种植面积较大，山区以旱粮为主，玉米种植面积较多，是清远市重点粮产区。2017 年，清新区耕地面积达 1.95 万公顷，建有清远市现代农业示范区。传统和新兴种养业、农产品加工业发达，先后获得"中国笋竹之乡""中国冰糖桔之乡""中国乌鬃鹅之乡""中国黑皮冬瓜之乡""中国优质冰糖桔基地重点县""国家级出口食品农产品质量安全示范区"等称号。其中，清远乌鬃鹅和清新冰糖桔是国家地理标志保护产品，清远鸡、乌鬃鹅、笔架茶、麻竹笋为传统土特产。

（二）林业资源

至 2017 年，清新区森林面积 16.73 万公顷，森林覆盖率 69.63%，森林蓄积量 818.91 万立方米，省级以上生态公益林面积 5.89 万公顷，其中国家生态公益林 2.09 万公顷，省级生态公益林 3.8 万公顷。全区林业用地面积 16.7 万公顷，共有省级自然保护区 1 个（广东清新白湾）、市级自然保护区 2 个（笔架山、桃源燕子岩）、县级自然保护区 3 个（太和洞、明霞古洞、三坑温矿泉）和省级森林公园 1 个（太和洞森林公园）、市级森林公园 1 个、镇级森林公园 2 个、湿地公园 1 个，获得广东省林业生态县的称号。

（三）矿产资源

清新区境内已查明的矿产资源品种有 20 多种，主要以黄金、稀土、高岭土、温矿泉、石灰石、石英为主。石灰石现探明约有7亿吨，不仅储量大，而且适合用于生产水泥，平均品位氧化钙大于48%；温矿泉储量丰富，水质优良，开发利用价值高。据地质资料统计数据，本区各矿种探明的 D 级储量有：砂岩 510 万立方米，建筑用花岗岩 320 万立方米，斜长花岗岩 140 万立方米，水泥用灰岩 700 万立方米，制灰用灰岩 1090 万立方米，石英矿245 万立方米，陶瓷土 910 万立方米，砖瓦用黏土 92 万立方米，铅锌矿 3.5 万吨，地热水 99 万立方米/年。

（四）旅游资源

清新区先后获得"广东旅游强县""中国旅游强县""中国优秀旅游名县""中国县域旅游品牌百强县""中国最佳生态旅游县""中国最佳文化生态旅游目的地""广东省国民旅游休闲示范县""华南自驾游最佳目的地""最受欢迎省内游目的地"等称号。全区各类旅游资源有 60 多处，温泉、漂流、体育、生态等旅游项目较为著名。清新温矿泉旅游度假区、玄真古洞生态旅游度假区和古龙峡生态旅游度假区是国家 AAAA 级旅游景区，太和古洞旅游风景区是国家 AAA 级旅游景区。其他特色景区有笔架山旅游区、清泉湾生态旅游度假区、龙腾峡旅游度假区、牛仔谷漂流、名将体育俱乐部、金龙洞地下河、红不让农科大观、鸿昇田园牧歌清远教育基地、清新观景台、凤塱古村落、清远国际花博园、西沙野趣岛、小华山风景区、清远联滘水西共享生态村、安庆兴农乐、清远梦幻诗歌花园及太和古洞有居民宿、笔架山毛坪村山外壹号民宿、龙颈镇大坳村清新人家、三坑镇九牛洞生态观光民宿、龙颈镇咱家民宿、浸潭镇塘坑村民宿等。

（五）交通优势

清新区位于广东省北部偏南地区，面临珠三角，后靠广大内陆省份，是珠三角连结粤北山区的主要物流配送通道。随着广清一体化的推进，广清高速八车道改造，二广、乐广、肇花高速建成通车，广清跨市公交线路开通，广清经济和人员往来更加便利。

　　清新区境内交通四通八达。公路运输方面，国家一级（A类）客运站场1个，营业性运输车辆拥有量为3116辆，拥有道路运输业户2135家，公路总里程达2601.961千米。境内107国道、清连高速公路、清四一级公路、清佛公路相通。在建的过境高速公路有广昆高速和湛山高速。水路运输方面，清新区有取得港口经营许可证的码头2个，水路运输企业5家，机动货船275艘，总载量777984.2吨。2017年，完成客运周转量15841万人千米，其中公路客运量14440万人千米，水运客运量1858万人千米。全年完成货运周转量554293万吨千米，其中公路运输完成货运周转量350232万吨千米，水路运输完成货运周转量207131万吨千米。

第二节 革命老区划分情况

一、评划革命老区情况

清新区人民有着光荣的革命传统。20世纪的上半叶，清新区人民在中国共产党的领导下，为推翻三座大山而浴血奋战，坚持武装斗争，建立了革命根据地，组织起人民政权，为新中国的建立作出了巨大的贡献，有不少英雄儿女献出了宝贵的生命。清新区山区面积广大，而南部又靠近广州这个革命中心，这里的人民接受先进的革命思想早，广大的山区又为革命斗争的开展提供了广阔的舞台，党在不同的历史时期建立了不少根据地，是广东省革命老区较多的地区之一。

1957年10月31日，成立清远县革命老根据地建设委员会，同年10月至12月，开展评划老区工作。经省批核，确定以附城的石板，回澜的庙仔岗、灯盏岗、车岗咀，洲心的上黄塘为革命红色游击区；高田的上文洞、中文洞为抗日游击区；对解放战争游击区笔架的吊丝坪、坑口、坑尾、上路、茅坪、黄腾峡、柴坝、浮（蒲）竹窝、大窝坪，秦皇的乌坭、黄茅、桅杆（桅干坪）、山心、黄古（扶）坳，太平的小秦，南冲的镇平、龙屈、白石、黄洞、水口、白芒等也进行了调查核定。同时，评定张社扬等7户（9人）为"堡垒户"。

1991年10月，广东省民政厅提出开展评划解放战争游击根据地和确定老区乡镇、老区县的工作方案。在评划中，评划解放战争游击根据地严格执行四条标准。凡在解放战争时期（1945年8月至1949年9月30日）具备以下四个条件并坚持一年以上时间的，可评划为解放战争游击根据地。一为建立了党的组织，或在游击队、武工队的党组织领导下进行革命斗争；二为组织了农会、民兵组织，并在上述组织领导下发动群众进行了减租减息斗争和其他革命活动；三为建立人民政权，或在党的领导下建立了革命的"两面政权"，或在人民政权、革命的"两面政权"领导下进行革命斗争；四为发动群众参军参战，支援部队，建立了革命武装或在党领导下开展了武装斗争，为解放战争的胜利作出了重大牺牲和贡献。

1992年4月，清远市民政局下发《关于开展评划解放战争游击根据地和确定老区乡镇、老区县工作的实施意见》。1993年2月，清远市完成解放战争游击根据地评划工作转入评划老区乡镇。

至1993年10月，全县有革命老区村庄的镇（场）16个，管理区95个，自然村853个，人口12.39万人，占全县总人口的20.07%。被评划为革命老区的镇（场）有回澜、秦皇、高田、南冲、石马、笔架山林场6个。

2002年4月，清新县撤销秦皇镇，原秦皇镇的老区行政村并入太平镇；撤销回澜镇，原回澜镇的井塘、白莲、新洲、万群、五星5个老区行政村并入太和镇，低地、大湾两个老区行政村并入山塘镇。2003年6月，撤销珠坑镇，将其老区行政村并入龙颈镇；撤销新洲镇，将其老区行政村并入沙河镇。2004年，撤销石马镇、南冲镇、石坎镇，将其老区行政村并入龙颈镇；撤销鱼坝镇、沙河镇，将其老区行政村并入禾云镇。2004年5月，高田镇被撤销，与江口镇、升平镇合并设立为飞来峡镇，飞来峡镇所有老区行政村于2009年3月划归清城区管辖。

经过多次的行政区域变更，至 2017 年，清新区拥有革命老区村庄的镇（场）有 7 个，分别是太和镇、山塘镇、太平镇、三坑镇、龙颈镇、禾云镇、笔架山林场。其中，太和镇五星行政村的庙仔岗、灯盏岗、车公咀 3 个村庄为第二次国内革命战争革命根据地。而属解放战争游击根据地的老区行政村和村庄分别有 65 个、774 个。其中，太和镇有 7 个行政村，47 个村庄；山塘有 4 行政村，17 个村庄；太平镇有 12 行政村，149 个村庄；三坑镇有 2 个行政村，16 个村庄；龙颈镇有 26 个行政村，395 个村庄；禾云镇有 7 个行政村，115 个村庄；笔架山林场有 7 个行政村，35 个村庄。

二、清新县革命老区村庄名录（1993—2002 年）[①]

第二次国内革命战争革命根据地		
镇（场）	行政村	村庄名称
回澜	五星	庙仔岗、灯盏岗、车公咀
解放战争游击根据地		
镇（场）	行政村	村庄名称
太和	黄坑	榨油、米坑、八片、廖屋、芋头岗
	乐园	杨梅坑、牙英岗、岗仔顶
回澜	五星	新认、林屋、长潭、中间围、白芒兜、认背、大秧地、营仔下、下古水
	新洲	葫芦洲、白蚁、旗尾、汶塘、新洲、洲仔、新生、暗鱼

---

① 清新县地方志编纂委员会编：《清新县志（1988—2005）》，广东人民出版社 2012 年版，第 647—651 页。

（续表）

解放战争游击根据地		
镇（场）	行政村	村庄名称
回澜	白莲	新屋、东方、东南、新楼、东围、新兴、青塱、长地、沙垯
	万群	社田、松岗、沙仔、桂塘、东头、西头、
	井塘	迳口、黄岗、坑东、坑西、连塘、东围、西围
	低地	鱼寮、大围、龙颈、油榨、乌坭、蔗寮、竹仔、东边
	大湾	鲤鱼江、上湾、下湾、福仁里
山塘	西沙	牛路
	上马	七支堂
	先锋	半边山、马安岗
	大同	雪塘
太平	大楼	新屋、汉塘、南便、上中、东头、岗咀、钊记、水坑、孟屋、冼屋
	楼星	白水塘、鱼仔塘、水楼、花陂、马蹄洲、瓦窑岗、老龙湾、下山、太平围、瓦岗仔
	龙湾	洞口围、小秦、格水、坑坝、冷水坑、上龙湾、大垯、下龙湾、罗仔坑、大圳背、新村岗、黄岐塘、大湾场、白泥、大樟山
	沙塘	小樟山
	蒲兴	蒲芦
	天良	良村、三坳岗、学田围、高坟岭、天井坑、牛眠寨、田寮、田心、老树岭、书包岭、庄头
	天塘	上社、南昌围、菁家龙、新寨、湾仔、上塘仔尾、下塘仔尾、彭村、蓼塘、新围、太记、木山、沙型

（续表）

解放战争游击根据地		
镇（场）	行政村	村庄名称
太平	北坑	北坑、望牛岗、鸦屈、兴隆、铁牛坑、坑坝、灰林、古碌岭、新田、横路、石坎、福兴、白坟、上寨、新屋、黎碧坑、红墩、青菜岗、新兴
秦皇	郭屋	三联、曹碓、纸厂、大竹坝、白花窝、三叉水、老山、上王竹、王竹、下王竹、郭屋、长岭、黄沙、二善
	山心	松树埋、山一、山二、山三、山四、下桂、上桂、坑尾、下黄、上黄、大水尾、上乌坭、下乌坭、下三、黄扶坳、冬瓜坝
	三合水	三合水、桅干坪、三埋
	埋塘	梅仔坑、坝尾、滑石坑、埋塘、桥头、河背、苏屋、半坑、坑尾顶
	炉下	下头炉、上头炉、大河边、蓝山、新屋、大坪、大王角、山塘尾、红星、南木坳
	秦建	大窝、珠华坳、埋塘坝、甲水口、白水表、香炉脚、上厂、白花窝、矮岭
	车公洞	船底窝、新村、坑坝、大旺、张屋、下段、新路、新东
三坑	枫坑	木坑、山脚、解放、大锅塘、大岗顶、枫坑、石屋、红旗、高城、隔寨、新大塘、高田、布心、上下新屋、杨寮
	雅文	大围
珠坑	骆坑	骆坑口、新寨、南湖、坳仔、竹坝、新兴、天主、谷拨
	姨坑	小姨坑、坪地、黄宅、高宅、竹坪、竹坑、坑尾、竹洲

（续表）

镇（场）	行政村	村庄名称
珠坑	岑坪	山佬营、东段、曾家、担水龙、何家、独石、大陂、学咀岭、婆坑
	北楼	大茅坪、北楼口、大坪岗、涩塱下、罗卜坝、毛屋、李家、南寮洛、庙坪、乌石认
	头巾	迳下、新兴、桐油寨、杉岗、海边、六仔、营盘
石马	南田	碟坑、枫木坪、万兴、庙边、飞丝、大坪、鸭坑、先锋坑、石榴坑、黄茅洞
	迳口	柏木脚、姓黄、洛仔、新庙、大石龙、桃花墩、太平、上围、迳口围、中心崀、南山、姓曾
	西潭	蒲剪坑、永安、旺洞、洛仔、吐珠、姓赵
	塘坑	石拆骆、大塘基、竹兜塱、老围、大岭脚、大坑、香车岗、田坑口、上寨、下寨、马围、渔汕塘、塘口霖、石门坑、石门坑口、横头岗、塘坑围
	石马	坑边、洞心、上格、下格、马皇塘、镬耳楼、山仔尾、其盆、万寿、石马、沙三、沙围、沙一、白屋仓、石头崀、崩田湾、旧炭厂、山一、新桥、上山
	埔田	正坑尾、正坑口、鹧鸪坝、龙家围、蒲达崀、白屋围、邓家围、东坑、埔田、庵田、石角坳、四公屈、大岭脚、小麻坑
	板潭	鱼良、麻坑、陂头、巡捕、沙田、黄坑、挂榜、罗秀洞、大坪、板潭
	凤塱	元江、五一、高陂、下田心、凤田、竹基
	古坑	古坑、坑口、新塘、坭屋、田村、太平围、凤凰、坑坝围、灯盏石

（续表）

解放战争游击根据地		
镇（场）	行政村	村庄名称
石马	长岗	吉安、罗胜、塱围、黄其龙、锅后、龙塘围、下村、白屋仔、一村、二村、三村
	大坑	大坑尾、暖水坑、树蕑坑、塘仔边、桥头、大竹坑、师认、灯芯坪、方田
	骆坑	骆坑、高山
南冲	白芒	太平坑、大禾坑、石咀、秀崀、架吊崀、黄岐斗、旧村坑、成合、大屈崀、大洲、良岗、榕树、辣仔崀、社墩、珠仔陂、龙洼、崀仔岗、流崀、芒兜崀、烧炭坪、水流崀
	回新	珠坑、莫村、谭村、长寮、江咀、大田头、木古坑、高寨、塘坑、塘尾、大岗、江腰、洼仔、上围、下围、子龙坑、崀坑、庙江头、新屋、庙下、龙塘
	新洞	旧寨、担水坑、大崀顶、界板、界板尾、庙龙、白汉坪、六暗、大崩、梅仔坑、黄茅塱
	黄竹	响水迳、田心、潘一、潘二
	白腾坑	田龙、新屋、大寨、下寨
	粉洞	大围、潘屋、何屋、迳心
	寺洞	梓木迳、禾仓、蕉心坪、寺洞围、曾屋
	旺洞	坑仔口、冷水坪、地塘下、九江厂、田心、办塘寨、新屋、倒庄寨、车坪、新路坑、良田、藤寨、田罗田、大降、木城
	白石	大坪、坳仔塘、龙湾、白江、四贵、上崀、旱崀、文崀、旧村、信记、佛仔岗、大坑坝、白石围、南冲坑、石圳、坑口、坑尾

（续表）

解放战争游击根据地		
镇（场）	行政村	村庄名称
南冲	葛菜	汤马崀、二埋、上大梳、下大梳、上山塘、下山塘、六仔带、半坑尾、黄苗坑、埋塘、新屋、旧屋、跃进
	龙屈	南坑、正坑、沙连、桃仔坳、大山口、油厂、田坑、松崩、谢屋、何屋、龙屈寨、石头崀、南山、崩塘、大乌崀、行仔坑
	镇平	营盘、庙下、黄坑、雷劈石、凡正坑、观音、旧屋坑、崩山、观仁坑、洲府寨、蛤塘、高基头、桐油塘、治水口、罗洞迳
	平岗	木坑、上围、下围、石灰窑、迳仔崀、迳仔、葫芦坑、大坪尾、带面、迳仔口、带下
	军坑水口	军坑口、军崀、埋塘、竹仔山、石咀、带面、军坑尾、水尾、南坑
龙颈	迳口	线溪田、乌杭坑、磨刀石、元江、横屋、塘仔屈、田心围、唐屋、办塱、高塱、大江咀、崩岗脚、围仔、庙江、迳口、马仔山、元头塱、潭洛、叠坑、麻竹坑
	共和	中心迳
	石崇	炳水
	西坑	韭菜坑
	马牯坪	一村、二村、三村
石坎	中洲	庙坑、钱屋、范屋、韦屋、下坪、黄猄坑、塘督岩
	联兴	杨梅塱、荷木脚、汤鸡坪、踏对岭、茶控、瓮洞
	立坑	竹仔山、山头塱、何屋寨、下木古、上木古、大崀咀、横树塱、南山口、石咀铺、龙塘寨、茅坪、崩岗口

（续表）

解放战争游击根据地		
镇（场）	行政村	村庄名称
石坎	迳尾	马尿带、盘龙围、大坝
	五星	青皮坑、崩岗坑、办坑顶
	佛市	龙潭、大鹧上围、大鹧下围、文屋寨
鱼坝	风云	黄屋、秀田坑、长塱头、雷公坑、牛江、蓝屋、金斗塘、鸡屎坑、石羊稠、白水寨、大窝、架枧坑
	松坑	大段田、细坑、樟木塱、洛仔、新围仔、松坑尾、高塱
	大陂坑	高段、坑尾、曹冲、大山口、上塘、下塘、屈仔、松树窝、围仔、寨下、风荷树、大吉坑、香车龙
	义合	高洞、怡合、三马坑、元墩坑、高陂、元岭咀、石根坑、高寨坑、答代利、梅仔坑、律厘帐、中心洞、沙梨根、根竹坑、磨勾、独脚松、高文、长塱尾
	鱼咀	吴围、新铺、虾律龙、高塘、梅化湾、镬头石、高围、白石坳
	黄沙	石桥头、大围、大岭脚、石基头、黄沙坑、新围、黄其塱、上涧、下涧、木塱、迳口、乌石磅
	新国	塘肚、铺仔、水楼、下围、矮岗、庙下山、塘上、塘下、打醮坝、高圳头、崩岗角、大塘围、围仔、禾顺岗、杨梅坑
沙河	桂湖	大坝、大垎、九比夫、东风、白花山、根竹坑、下角、赤水、新屋、禾里坑、担川坳、德星里、任坑、横岗、庙岗、榕树围、围背、新村、佛仔塘、佛仔岗、田心、樟木塘、天堂山、角仔冲
新洲	湴坑	松坑峡

（续表）

解放战争游击根据地		
镇（场）	行政村	村庄名称
笔架山林场	中山	铜古坑、大窝坝、蒲竹窝、柴坝、鸭爪坑、磨刀坑
	坑口	蝉眉坑、企坑、根竹坪、新田、水盆坑、毛坪、坑口、杨桃窿
	坑尾	山草坪、下吊丝、上吊丝、公坪、坑尾、艾婆坑、石辣挞、往坑、湾坑
笔架山林场	田边	坑坝围、对面坑
	车头	车头
	根竹园	坑坝围、坑口
	三坑滩	崩坑、帽叶坪、新兴、大堆谷、韭菜口、扫管坑、坑口

第二章

大革命时期

第一节 农民运动

一、清远县党组织的成立

近代以来，由于受西方列强的入侵，中国的民族危机不断加深，逐渐沦为半殖民地半封建社会。无论是"师夷长技以自强"的洋务运动，还是主张建立君主立宪制的戊戌变法，或是建立共和政体的辛亥革命，都未能改变中国半殖民地半封建的社会性质，国家依旧积贫积弱。

中华民国成立后，军阀混战，天灾频发，帝国主义加紧侵略中国，进一步加深了中国人民的苦难。为了救亡图存，先进的中国人积极寻求新方法。1917年十月革命后，传来了马克思主义。五四运动爆发后，马克思主义迅速传播，中国各地纷纷建立共产党早期织组。1921年7月，中国共产党成立，中国革命面貌焕然一新。1923年至1924年，清远有志之士朱祺、宋华、赖彦芳等人为寻求革命真理，先后加入中国共产党。

1922年6月，中共发表《中共中央第一次对于时局的主张》，明确提出建立各民主阶级联合战线的主张。1923年，中共三大在广州召开，确立了与孙中山领导的国民党进行合作的方针。1924年，国民党一大在广州召开，会议通过宣言，重新阐释了三民主义，确立了"联俄、联共、扶助农工"三大政策，标志着国共第一次合作正式形成，反帝、反封建、反军阀的国民革命运动在全国蓬勃开展。

1923 年，清远县地方土豪劣绅以大德堂名义，勾结县署官产处，冒称捐助军饷，承领了广州玄妙观在清远附城石板村的庙田，但又拒不维持石板农民的永佃权及历史租额，任意将之发卖或按时值升租，引起当地农民群起反对，农民"抢割"稻谷，结果遭到镇压，为首农民钟扬德等人被迫逃亡在外。

随着国民革命运动的开展，广东革命政府在全省积极扶持工农运动。1924 年冬，石板村村民钟扬德、刘社德向国民党中央农民部求援。农民部共产党员彭湃等接见了他们，支持、鼓励、指导他们回村组织农民协会（简称农会），开展农民运动，与旧势力作斗争。钟扬德、刘社德回村后，马上在石板组织农会。

1924 年 11 月，中共广东区委通过省农民协会筹备委员会名义，派党员赖彦芳、宋华以特派员身份到清远成立农会、开展农运的具体指导工作。11 月 25 日，石板乡农民协会正式宣布成立。这是清远县的第一个农会，也是广东省早期成立的农会之一。农民部发给石板乡农会犁头旗和刻有"清远后岗石板乡农民协会"大印一枚。

同年 11 月，社会主义青年团广东区委委员、共产党员韦启瑞到清远，与宋华、赖彦芳组成中共清远县第一个党小组，组长为韦启瑞，以县城（即清城）上廓街新万合为与中共广东区委联络点。在清远，韦启瑞 3 人积极组织农会，开展农民运动，秘密发展共产党员，创建党团组织。1925 年 1 月，石板村人刘清入党，这是在清远本地发展的第一个党员。同时，清远籍的广州农民运动讲习所第三期学员钟耀生、钟耀初、赖松柏、林焕文也在农讲所加入共产党。随后又分别吸收刘钊林、刘林、黄俊廉等人入党。清远县城附近农村的郑大涵、张东兴等 23 人加入共青团。1925 年 5 月，经广东区委批准，建立起清远县第一个基层党组织——

中共清远县党支部，韦启瑞任支部书记，有党员 14 名。同时，经共青团广东区委批准建立共青团清远县特别支部，韦启瑞任书记。

1926 年春，清远县党员增加到 36 人。为适应形势发展的需要，更好地组织领导清远的农民运动。同年 4 月，广东区委将清远县党支部升格为清远县委员会。当时，韦启瑞已调职离开清远，上级派叶文龙到清远任县委书记（下设石板、庙仔岗、上黄塘、县农会 4 个支部，由广东区委直接领导），清远县级党的领导机构正式建立，领导机关设于县城。

附：大革命时期清远县党组织发展沿革示意图

二、成立农会，开展减租减息、反抗苛捐杂税运动

国共第一次合作形成后，广州成为国民革命运动的中心。清远县毗邻广州，深受国民革命的影响。在中国共产党的领导下，全县积极投身国民革命运动，农民运动开展得如火如荼。

当时，中共主张在三大政策原则下，发动农民减租减息、反抗苛捐杂税，于是农民协会迅速发展。

1924 年 11 月 25 日，石板乡农民协会正式宣布成立。这是清远县的第一个农会。1925 年初，先在县城公开建立了清远县农民协会筹备处（简称县农会筹备处），以指导和组织全县的农民运动。为了充实和健全各地农会组织，县农会筹备处于 1925 年 1 月举办农干培训班，由省农运特派员、共产党员叶文龙为农干班主任，培训出一批地方农运骨干。同时选送优秀农民骨干参加广州农民运动讲习所第三、四期学习，提高地方农民骨干素质，为建立县、区、乡三级农会充实干部力量。

1925 年，赖松柏从广州农讲所学习结束回家乡后，先后发动家人及庙仔岗、灯盏岗、车公咀的农民，成立庙仔岗乡（今清新五星）农民协会。此后，太平、回澜、山塘、三坑、高田、珠坑、河洞纷纷成立农会。在乡农会基本普及的地区，发展建立区一级农会。3 月，清远县第二区（附城）农会成立。5 月，清远县选派钟耀龙、钟耀初等 6 人为代表出席广东省第一届农民代表大会，钟耀龙被选为省农民协会候补执委。会后，县农会筹备处设立农运宣传队，由刘清、钟耀生等负责，到全县各地进行农运宣传，协助组织农会开展减租减息等工作。

1926 年初，清远县农民协会（简称县农会）正式成立，黄俊廉任执行委员长，赖松柏、刘清任执行委员。当时清远县有县农会，3 个区农会（石板、庙仔岗、上黄塘），122 个乡农会，会员 9587 人。在一年多的时间里，清远县确立了县、区、乡三级农会，农运蓬勃发展。

各地农会成立后，按照国民党中央政治会议所通过的"农村实行减租，按原租额减百分之二十五（又称'二五减租'）"的条例，发动和支持农民的减租斗争。上黄塘农民首先对大河塘的官产田实行"二五减租"，以此为先例，各地农民纷纷开展减租运动。太平乡沙公坳地主勾结民团头目刘卓、李葵等，拒绝执行减租。清远第六区农会组织农民与之据理力争，附近各农会也发动群众前来支援。顽固地主被迫奉行减租法令。这是清远县农民在反封建的经济斗争中首次取得的胜利。

在清远县，三坑糖业公司"捐棍"温茂犹花巨资承包收取糖捐,全县糖捐在 1925 年时由他向农民收取。当时,"农民向他算细账,检查收捐方式,不按承包规章扩大加多收入 4 万元,农民和他理论,温茂犹恃势迫人,不讲道理,激动的农民自动组织起来反抗,当日,在三坑圩基头收捐站打死了温茂犹等三个奸商"①。事件发生后,捐商上报税警队。税警队武装 10 多人前往三坑扣押了多个当事农民回县城。县农会向县长廖百芳申述实情,农民被释放,并取消了这项苛捐杂税。

三、援助省港大罢工,助平"杨、刘叛乱"

1925 年 6 月,省港大罢工爆发,省农会发表宣言,通电声援工人的反帝斗争。省港大罢工中,清远籍工人黄茂周、方觉魂等被派回县组织罢工团,在南门口菜市设立罢工团办事处宣传革命形势,发动人民起来反对帝国主义侵略,抗议"五卅惨案"和"沙基惨案"。清远县农会筹备处积极响应,密切配合县罢工团的斗争,并派代表携同锦旗、慰问信以及 500 银元,亲赴省罢工委员会慰问和致敬。当时,不少罢工工人回乡参加农会运动组织,积极工作,成为区、县农会和农军骨干,推动农民运动的发展。在中共清远党团组织领导下,县农会和罢工团联合各阶层进步群众团体——新学生社、妇女解放协会、商民协会等,共同向旧势力作斗争。由于能与工人运动密切结合,清远农民运动的发展在性质上和规模上有了新的飞跃。

1923 年 1 月,孙中山借助滇军杨希闵、桂军刘震寰等部讨伐广东军阀陈炯明,滇军、桂军趁机进入广州。1925 年 6 月,杨希闵、刘震寰趁国民革命军东征主力出征未归之际在广州发动叛乱,

---

① 中共清远市委党史研究室等合编:《清远县党史资料选编(1924—1949 年)》,2000 年版(内部发行),第 93 页。

妄图夺取政权。东征军立即全部撤回广州，平定叛乱。当时，清远县农会筹备处响应省农会的号召，组织清远农民自卫军协助征讨。当时队伍驻扎在广州沙河的一个石碑厂，数天后，便配合其他部队进攻白云山，在白云山打了一仗，炮火纷飞，俘虏了很多敌军。在广州，清远队伍受到省200银元和两面锦旗嘉奖，锦旗题有"清远农民自卫军"等字样。参加这次支援平乱的龙颈人赖成就，因行军运输过于辛劳，在广州沙河病死，葬在瘦狗岭。

四、支持北伐战争

1925年7月1日，广州国民政府成立，并建立黄埔军校，成立国民革命军，军事实力不断壮大。1926年7月1日，广州国民政府发表《北伐宣言》。7月9日，正式出师北伐，打击目标直指直系军阀吴佩孚、孙传芳和奉系军阀张作霖。

1926年7月11日，中共中央发出通告，要求广东党组织应在工、农、商、学各界团体中广为宣传，"鼓励群众赞助北伐"。中共广东区委根据中央通告的精神，组织工人、农民、青年、妇女等各阶层人民，支援北伐战争。

中共清远县委积极发动人民群众支援北伐。在国民革命军北伐经过清远地区时，中共清远县委和农会组织农军及各阶层人民为北伐军的进军服务，积极筹粮筹款，烧茶送饭。当时清远、英德有数万农民随军运输。他们冒着炎热的天气，肩挑重担步行，跨过粤北的崇山峻岭，越过湖南的大小河川，不畏艰难险阻。有的运输员甚至还直接拿起武器参与战斗。在清远境内的粤汉铁路工人，还努力做好道路维护工作，保证铁路畅通，使北伐军人员、辎重顺利过境。

清远人民的有志子弟，还投身于国民革命军行列，参加对北洋军阀的作战。清远石潭人陈可钰为国民革命军第四军代军长，领军北上。清远"有志青年百余"投身国民革命军，参加北伐。

陈可钰在北伐战争中以代军长的名义，率领国民革命军第四军，与共产党人精诚合作。第四军所向披靡，连克汀泗桥、贺胜桥，取得"铁军"称号。北伐军在广大人民群众的支援下，势如破竹，迅速消灭吴佩孚、孙传芳两大军阀数十万武装。到1927年初，已占领长江以南半个中国，取得北伐战争的重大胜利。

五、农民自卫军与民团的斗争

（一）农军成立

按照国民党中央农民部颁布的农民协会组织章程和省农民代表大会通过的农民自卫军（简称农军）组织大纲，清远县各级农民协会成立时，均设立武装组织农民自卫军。农军以各乡农会为单位，征召青壮年会员义务参与，平日在本地服役，自备武器，在乡村执行守望相助、维持治安、保卫农会、防范反动势力等任务。

1926年5月，国民党籍清远县长廖百芳按省公署训令，在县城公开批准成立清远县农民自卫军大队。初时全县农军人数只有330人，以后陆续发展到1200多人。县农会指派宋华、赖松柏负责全县农军的组织指挥和编练。宋华、赖松柏先后担任大队长。

当时全县农军有1个常备大队、3个大队、12个中队，其中县常备大队60人，脱产持枪，驻扎于县城。各乡农军则在本地服务，不脱产。各区农会则设立农军常备中队，抽调各乡基干农军定期轮流脱产服役。太平、元岗、三坑等平时都驻有农军常备队100多人。

1926年下半年，为了进一步增强农民自卫武装的素质和战斗力，清远县委设立农军训练班，请广东区委派来的军事干部黄刚奋、张基础和黄埔军校学生周奇、李资、赵自选等人指导协助轮训农军骨干，同时选派出骨干到广州学习军事。10月，县农会组建农民自卫军模范大队，下设 3 个中队、9 个小队，120 人左右。

（二）与民团的军事斗争

清远县农会领导农民反抗土豪劣绅压迫，积极开展减租减息、反抗苛捐杂税运动，当地土豪劣绅对此恨之入骨。1926 年 4 月，原粤军团长刘东被其旧上司广东民团统率处主任李福林委派，成立清远民团局，并任总团长，委任李达纲等土豪劣绅为局董。他们不顾县署和各界的反对和制止，将各地保卫团、巡防队等地方封建武装拼凑成县民团联防队，并改编土匪潘伯良等部。民团成立后，仇视农运，制造各种事端。

1. 抗击民团的开始——牛行事件

农民在清城麻寺田牛行买卖耕牛的税收，经县长廖百芳批准，由农会收取，以作经费之用，已成定例。1926 年 11 月 25 日，民团派苏子明等到麻寺田牛行挑衅，强硬要求将牛行的税收改由民团收取，并与保护农会收税的苏森农军发生冲突。在冲突中，农军打死周田乡民团局董王观水。牛行事件，标志着清远农军抗击反动民团的开始。

2. 黄獠座等一系列战斗

牛行事件后，民团头子刘东、潘伯良伺机报复，纠集民团武装 300 多人，于 1926 年 11 月 26 日围攻黄獠座苏森农军。苏森等 16 人据守村中祠堂奋起抵抗，打退民团的多次进攻。民团久攻不下，竟在村中杀人放火，奸淫掳掠。当时全村被焚，仅烧剩农军据守的祠堂 1 间。县农会闻讯，派赖松柏率领石板、太平两队农军前往救援。赖松柏亲率 18 名农军战士冲入重围，与坚守祠堂的苏森部会合。苏森、赖松柏马上发动反攻，与外围农军内外夹击，将民团击溃。是役农军缴获民团众多枪械，击毙民团数人，农军战士李泽牺牲。

1926 年 12 月初，省农会负责人周其鉴到清城，与清远县委负责人叶文龙等人开会。其间民团突然发动袭击，100多人包围县农会和农军驻地。赖松柏等设防坚守，与民团激战一昼夜。直到国民党县长出面调停，双方签署协议，战斗才结束。

同年12月中旬，民团公然违背协议，继续进攻农军，农军被迫反击。在石板村，农军被围困，钟三顺率农军迎击民团，最终因武器缺乏，力量单薄而退出石板。县农会则退至洲心。

民团武装自石板村得胜后，乃纠集潘伯良、梁佩珍等袭击庙仔岗农军。在庙仔岗，农军在赖松柏的率领下，临危不惧，沉着应战，在苏森部的增援下，击毙民团1人，解庙仔岗之围。后民团从咸泰、港江招募三四百名土匪，再度围攻庙仔岗，并包围了元岗炮楼。农军与之战斗三昼夜，赖松柏见敌我悬殊，为保存实力，向太平撤退。在撤退途中，农军战士林二牺牲。农军撤退后，民团大肆烧杀抢掠，烧毁赖松柏3间房屋。

农军退到太平圩后，刘东、潘伯良纠集附近民团武装上千人围攻农军。赖松柏率农军与之激战三天四夜。后龙塘、山塘农军及苏森、赖沃等部队赶到，民团始退，农军冲出重围。

同年12月下旬，农军积极寻找战机，主动出击，围歼了民团高田梁信昌部，随后又攻破回澜民团局，给予民团一定打击。

3. 太平市惨案

1927年1月3日，农军在县城迎击进犯的民团，成功将其打退。4日，刘东率民团300多人进攻六区的庙仔岗及车公咀，焚烧屋宇20多间。当晚，又有民团400多人进攻石板，后因农军驰救而撤退。6日，六区各乡再次遭受民团的攻击，"计被烧去者有灯盏岗、大坭岗、庙仔岗、矿山、谷仔坑、福裕岗等十余乡，所有财物牛只银两，均被洗劫一空，人民流离失所，狼狈不堪"[①]。

---

① 《广州民国日报》，1927年1月15日。

7—8 日，民团 500 多人连续围攻太平市农军。太平市农军只有 73 人，敌我力量悬殊。9 日早，农军子弹耗尽，为保存实力，分三路突出重围，撤至山塘。民团乘势大量涌入太平市，纵火洗劫 100 多间商铺、200 多家民宅。民团在光天化日之下强奸妇女，杀害小孩，尤以潘伯良所部最为凶残。最后，民团在洗劫一空的太平市掳走青年妇女 62 人。该惨案事件被《广州民国日报》详细报道：

恨该匪团□□民居二百余家，俱被洗劫无一幸免，所有银两衣服均洗劫净尽，牛只猪鸡全数宰杀，商店柴米搬做粮食，虽贫苦人家之烂棉胎、烂台椅均搬运，并有百余徒手团匪专任搬运，有如嫁娶者搬嫁妆焉，同时分九处放火，火头起处，烟焰蔽空，焚烧八小时之久。当火烧时，人民拖男带女，号哭震地，四面奔窜，状极凄凉，计烧去一百六十余家，全市精华，尽成灰烬。最无人道者当为刲杀小孩，有无数逃走不及之小孩，均用刺刀刲开，争食其胆。逃走不及之妇女，更遭不幸，禽兽般之土匪民团（以七区潘伯良所带者为最凶悍），大发兽性，污辱备至，虽六十岁之老妇，十一、二岁之女童，亦无不遭其轮奸者。太平米行元兴号之店主黄某妻女二人，均因被淫辱投井而死。其他类似者不可胜数，甚至逃走半路被其截获之妇女，光天白日在田基上、草地上便施行淫污者亦有二、三十人。至下午三时，潘伯良部土匪民团，掳逐十零二十岁之女子二十七人向石角乡而去，咸泰民团及滘江土匪亦押有青年妇女十六、七人呼啸而去，沿途调笑，状至得意，至何故掳此六十二个青年妇女，百思不得其解，事后所有曾与农民协会稍有来往者，均被掳赎，每人四五百员、一二百员不等。如梁七、黄义合、陈满、陈富等，数十人，均被殴至重伤，始行赎出。现在全市人民均逃亡出外，露宿山头，无家可归，状至可悯，闻清远自发生惨案以来，未有如此惨酷者云。①

4. 山塘惨案

1927 年 1 月中旬，清远新任县长胡少翰、商会会长曾善初和红十字会等各界人士，为了避免战事的扩大，平息双方的武装冲突，会同叶文龙在山塘圩进行调解。民团方面潘伯良、刘东等毫无诚意，表面接受调解，暗地里却在山塘圩设伏，以一举消灭农军武装。

当天午前开会，正值由胡少翰县长演说之时，民团武装数百人突袭会场，当场击毙县兵游击队 5 人。农军奋起反击，在战斗中，省派来的军事教官与黄埔军校学生非常勇敢，"黄刚奋手端武器身先士卒，冲锋陷阵，可惜在冲锋中子弹卡壳，不幸中弹牺牲，汪浩也在战斗中负伤"②。农军寡不敌众，退散各地。民团攻入山塘后，照样焚杀掳掠，乡民被杀者有 10 多人，马安岗附近房屋被焚毁五六十间，被洗劫者全数有 200 多家。是役，农军伤亡惨重，包括当场牺牲的省派来的军事教官黄刚奋、梁文炯和农军战士，以及在渡江撤退时沉船牺牲的 18 名农军，总计农军牺牲48 人，有 170 多人受伤。民团制造震惊全省的"山塘惨案"。

（三）平定民团

民团的种种暴行，震惊全省。省农会与全省各地革命组织纷纷来电或登报声援清远农军，声讨民团的罪行，《广州民国日报》也以大量的篇幅报道清远事件。中共广东区委农委、省农会执行

---

① 中共清远市委党史研究室等合编：《清远县党史资料选编（1924—1949 年）》，2000 年版（内部发行），第 483 页。

② 中共清远市委党史研究室等合编：《清远县党史资料选编（1924—1949 年）》，2000 年版（内部发行），第 121—122 页。

委员罗绮园还亲自向有关部门申诉交涉。

1927年1月11日，国民党省党部、省农会召集团务委员会民政厅、农工厅等机关，开联席会议，"当即决议分电总司令部及南韶连警备司令部，速派大兵进剿团匪援助农民"[①]。驻守韶关的国民革命军第三军教导师师长陈嘉佑受命，派出黄敬如部400多人，由团长周之矣率领开赴清远，弹压民团。1月中旬，国民革命军攻破县城民团总部下廓的华光庙，民团总长刘东跳河逃跑，全队民团被歼，缴获一批枪械。不久，国民革命军进剿山塘，民团败退。最后赖松柏率农军，在陂头圩与国民革命军会师，包围潘伯良部。经过激烈的战斗，除潘伯良及残余10多人逃脱外，民团残部被尽数全歼。

平定民团后，县长召集工、农、商、学等各界代表组成善后委员会，接受群众申诉，调查民团罪恶，追查祸首，抚恤牺牲和受害农民。1927年3月，县农会和善后委员会在县城召开殉难烈士追悼大会，并将山塘战役牺牲的烈士遗骸48具，移葬松树岗举行公葬仪式。各乡农民代表和农军进城参加，并举行万人示威游行，高呼口号，严厉警告一切破坏工农运动的顽固分子。

清远县农军抗击民团的英勇斗争，从1926年11月下旬开始至1927年1月结束，历时两个多月。在经历了数十次的大小战斗后，农军最终打败民团武装，保护了农会的安全，推动了农运的发展。

清远县农会还响应省农会的号召，支持省内各地的农运，派出农民武装支援广宁、顺德、花县、英德等县的农民抗击反动民团武装，清远的革命斗争与全省革命斗争紧密联系起来。

---

① 《广州民国日报》，1927年1月15日。

第二节 大革命失败与农军北上

一、国共合作破裂

北伐战争的胜利进军以及工农运动的不断高涨，沉重打击了帝国主义、北洋军阀、封建主义在中国的统治。帝国主义为了维护在华利益，一方面武装干涉中国革命；另一方面加紧分化革命阵营，寻找新的代理人。1927 年 4 月 12 日，蒋介石在上海发动了反革命政变，屠杀了数万名共产党人、革命青年和工农群众。四一二反革命政变，是国民革命运动从胜利转向失败的转折点。李济深在广州响应，接着发动了四一五政变，派军队包围中华全国总工会广东办事处和省港罢工委员会，解除工人纠察队武装，查封工会、农会、学生会等革命团体，杀害邓培、萧楚女、熊雄等 2000 多名共产党人和革命群众。

在清远县，国民党反动派也于同年 4 月下旬进行清党。"四月，第八路总指挥李济深派刘焕章、李孔政等五人为北江宣抚委员，到即接收各机关，并拘捕县党部委员及涉共党者数人解省。"① 此外，北江宣抚委员会对国民党党员重新进行登记，而对赖彦芳、黄俊廉等共产党员及国民党左派人士则不给予登记。

---

① 吴凤声、余启谋修，朱汝珍纂：《清远县志》卷三《县纪年下》，高要余启谋书端出版 1937 年铅印本，第 64—65 页。

二、集结韶关

为应对国民党当局发动的反革命政变，中共清远县委传达贯彻中共广东区委的紧急指示，组织农军北上，党、团员和农会骨干隐蔽起来。1927年4月18日，中共清远县委书记叶文龙在县城召开全县党团员及农民协会干部扩大会议，贯彻广东区委紧急会议精神。参加会议的有来县指导应变工作的上级领导周其鉴、赵自选等。会议传达了国内形势和上级对地方工农运动工作的指示：要求各地工农运动转为地下，保存实力，待机行动；清远农军调派精锐主力，集结韶关执行任务。会议决定成立清远县非常时期特别委员会主持应变工作，成员有叶文龙、周其鉴、赵自选、李资、赖彦芳、宋华、赖松柏、钟耀初、刘清、温锦成等人。

清远县非常时期特别委员会召开紧急会议研究决定：主要骨干和模范大队、区常备队精锐农军280人，北上韶关集中待命，由叶文龙任总指挥，军事训练主任为赵自选，总队长为李资，中队长为周奇、赖松柏、张基础；刘清、温锦成、黄俊廉等留下隐蔽，由温锦成代理中共清远县留守委员会书记职务，负责安排全县农会骨干的隐蔽工作；建立石犁塘、秦皇山、银盏坳等秘密军事据点，加强和全县各地农军的联系，潜伏待命。另由县农会党支部书记刘清建立秘密联络站，接应上级和外来人，沟通内外联系，并负责在铁路沿线及河岸渡口组织破坏工作，准备策应军事行动。①

会议结束后，农军280人一律武装集中县城附近。1927年4月20日下午，为避免走漏风声，叶文龙、刘清动手拆去城楼电报

---

① 清新县史志办公室、中共清城区委党史研究室著：《中国共产党清远县地方史（1924—1949）》，中共党史出版社2007年版，第25页。

机。大队从后岗出发，到横石渡河到车站。为阻止敌人的追击，农军毁挖滧江口、黎洞车站的铁路铁轨。省委派甄博瓦、周才驾专车一列，迎接清远农军到英德。在英德，清远与英德农军会合，于 4 月底直达韶关，驻扎在下后街。

1927 年 5 月，国民党的广东政治分会又指派李孔政等到清远进行"清党"，改组国民党党部、县农会以及其他群众团体。他们把持县政，缉捕共产党员，并从新起用民团武装，给以"宣抚军"名号，任命刘东为团长，到处搜捕共产党员以及革命分子。这时，各区、乡农会被取消，会员遭到迫害，人心惶惶，白色恐怖笼罩全县。受命留守在清远的小部分农军，被迫转移到外地，有一部分则上山打游击，太平赖沃部就集中在小秦一带活动。

四一五反革命政变后，清远农军北上，抵达韶关，与北江农军学校的学员和曲江、英德、乐昌、仁化等县的农军，以及南韶连政治讲习所学员、铁路工人纠察队一起，组成 1200 人的广东北江工农自卫军，并成立总指挥部，罗绮园任总指挥，周其鉴任副总指挥，朱云卿任参谋长。总指挥部下设 3 个大队，叶文龙任第二大队大队长，赖松柏任第三大队副人队长。

当粤北工农武装进入韶关时，曾得到拥护孙中山"三大政策"的国民革命军第三军第二教导师师长陈嘉佑的欢迎以及帮助。随后陈嘉佑奉上司之命退入湖南，到武汉待命。于是受上级党组织之命，粤北工农武装亦北上，另作部署。

三、北上武汉

1927 年 5 月 1 日，北江工农自卫军从韶关出发，进入湖南郴州，休整后继续北上，于 5 月 14 日到达耒阳，并在此进行整编训练。5 月 21 日，长沙驻军三十五军三十三团团长许克祥叛变，制造"马日事变"，屠杀共产党人，北江工农自卫军北上受阻。其间，北江工农自卫军在耒阳缺乏粮食，困难重重。赖德林和谭平亚等 7 人接受北江工农自卫军总指挥部的任务，去湖南衡阳购买粮食。他们购得 1000 公斤大米，同时还打探到敌军要围攻北上的工农自卫军的消息。情况危急，赖德林等人连夜赶回耒阳报信，而谭平亚则扮作商人，雇船把大米运回部队。北江工农自卫军闻报后，立刻从耒阳退入山区，避免了被敌人消灭的危险。6 月，教导师一团党代表韩毓涛来到耒阳，带领北江工农自卫军经长沙北上武汉。

1927 年 6 月 15 日，周其鉴、林子光、叶文龙等率部抵达武汉。在武汉期间，北江工农自卫军受到武汉工人和各界群众的热情接待，何香凝还亲自到营地慰问北江工农自卫军。其后，北江工农自卫军被改编为新编第十三军补充团。

四、参加南昌起义

1927 年 6 月 29 日，国民党三十五军军长何健公然发出反共训令。7 月 15 日，汪精卫在武汉也举行反共会议，公开查封工农组织。武汉已成为反革命根据地。此时，北江工农自卫军总指挥部正好接到党中央派来的联络员带来的指示：迅速脱离第十三军，撤离武汉，开往南昌待命。于是，在北江工农自卫军总指挥部的领导下，全体指战员以东征讨蒋的名义，在 7 月底开赴九江，转乘火车到达江西南昌，准备参与武装反抗国民党的南昌起义。

1927 年 8 月 1 日，周恩来、贺龙、叶挺、朱德、刘伯承等人率领 2 万多人在南昌举行武装起义。这次起义打响了中国共产党武装反抗国民党反动派的第一枪，标志着中国共产党独立领导武装斗争和建立人民军队的开始。

南昌起义爆发，北江工农自卫军担任新营房驻区的防御并配合二十四师教导团，全歼了新营房的敌军。起义部队胜利占领南昌后，由周恩来亲自主持了整编。北江工农自卫军被编入以贺龙为军长的二十军第三师第六团。赖松柏先是担任三师六团连指导员，后任中队长。

之后，起义部队撤出南昌，先后经临川、广昌到瑞金、会昌。在会昌，清远农军参加了激烈的会昌战役，全歼了钱大钧的 4 个团。在此役中，赖松柏身先士卒，指挥有方，被提升为营长。在会昌城外的山头攻击战中，原清远北上农军大队分队长赖德林与战友一起冲上山头，全歼守敌 1 个排。部队到瑞金后，举行了祝捷暨新党员入党宣誓大会，赖德林在此次大会上加入了中国共产党。

起义部队继续南下，经福建入广东三河坝、潮汕，途中不断受到敌人的追击。在汕尾时，总队长叶文龙召集农军训话，要求农军战士回乡并发放回乡费用。于是清远农军离开汕尾，或回清远各乡隐蔽起来，或到广州打工，又或逃难到香港等地。

第三章

土地革命战争时期

第一节 清远暴动

一、清远县党组织的恢复

1927 年 8 月，中共中央在汉口召开八七会议，决定进行土地革命和武装反抗国民党。中共广东省委响应中共中央的号召，各地的党组织纷纷开展土地革命，举行暴动，用武装行动来反抗国民政府。

南昌起义结束后，清远县农运骨干赖松柏、赖彦芳等离开部队，潜往香港。1927 年 10 月，赖松柏当选为中共广东省委委员。同年 11 月，中共广东省委指派罗绮园与清远农运骨干赖松柏、张基础、赖彦芳、汪耀、林焕文、侯凤池 6 人，在香港石塘咀沈浩坤宿舍里开会。会上罗绮园向与会人员传达了中共广东省委有关会议的精神，要求"全省各县应在这军阀战争、交冬租、年尾还债时期一致起来暴动"，并做出以下决定：一是成立中国共产党香港（清远）小组，由汪耀担任组长；二是积极响应省委号召，立即潜回清远，恢复清远县党组织；三是仿效清远邻县英德和花县，发动清远县城暴动，以便策应广州起义。

随后赖松柏等人回到清远，着手开展清远暴动的相关工作。首先赖松柏找到了清远县留守县委代理书记温锦成，并联系上已回乡转战地下的相关农运骨干刘清、陈达常、钟耀初、钟耀生、钟耀龙等人。然后赖松柏向留守革命人员传达了他们在香港召开的会议精神。

1927 年 11 月 20 日，经中共广东省委同意，恢复了中共清远县委，成员有温锦成、赖松柏、赖彦芳、汪耀、林焕文、刘清、陈达常、钟耀初、钟耀生以及钟耀龙等，省委指定温锦成为代理县委书记。这时的中共清远县委由中共广东省委直辖，恢复后的中共清远县委马上开展清远暴动的相关准备工作。①

二、响应上级号召，精心准备

（一）暴动筹备会议——党团员扩大会议的召开

1927 年 11 月 17 日，粤桂军阀发生武装冲突，国内革命形势发生变化。中共中央认为两广军阀争夺广东地盘的冲突，有利于开展革命武装暴动，于是当即通过《广东工作计划决议案》，要求中共广东省委"坚决地扩大工农群众在城市、在乡村的暴动，煽动士兵在战争中哗变和反抗，并急速使这些暴动会合而成为总暴动，以取得全省政权，建立工农兵士代表会议的统治"。依据中共中央的指示，中共广东省委展开了紧密的工作，除要求各地利用粤桂军阀之间的战争，发动农民拒交冬租，举行暴动之外，特别关注组织和领导广州市的暴动。

1927 年 11 月 25 日，中共广东省委发出了"关于组织暴动，建立工农兵政权"的通告，要求广东各地农民暴动，要与广州工人联络成夺取全省政权的总暴动。在此背景下，赖松柏与周其鉴等 6 名党员在香港召开会议不久就潜回清远组织暴动，策应即将发生的广州起义。赖松柏与温锦成等人在石板村钟耀龙家召开党团员扩大会议。会议上先由张基础传达省委会议精神及上级布置

---

① 清新县史志办公室、中共清城区委党史研究室著：《中国共产党清远县地方史（1924—1949）》，中共党史出版社 2007 年版，第 31—32 页。

的任务。然后赖松柏号召清远农军振奋起来，尽快组织原来的农友、农军，高举红旗向反动派进攻，进行武装暴动。最后大家就相关问题热烈发言，出谋献策，商议暴动攻城计划。

经过赖松柏、刘清、温锦成等人的充分讨论和研究，最终决定此次清远暴动的总目标：杀县长、缴枪械、放囚犯、夺粮仓和建立革命政权。到会同志听后人人振奋，一致拥护上级的决策。此时，省委候补委员周其鉴也从广州赶到，参加了这次重要的暴动筹备会议。

会议中，经过讨论和深思，他们充分分析了敌我双方的力量对比：当时清远农军只拥有十几支单响七九步枪和两个自制手榴弹，人数也不过百余人，而县城国民党政府拥有县兵 100 多人，自卫队 50 多人，护航队 60 多人，共 200 多人，且全部人员都配有武装。因此，会议决定做好以下五个方面的工作：一是针对武器不足，农军要尽快想方设法搜集武器武装自己，并加强军事训练；二是针对兵员不足，一方面要向中共广东省委请示调邻县（花县）农军支援，另一方面要把原来在山区坚持游击战的分散革命农军再次集结，尤其是笔架山以及秦皇山一带的农军力量；三是针对县城战斗环境，要制定详细的作战计划，采取速战速决的作战方式，决定凌晨暴动使敌人措手不及；四是针对敌人增援，要派人破坏粤汉铁路，阻止国民党派军队支援，避免被围歼的危险；五是定好暴动时间，明确在 12 月上旬广州起义前实施，做到有力支援广州起义。

按照会议讨论的五项重点工作，各人马上行动起来。赖松柏负责建立独立团和加强军事训练；温锦成负责在清远县城发动工人和收集情报，协助党组织制定暴动的具体计划和进军路线；周其鉴与刘清向中共广东省委请示后，主动到花县联系，落实请求花县农军支援清远暴动的有关事宜；汪耀、何权忠、张基础负责

破坏粤汉铁路，阻止国民党军队的支援；赖彦芳、林辉等人负责
到秦皇山、笔架山等地召集分散的游击队农军向县城附近集结。

（二）清远暴动动员大会的召开

为加强攻城力量，清远党组织请求省委派花县的农民自卫军
支援。同时，在共产党员、共青团员的带领组织下，各项筹备工
作秘密、迅速、顺利地进行。粤汉铁路从朱朝市到旧横石数十公
里内，农军先后进行了 3 次破坏，国民党省政府严令路警和军队
加强抢修和巡防。县城附近的农军也纷纷响应，不断地往县城
集结。

1927 年 12 月 1 日，200 多名武装起来的农军指战员已经秘密
集中在离县城外两公里多的澜水葫芦岭，而中共花县县委书记刘
绥华和黄佰华等人带领花县农民自卫军 160 多人也在当天傍晚时
分到达葫芦岭与清远农军会师。

1927 年 12 月 2 日晚上，清远暴动动员大会在县城东郊、北
江河畔的葫芦岭村召开。参加大会的人员主要是清远农军和花县
农军，共 300 多人。大会开了半个小时，为了确保攻城暴动顺利
开展，并取得成功，会议宣布成立清远县攻城暴动指挥部（以下
简称指挥部）；成立清远县工农革命军独立团，由赖松柏任团长，
宋华任参谋。指挥部的指战员有赖松柏、刘清、宋华、温锦成、
周其鉴、侯凤池。独立团下设总后勤负责人温锦成，攻城突击队
指挥刘清，周田、黄猄座中队指挥苏连初，太平、小秦中队指挥
赖彦芳、赖沃，三坑中队指挥范防，外围破坏队负责人黄俊廉、
黄克、何权忠，花县农军支援队指挥刘绥华，全团指战员共 300
多人。

此外，会议上制定了详细的攻城计划和分工，力求速战速决，
具体分工如下：赖松柏率独立团主力攻城，负责全面指挥；刘清
率附城、石板农军和刘绥华率花县农军为攻城突击队，从上下廓

街向南门进攻，直接攻击县署；苏连初率周田、黄猄座农军，从上下廊街向东门进攻；赖彦芳、赖沃率太平、小秦农军，从上下廊街向西门进攻；范防率三坑农军，从上下廊街向北门进攻；黄俊廉、黄克、汪强以及何权忠等率外围破坏队，炸毁粤汉铁路以防敌人增援。命令下达后，暴动一触即发。

三、暴动经过

（一）凌晨攻城，出其不意

指挥部认为在凌晨时分进攻，敌人处于睡梦当中，防御意识相对薄弱，暴动的目的比较容易实现。同时，指挥部已安排多名农军对粤汉铁路进行骚扰和破坏，让县署加派兵力到周边铁路巡防和维修，造成县城兵力相对空虚。此外指挥部考虑到经过几个月的"清党"运动，国民党当局应该会以为"清党"后，农民自卫军已经解体，共产党已经绝迹，城内戒备松懈。于是，在1927年12月3日凌晨6点整，指挥部出其不意，发布攻城命令，清远暴动战斗就此打响，300多名农军战士按计划分别向东、南、西、北门同时进攻。此时此刻，县长陈守仁正在县署休息，县警备大队长潘伯良、商民警备队长谢家齐则醉宿在别处，城防基本无人指挥，仅留少数巡更士兵值班巡查。

刘清、刘绥华率领攻城突击队从上廊街向县城的水关口进攻。水关口是县城重要的防御地方，又有数米高的城墙阻隔，突击队遭受反动军警的阻击。不久赖松柏带领主力部队赶到，抢占城防哨位，与军警相持对垒。刘清带领突击队，转向南门城楼，直接进入南门大街，冲入学宫把驻防的县警7人拿下，缴获长短枪7支。这时，赖松柏已率主力农军攻下水关口，并控制了学宫街。

（二）勇夺县印，成果初现

在农军主力控制学宫街后，农军侦察得知县署方面有异常情况发生，于是刘清和刘绥华商量之后决定留两名突击队员看守俘虏的 7 名县警，他们带领其余突击队员兵分两路：派出 3 名突击队员从东、西、北三个方向接应攻城部队；刘清等余下 6 人拿着手榴弹直冲敌人心脏地带——国民党清远县县署。

突击队冲入县署后，几个门卫吓破了胆，一个个束手就擒。突击队以迅雷不及掩耳之势抓获国民党县长陈守仁等人，将其俘虏在县署正堂里面。农军突击队当即表明身份是中国共产党领导的清远县工农革命军，命令县长陈守仁交出县署大印。县长陈守仁为求自保，谎称大印不在身上。后被农军战士搜出县署大印和文书档案一批。至此，这块代表国民党政权权力的方形三寸木头被农军缴获了，标志着清远暴动的目标之一已达成，成果初现。

在夺取了县署大印后，刘清等人走出县长办公室，让钟森扬扯下国民党的青天白日旗，把农军带来的中国共产党的火红斧镰旗高高升上了县府旗杆，标志清远暴动阶段性成功。

（三）及时撤退，保存实力

正当攻占县署的农军欢庆胜利之际，反动势力迅速组织反扑。因看管不严，县长陈守仁和几个主要随从乘乱从县署后门逃回天湖塘的住宅处。潘伯良、谢家齐等人听到枪声后，马上从河边的妓艇回到下廓的华光庙，组织军警从三码头、城隍庙两个方向进攻县署。一时之间，敌强我弱，县署大门失守，县署被敌方包围。此时，刘清、刘绥华等 6 人被捕。午后，县长陈守仁返回县署，一方面布置潘伯良、谢家齐带队到县署大门与农军攻城部队对峙；另一方面急向铁路巡防部队和国民党省政府告急，请求派兵救援。

这时赖松柏指挥的农军已占据全城，除打死总工会的反动人物朱平外，又活捉了县商会会长曾善初。当听闻县署被敌人反攻得手并俘虏刘清、刘绥华等 6 名突击队员后，赖松柏马上集合部队，亲自指挥部队向县署进攻，力求再次攻占县署和救出被俘的农军战士。但由于县署建筑高大且坚固，反动势力武器精良，弹药充足，故农军多次进攻，敌人皆负隅顽抗，情况一度十分危急。考虑到暴动时间已过半日，为了尽快解决问题，农军向县署喊话警告："如不释放刘清、刘绥华等 6 人，立即把县府烧成灰烬。"正当双方对峙之际，清远县地方红十字会以避免伤害无辜群众为由出面调停，劝说双方停止战斗。由商会代表曾善初来往双方阵地传递谈判条件的口信及字条。谈判对峙之时，农军截获敌人情报：敌方省政府已派出正规军约一个团的兵力前来清远"平叛"，先头部队快抵达兴仁、石角；派往铁路的巡防军亦回防抵达江口、源潭。由于形势突变，对农军越来越不利，指挥部经过研究，为了救援被俘的战友和尽最大的努力保存革命武装力量，最终决定作出让步，向县长陈守仁提出条件：农军可以停止攻击并退出县城，但要对方立即释放刘清、刘绥华等 6 人，不得伤害群众、不得迫害农军家属，否则全力进攻县署，舍生取义，决不宽容。

此时已接近黄昏，躲藏在县署的陈守仁、潘伯良以及谢家齐等人权衡利弊，也惧怕农军一旦来个鱼死网破，担心县署再次被攻陷，便同意放人，以此暂时缓解战局，等援军到后再与农军算账。谈判达成协议后，双方停战，县署释放刘清、刘绥华等 6 人。

当时形势非常紧张，敌人的援兵近在咫尺，于是清远农军在夜色来临之前撤出战斗，撤退时从东门出，过麦围，然后送花县农军过北江回花县。各区农军就地解散，其中一部分农军撤到秦皇山，还有少部分退入笔架山打游击等。不久后，清远县党组织动员了部分农军参加了广州起义，例如赖德林、赖彦芳等农军到广州，与花县、广州市北郊的农民自卫军集结开赴参加广州起义。

这次清远暴动虽然最终的目的未能达到，仅缴获敌人枪械 14支，杀得 1 个敌人，而国民党政府的县长未杀，监犯未放，粮食未夺取。但此次清远暴动在广州起义前夕举行，有效地牵制了国民党广东当局一定的军力。特别是农军破坏粤汉铁路的行动，既促使国民党当局增加兵力巡防，又影响其运输，全力配合了后来的广州起义。总之，这次清远暴动，直接支持了 7 天后的广州起义。①

---

① 清新县史志办公室、中共清城区委党史研究室著：《中国共产党清远县地方史（1924—1949）》，中共党史出版社 2007 年版，第 33—38 页。

革命斗争的挫折

一、参与广州起义

八七会议后，中共中央决定由周恩来、张太雷、张国焘等组成南方局，周恩来到达广东前，张太雷任广东省委书记。1927 年 11 月 17 日，粤桂战争爆发，张发奎率领粤军主力开往肇庆，广州市内兵力大为减少。11 月 26 日，中共广东省委决定抓住有利时机，由张太雷任起义总指挥，准备发动广州起义。起义前夕，叶挺被召回广州，担任起义军事总指挥。当时起义武装共计 5000 多人，其中也包括广州郊区的农军，例如花县农军和清远县农军。

1927 年 12 月 11 日凌晨 3 时 30 分，广州起义爆发。起义军经过激战，占领了大部分市区，广州苏维埃政府——广州公社宣告成立。12 日粤军向广州猛攻，由于缺乏军事经验，起义军在 13 日力战不敌，终告失败。① 在广州起义中，清远农军浴血奋战，参加了攻打广州市公安局和观音山战斗。其中郭金广、白金荣、唐明鉴、陈田、黄丽生、白景辉等在广州起义时壮烈牺牲。②

起义失败后，不少清远农军骨干和战士或潜回清远，或转移

---

① 魏宏运主编：《中国现代史》，高等教育出版社 2002 年版，第 177—178 页。

② 清新县史志办公室、中共清城区委党史研究室著：《中国共产党清远县地方史（1924—1949）》，中共党史出版社 2007 年版，第 38 页。

外地。例如赖德林在起义失败后，潜回清远参加了秦皇山一带开展游击活动的农民游击队。在一次小秦的战斗中，赖德林受伤。后来他逃到南海那边务农。风声过后，赖德林又重新回到家乡庙仔岗等候党组织的召唤。

二、领导人相继被捕和遇害

广州起义失败后，各地都处于白色恐怖中，国民党更加疯狂地搜捕共产党员、农军战士以及进步群众。清远县国民党反动势力也到处抓捕革命人士和进步群众。面对这样严峻的形势，清远县的农运骨干和共产党员、团员被迫大批去外地疏散或者就地潜伏，清远县共产党组织受到严重破坏，部分领导人相继被捕遇害。

（一）周其鉴遇害

1928 年 1 月 22 日，正值农历除夕，中共广东省委候补委员周其鉴秘密回到清远县活动，潜伏在葫芦岭农会骨干余锦华家中。当时余锦华与同村地主的住宅相距 5 间房屋，地主与余锦华同宗。该地主趁着大年三十到县城办年货之际，向潘伯良告密①。于是在 1928 年 1 月 23 日（年初一）凌晨，潘伯良带领 300 名民团队员突击葫芦岭。残暴的民团为确认周其鉴的身份当场杀害余锦华，新婚不到 3 个月的余锦华献出了 19 岁的年轻生命。3 天后，周其鉴被秘密杀害于清远县城西门岗，时年 35 岁。

（二）叶文龙遇害

1927 年 12 月，中共广东省委决定成立中共北江特别委员会（简称北特），叶文龙任书记。为了联络退出广州的起义部队，并继续领导清远农民进行斗争暴动，叶文龙受党组织的派遣，于

---

① 清新县史志办公室、中共清城区委党史研究室著：《中国共产党清远县地方史（1924—1949）》，中共党史出版社 2007 年版，第 39 页。

1928 年 2 月，与在香港的清远农运骨干刘清一起，携带活动经费返回清远县。他俩化装成商人，乘火车到清远县横石。当他俩雇一条小船溯江而上时，却被清远县民团小队长邓康检查截获。残暴的民团为了避免节外生枝，随即把两人押到县城西门岗杀害。叶文龙、刘清遇害时，都年仅 28 岁。

（三）赖松柏舍己救人

1928 年初，赖松柏秘密转移到了香港，随后找到党组织后又接受任务潜回清远和广州进行秘密活动。同年 4 月 13 日，中共广东省委在香港召开扩大会议，改选省委，赖松柏再次当选为广东省委委员。当年春夏间，赖松柏在广州郊区瘦狗岭石场以打石工作掩护秘密活动时，被叛徒出卖。当叛徒带着敌人军警前来追捕他时，由于敌人汽车开得过快，冲到前边 100 多米外的另一个石场。当时赖松柏完全可以借此机会脱身，但他考虑到前边石场还有自己的 3 位战友，敌人主要是为他而来的。在这生死关头，赖松柏毅然站到路中央，主动暴露自己的身份。赖松柏被国民党反动派抓捕，而另外 3 位战友因此顺利脱险。不久，赖松柏被国民党枪杀于广州南石头监狱，牺牲时年仅 27 岁。

三、党组织停止活动

1927 年 12 月初，继清远暴动和广州起义接连失败后，清远县的中共组织大部分解体，只有二、六、八、九区（笔架、太平、回澜、滨江部分地区）还有党组织，且还继续开展斗争。而一部分农军在开展游击活动时，受到大批敌人进攻，队伍受到沉重打击。

在 1927 年 12 月至 1928 年 3 月期间，中共清远县委由北特领导。1928 年 4 月后由中共广东省委直接领导。1928 年 8 月 7 日，省组织统计，清远有党员 25 人。1928 年 10 月，清远县的中共基层党组织，尚未能恢复和发展。

1929 年秋，中共清远县委与北江负责人黄甦接上关系。1929 年 10 月，中共清远县委下属仅 2 个支部，10 名党员。1929 年 12 月，省委北江巡视员李一鸣，决定将中共清远县委改为特别支部，支委由 3 人组成（书记、宣传委员、组织委员）。

1930 年秋天，中共清远县党组织基本停止了活动，清远县的革命斗争陷入低潮。①

附：土地革命战争时期清远县党组织发展沿革示意图

中共清远县留守组织 （1927 年 8 月至 12 月）	中共香港（清远）小组 （1927 年 11 月至 12 月）

中共清远县委员会（1928 年 2 月至 1930 年 1 月）

中共清远县特支（1930 年 1 月至秋）

---

① 清新县史志办公室、中共清城区委党史研究室著：《中国共产党清远县地方史（1924—1949）》，中共党史出版社 2007 年版，第 41 页。

4

第四章

全民族抗日战争时期

第一节 清远县党组织的恢复和发展

一、中共清远县工作委员会的成立

七七卢沟桥事变后，日本发动全面侵华战争，清远地区的政治形势发生巨大变化。一方面，清远毗邻广州，粤汉铁路穿境而过，为粤北战略要地，清远因此成为日军侵略的目标。1937 年 7 月 27 日，日军首次空袭清远，在滨江兵工厂投弹。8 月 26 日，日机首次空袭清城。1937 年 9 月开始，日军多次轰炸粤汉铁路一带，炸毁滨江大桥。日军的空袭，给清远人民带来深重的灾难。另一方面，在抗日民族统一战线形成的大环境下，清远国民党政府部分上层人士支持抗日，逐渐改变以前镇压共产党的政策，允许民众成立各种抗日团体。1937 年 11 月，中共广东省委考虑，如果广州被日军占领，地下党组织北撤时需要在清远有一个落脚点，所以清远要尽快恢复党组织。这就为清远党组织的恢复与当地抗日运动的高涨提供了有利的条件。

1938 年 10 月 12 日，日军在惠阳大亚湾登陆，21 日广州沦陷。广州沦陷后，国民党广东省政府及党政机关、学校、企业等迁往粤北韶关地区，粤北成为广东抗战的大后方。中共广东省委机关亦迁往韶关。

广州沦陷后，中共广东省军委组织部长冯扬武做好撤退的善后工作后，来到清远石角马头石村与钟罗、万明等一起开展活动。

1938 年 10 月，在马头石村共产党的秘密联络点尚德小学成立了中共清远县临时工作委员会（简称县临时工委），书记冯扬武，委员万明、李云。县临时工委掌握党员活动情况，着手进行全面恢复清远党组织的工作。

1938 年底，中共广东省委调云昌遇到清远接替冯扬武的工作。11 月，广东省委批准成立中共清远县工作委员会（简称县工委），书记云昌遇，委员万明、李云。1939 年 9 月初，云昌遇被调去西江工作，县工委的工作由李云领导。

县工委积极利用护干班①、抗先队②和军民合作站③等合法团体，发动群众，培养积极分子，建立地方党组织，掀起清远抗日宣传活动的浪潮。

二、中共清远县委的恢复

为加强党对粤北地区的领导，积极准备建立党的抗日武装部队，迅速打开粤北局面，中共广东省委决定恢复北特。1939 年 7 月，北特在韶关河南八路军驻韶办事处重建，归属广东省委领导。北特重建后，积极恢复各县县委。

1940 年 2 月，广州的日寇准备沿粤汉铁路北犯，清远、花县等处于广东抗日前线，形势紧张。为适应时势的需要，统一清远、花县两地党组织的领导，决定成立清花区工委，谢永宽为工委书

---

①　全称第四路军司令部看护干部训练班，后改编为广东省赈济委员会救济总队。1937 年 10 月由余汉谋成立，陈汝堂任主任，主要任务是训练医护员到前线抢救伤员。该团体在清远石角设有小分队。

②　全称广东省青年抗日先锋队，1938 年 1 月 1 日成立，由爱国进步青年组成，主要是从事抗日救亡活动。1940 年被国民党当局取缔。

③　1938 年国民党第十二集团军一五二师撤退至清远后设立，主要负责组织群众支援军队，改变过去那种拉夫占房抢物的坏作风。

记，黎定中（白黎头）为组织委员。清花区工委机关没有固定的地址，两人随工作任务而流动，但以清远县城为立足点，大部分时间驻在南门的县国民军事训练协训处。

1940 年 4 月，谢永宽调至滘从地区任中共滘从区工委书记，赵炳权任中共清花区工委书记，李福海为副书记。

清花区工委这一时期在清远的主要任务是接收清远地下党组织，联系大革命时期的老党员，建立工作站，做好发动群众工作。通过努力，清花区工委联系上农运时期的农民党员赖德林，恢复了回澜庙仔岗农村活动点，石角、龙塘也有组织上的联系。文洞山区适宜建立游击根据地，清花区工委通过军民合作站派人进去协助训练民兵，派教师去办夜校，办识字班，开展抗日宣传活动和培养骨干、发展党的组织，为以后开展工作打下基础。

1941 年 2 月，清花区工委撤销，恢复建立中共清远县委员会，邓如淼任县委书记。1942 年 6 月，邓如淼病逝，书记职务暂由北特宣传干事饶华代理。

三、北江特委在庙仔岗举办第二期党训班

抗战开始后，党组织发展壮大急需大量具有较高理论水平的党员干部。但当时党员普遍文化水平较低，党的知识较为缺乏，因此，北特把举办党员培训班作为重点工作来抓。

第一期党训班是在抗战初期曲江举办，黄松坚亲自主持，金阳参加讲课。第二期于 1940 年冬开始筹备，该班原计划是在韶关举办的，因国民党特务的跟踪破坏，未能办成。后拟在三水芦苞办，又因该处属于半沦陷区，环境恶劣。1941 年初的农历春节，按照中共广东省委的指示，北特经研究决定在清远庙仔岗赖德林家乡举办。

庙仔岗是大革命时期清远农运中心和游击根据地之一。赖德

林是早期的农军干部，共产党员，曾随清远农军北上参加南昌起义。大革命失败后，赖德林隐藏起来，辗转各地。抗战前，他回乡务农。后北特恢复了他的党组织关系。为了办这次培训班，他动员全村的人力物力，使之顺利进行。

办班地点是庙仔岗大秧地边的一间草棚。这里的前面是一片竹林，背靠大山，不近大道，偏处一角，学员报到不用进村便可直接到达。学习期间，食宿学习都在草棚内，无事不外出，只能到晚上才在竹林内散步。外面有农民值班放哨，严防外人乱闯，一有情况，立即通知大家隐蔽或疏散。

学员都是各处的地下党选送过来的，先后辗转到达清城，由北特组织干事李福海带到大秧地学习。这一期的党训班有学员邓重行、成崇正、吴其芬、吴其均、唐凌鹰、杜鲁、何淑娴、廖宣、李云，连同北特派来办班的邓楚白、王炎光、李福海，共 12 人。班主任是北特宣传部长邓楚白，班的支部书记是李云。

开学典礼当晚，学员在赖德林家里借来一张红毡，贴上斧头镰刀图案，挂在墙上，在红毡前敬礼，然后围坐听邓楚白宣告学习班开始。当晚，先是学习党的六届六中全会文件。经过一番讨论和领会党的方针路线政策后，邓楚白开始讲第一课，题目是抗日民族统一战线。第二课是北特组织部长王炎光讲的党的建设，系统讲述党的光辉历史和斗争过程。此外，还有一些辅导课目，如当时还传阅一篇苏联小说《文件》。故事内容是秘密工作人员传送秘密文件的对敌斗争。学员们阅读后，共同讨论，从中学习秘密工作的方法和经验。

学习班的学习期原定是 3 个月，因发生了"皖南事变"，为了应对当时特急形势，便提前结束了，实际上学习时间只有一个多月。大家怀着不舍的心情，接受任务，离开这个"草棚革命学习班"，分赴各地工作。

此后，北特轮流到连县、英德、佛冈、清远等县协助各县县委办训练班。这样的好处是，在反共逆流的困难情况下，办班规模小，便于隐蔽、保密，使党员都得到训练的机会。由此，广大党员的素质大大提高，培养了一批批优秀的党员和干部，充实了各地力量。

四、党组织应对"粤北省委事件"

（一）隐蔽党组织

1942 年 5 月，发生"粤北省委事件"。事件发生后，南委、江西省委、粤北省委、广西省工委都不同程度遭受破坏，南委副书记张文彬、宣传部长涂振农等被捕。

面对不利局势，南方局、南委等提出指示，要求除敌占区、游击区党组织照常活动外，国民党统治区内党组织一律暂时停止活动，何时恢复活动，等待中央指示。

北特书记黄松坚按上级的指示，在清远县龙颈圩附近召来各县的领导人，逐个当面做了细致布置，然后疏散北特机关人员：邓楚白夫妇到广西柳州教书，李福海回中山医学院复学，饶华到桂林教书，其他各县委的负责人也分别疏散到各地。黄松坚则利用在挺进第二纵队〔第一次粤北会战后，国民党第四战区（后改为第七战区）在英德以南北江沿线建立了挺进第二、第四两个挺进纵队，是地方的杂牌部队。〕工作的党员关系就地隐蔽，与各主要骨干安排联络暗号并保持一定的联系。各地的党组织及时坚决地执行了疏散隐蔽的指示，许多党员撤离了原来的工作岗位，少数向外地撤退，多数在北江地区内转移。由于北特在恢复与建设党组织的过程中，注意党组织的纯洁和对党员的教育工作，在停止组织活动和隐蔽的极其困难期间，没有一个组织遭破坏，没有一个党员被捕，粉碎了国民党顽固派企图对北江地区党组织一网打尽的阴谋。[1]

（二）党组织活动的恢复

1943 年下半年，中共广东省临委根据中共中央指示，在东江召开会议，会议决定自上而下层层恢复党组织活动，确定以武装斗争为中心任务。根据会议精神，为恢复清远的党组织活动，北特书记黄松坚通知何俊才从英德回到清远。何俊才从饶华手中接收了所有党组织关系，逐个恢复了党组织的活动，并按照上级党委的决定，立即开展抗日宣传组织工作。1944 年 9 月，北特委任何俊才为中共清远县委书记，副书记先后是阮克明和杜国彪，孔令贤为组织部长，熊河清为宣传部长。清远县委机关先设在石马小学，后转到白庙小学。

党组织重新恢复活动后，县委把所有党员分成三条战线去开展工作：一是派一部分党员继续打入县政府工作，黎沃能担任县府秘书，何琼玉在县妇女会工作，吴以恒则担任三青团宣传股长。这些党员，在国民党政府各部门广泛开展活动，团结中间派县长张云亮及其太太等，打击政治上反动的三青团干事长梁翰清等，团结教育大批进步青年如梁庆邦、黎劲等。二是派一部分党员开展农村基层工作，在县城安排党员霍理文负责交通站工作。在农村建立党支部。这些支部负责人，有庙仔岗的赖德林，龙塘的黄俊廉，文洞的张耀伦、张金广、张社扬等。三是派了比较多的党员，掌握文化教育阵地。因为利用文教界的岗位，既可掩护工作，又可以在广大的青年师生中，宣传党的主张，发展进步力量。当时在清远文教届工作的党员有：白庙小学先后有李伟英、陈玲；石马小学的郑肇端和陈智鸾；禾云小学的杜国标、阮克明；井建

---

[1] 清新县史志办公室、中共清城区委党史研究室著：《中国共产党清远县地方史（1924—1949）》，中共党史出版社 2007 年版，第 73—74 页。

小学的孔令贤；鱼咀坝仔小学先后有廖宜、伍明、许先觉、王喜祥；龙颈屯步小学的杜国康；石坎小学的徐展堂；南冲小学的钱青、陈德新；石马国民学校的莫彬、陈雨红；珠坑师范学校的司徒膺；牙鹰岗小学的朱联标等。在中小学工作的党员，采取了各种方式揭露了国民党消极抗日、积极反共的阴谋，广泛宣传了党"坚持抗日，反对投降；坚持团结，反对分裂；坚持进步，反对倒退"的三大主张。为清远人民进行武装抗日，做了大量思想准备工作。①

附：全民族抗日战争时期清远县党组织发展沿革示意图

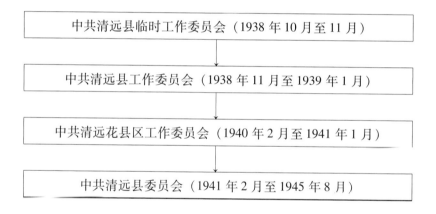

中共清远县临时工作委员会（1938 年 10 月至 11 月）

中共清远县工作委员会（1938 年 11 月至 1939 年 1 月）

中共清远花县区工作委员会（1940 年 2 月至 1941 年 1 月）

中共清远县委员会（1941 年 2 月至 1945 年 8 月）

---

① 中共清远市委党史研究室等合编：《清远县党史资料选编（1924—1949 年）》，2000 年版（内部发行），第 237—238 页。

第二节　开展统一战线工作

　　抗战期间，在清远地区有较大影响力的人物有两个：一是北伐战争时期的"铁军"代军长陈可钰；二是时任北江挺进第二纵队（简称"挺二"，原为挺进第八纵队）的司令莫雄。省委的饶彰风、古大存，北特等都不同程度地对他们做了工作，加上国民党顽固派对他们的怀疑、排挤，促使两人不同程度地靠拢共产党，积极支持抗日活动。

一、对陈可钰的统战工作

　　陈可钰，早年加入同盟会，曾任孙中山大元帅府警卫团团长，北伐军第四军代军长，爱国将领，抗战时期虽闲居在家乡，但仍关注国内外形势。有次，"勤务兵不知何处找来的报纸原来登载了叶挺出任国民革命军新编第四军军长的消息"[1]，一向不形于色的陈可钰十分兴奋地说："好啊，抗日有希望了。希夷[2]，代我狠狠地教训那些萝卜头……将他们赶回小日本去。"

　　1939年冬至1940年春之间，清远县城受到日寇的空袭，行政机关及教育机构陆续迁入滨江山区。当时清远中学决定搬入石

---

　　[1]　陈露：《追寻北伐铁军精神》，岭南美术出版社2013年版，第212页。

　　[2]　叶挺，字希夷，国民革命时期曾任国民革命军第四军独立团团长，是第四军代军长陈可钰的部下。

潭继续办学，陈可钰让出景瑗图书馆和住所无偿供给清远中学师生使用。他及一家大小则迁入白湾居住。

1940 年夏，万明在挺进第四纵队司令伍观淇的介绍下，前往白湾拜访陈可钰，并对其进行统战工作。当万明与陈可钰话题转到抗日战争问题上时，陈可钰认为要保证抗战的胜利，首在军心、民气，如军民团结，上下一心，举国一致对日，会加速抗战早日胜利。而对于中共的积极抗战，陈可钰则大加赞赏与支持。

1941 年 1 月，陈可钰听到叶挺在"皖南事变"中被蒋介石扣押，深陷囹圄，常对人悲愤地说："抗日是民族英雄，汉奸是卖国贼，不抵抗是民族罪人。我的旧部最好是叶挺。八路军、新四军是好男儿。"

在地方党的联系和影响下，陈可钰对三任清远县长（谢静生、黄开山、张云亮）都做了工作。陈可钰公开表态：我们都是国父信徒，都是炎黄子孙，要爱国不要卖国，要爱民不要害民，要与共产党合作，不要为某人卖命。从而使三任县长都积极支持抗日，与共产党保持合作。

二、对"挺二"司令莫雄的统战工作

对国民党"挺二"司令莫雄的统战工作，是粤北统战工作的一个重大成就。

1939 年冬至 1940 年初，日寇进犯粤北之后，国民党第四战区（后改为第七战区）为了巩固其后方，在英德以南北江沿线建立了挺进第二、第四两个纵队。其中挺进第二纵队司令部设在英德，莫雄为司令，黄桐华（经中共地下组织长期培养教育，已加入共产党）任副司令。

莫雄是大革命时期粤军系统的将领，在当时的军政界中有一定的影响力，但不是蒋介石的嫡系，故受国民党内部的冷落和排挤。在国民党顽固派对中央苏区发动的第四次"围剿"前，莫雄任九江专员。他曾通过其秘书，将蒋介石的"围剿"计划泄露给共产党。可以说，莫雄与共产党的联系，渊源颇深，关系较深。当时中共广东省委负责人古大存等同志就利用一些新旧关系，不断做他的工作，使他对共产党有所认识。全民族抗战初期，蒋介石任命莫雄为北江专员。莫雄在组织谍报队时对古大存说："反正你们也需要情报，你们派几个人来参加谍报队好了。"于是，党组织就派了梁静山、容兆麟等人进去搞情报工作。①

"挺二"成立初期，战区只给莫雄两个大队的编制，他感受到战区司令官余汉谋对其的不信任。北特抓住时机，通过黄桐华，先后派出多名共产党员进入"挺二"：黄漫江、肖松雪、杜国栋等分别担任秘书、参谋、中队长职务，后英德县党的特派员谢永宽亦转到"挺二"政治部当上尉干事。前前后后，北特派去地下党员60多人，"挺二"基本给共产党掌握了。

北特贯彻执行中央和省委的统一战线方针，通过打进"挺二"的地下党人和其他同志，帮助莫雄认清形势，坚定与共产党合作的信心。在艰苦的统战工作中，进步势力和党的队伍逐渐壮大，建立了由共产党直接领导的武装队伍"九中""五中"（即挺二第三大队第九中队、挺二第二大队第五中队），这两支队伍后来合并为清远人民抗日同盟军大队，和东江纵队北江支队、西北支队共同战斗，为粤北地区的抗日斗争作出重要贡献。

---

① 中共清远县委党史办公室编：《抗战风云录——纪念抗日战争胜利四十周年专辑》，1985年版（内部发行），第47页。

第三节 开展抗日武装斗争

一、人民抗日武装的建立和发展

第二次世界大战后期，世界反法西斯同盟开展反攻，欧洲战场上的德军和太平洋战场的日军节节败退。在中国，八路军和新四军亦在华北、华东战场全面出击日寇。日寇为了挽回败局，于1944年4月开始发动豫湘桂战役，大举向粤汉铁路沿线进攻，企图打通大陆交通线。

1944年7月和1945年1月，日军为巩固粤汉铁路，先后两次侵入清远县城①和侵占清远北部。清远沦陷后，日寇在县城的上下廓街、南门口、麦家等地驻守，并在沿北江铁路线主要圩镇设立伪维持会和组织汉奸伪军，妄图长期占领清远。国民党顽固派为了限制以至消灭共产党领导的人民抗日武装力量，提出所谓"曲线救国"方针，派出全副美式装备的别动军进入清远沦陷区，别动军和日寇、伪军互相勾结，狼狈为奸，蹂躏百姓。

清远人民备受日军、伪军、国民党顽固派三重压迫和残害，

① 抗战时期，清城先后五次沦陷。1940年1月5日，清城首次沦陷，6日中国军队收复；1941年9月27日，清城第二次沦陷，10月1日被中国军队收复；1943年9月9日，清城第三次沦陷，数日后日军撤走；1944年7月3日，清城第四次沦陷，后日军自动撤走；1945年1月19日，清城第五次沦陷。日本投降后，于9月11日撤出清远。

痛苦万分，纷纷要求抗敌保家乡。北特和清远县委，认为开展敌后游击战争的时机已经成熟，立即动员全党组织人民开展抗日武装斗争。清远县委首先把县委领导机关从白庙搬到回澜庙仔岗村。1944 年 11 月，县委依靠当地赖德林党小组，把该村的几支步枪拿出来，并动员周围的群众，有枪出枪，有钱出钱，有力出力，很快就组织起了二三十人的抗日游击队。北特通过熊河清在英德动员地下党员罗发做其父亲罗佛金（英德九龙乡长，开明人士）的工作，从家里取出轻机枪 1 挺，步枪 20 多支，组成一个小队的力量，参加清远抗日游击队。这样，清远人民抗日游击队的力量不断壮大。

为了麻痹敌人，抗日游击队组织起来以后，通过挺进第二纵队黄桐华的活动，使莫雄给了游击队挺二第三大队第九中队的番号，但不管钱、人、枪。"九中"成立，赖德林为中队长，阮克明为副中队长，何俊才为政治指导员。

"五中"隶属"挺二"第二大队，名义上是一个中队，连级建制，近 100 人。这班人马多是国民党军队的散兵游勇，抗日意识淡薄，军风军纪极差。1944 年 10 月，北特、清远县委通过莫雄的关系，派共产党员杜国栋去任中队长，周辉任副中队长，黄孟沾任政治指导员，叶盛宣任副指导员。杜国栋等狠抓对部队的改造工作半年多，使"五中"的面貌起了根本变化，排以上的干部基本上是党员骨干，班长和战士大部分是抗日同盟的盟员。官兵关系、军民关系焕然一新，军风军纪大为好转，整个部队呈现一派新气象。这时的"五中"名义上仍是莫雄的下属部队，实际上已是共产党所掌握的武装力量。后来通过"挺二"党组织向莫雄做工作，莫雄发给"五中"轻机枪 1 挺和数万发子弹。"五中"经过改组整训后，活动范围扩大，在横石设立税站收税和收护航费等，其收入除留少部分部队给养外，全部上缴北特作为中共组织活动经费。当时，第九中队和第五中队共有 200 多人，轻机枪 5 挺，部队一天一天壮大起来。1945 年，"九中""五中"合并，公开宣布接受中国共产党的领导，成立清远人民抗日同盟军大队。

此外，清远县委还在文洞山区组织地下党员张耀伦等成立起一支游击小分队，在高田一带活动。在清城对河上黄塘，钱青以抗日同盟的组织形式，把当地青年组织起来，在龙塘、洲心至铁路线开展活动。1944 年 12 月，在中共滘从区工委秘密发起和支持下，滘江地区组织开展武装斗争也很活跃。①

二、开展人民抗日武装斗争

（一）活捉汉奸何秋

"九中"成立以后，首先打击为虎作伥的汉奸，剪除日寇的爪牙。伪军大队长何秋，是太平乡的一霸，平日鱼肉乡民，无恶不作。日寇占领清远后，他投降敌人，成为民族的败类，任伪军第四大队长，变本加厉欺压百姓，经常配合日寇残杀人民，抢掠群众财物。第九中队决定严惩何秋。

1945 年春，根据县城地下党交通站送来情报，何秋要回太平探亲。按照其具体时间和行走路线，副中队长阮克明率罗发小队，提前在太平的大坵岗附近埋伏。当何秋将要到达家乡之时，游击队员冲上前去，将之包围缴械，俘汉奸大队长何秋及其随从 14 人，缴获左轮手枪、快掣驳壳数支，冲锋枪 1 支，步枪 10 多支和子弹一批，"九中"无一伤亡。事后，"九中"将何秋押送到"挺二"司令部交莫雄处理，其余俘虏被教育释放，叫他们回去告知所有汉奸，要深明民族大义，洗心革面，重新做人。

---

① 清新县史志办公室、中共清城区委党史研究室著：《中国共产党清远县地方史（1924—1949）》，中共党史出版社 2007 年版，第 92—95 页。

这一仗，是清远沦陷后，人民抗日武装打击敌人的第一次行动，首战告捷，大大加强了战士们对武装斗争的信心和决心，队伍也得到了锻炼和充实，提高了战斗力。自此，日寇不敢轻易出城掳掠，汉奸伪军在城内作恶也有所收敛。第九中队自从活捉何秋后，政治面目有所暴露，驻地便经常转移，防止敌人包围，并派一部分同志到珠江纵队南三大队学习军事，学习打游击战的战略战术，加强部队的战斗力。

（二）攻打县城

1945 年，驻清城日军为一〇四师团的一部，日军总部设在上廓麦天合地主庄园，有高大建筑物。城中心南门街和下廓商业区均筑有炮楼，由日军巡逻防守。伪军则驻在城内和城西一带，与日军遥相呼应。

为了进一步打击日寇、汉奸的嚣张气焰，配合和掩护东纵西北支队经黎洞到粤北，当时上级领导及部队研究决定，"九中"与"五中"联合起来攻打县城，袭击日寇，没收奸商物资，鼓舞人民抗日斗志。

各项工作准备就绪后，5 月 13 日傍晚，部队从回澜出发。第九中队由赖德林、何俊才率领，摸黑行军。原定月亮未出前，就要结束战斗。但正值雨季，路滑泥泞，行走困难，在到达清城时月亮已出。部队自西门潜入清城到达旧中山公园，与城东潜入的杜国栋第五中队会合，立即按计划进入阵地。第五中队负责警戒和阻截上廓麦天合方向来援敌军；第九中队主攻南门大街日寇据点，并没收敌伪商店物资。战斗打响，一时枪声密布，杀声震天，南门大街日寇炮楼敌军匆忙出来迎战，被赖德林率领战士用密集火力迎头痛击，当场打死敌军军曹 1 名，士兵数名，其余敌人吓得退回炮楼。上廓街一带日寇被杜国栋部队包围封锁，龟缩在麦天合地主庄园不敢来援。各处伪军因鉴于何秋被捉，也不敢出来。

在激战中，中队长赖德林奋不顾身，手持轻机枪和敌人战斗，因月亮已经出来，暴露了目标，被敌人枪弹击中大腿，负伤倒地。何俊才和战友们冒着弹雨将他抢救出来。战斗至将近黎明时，部队攻打县城日寇的目的已达，按照计划，分头撤出，并将不法奸商和汉奸店铺内的物资没收，从南门口码头用船装载回迳口附近的社田村。赖德林因流血过多，不幸在社田村光荣牺牲，这是党的重大损失。

这一仗，影响很大，当时在广东战场上，包括国民党部队，能抗击日军，攻陷县城的，只有清远的游击队。因为"九中""五中"名义上隶属于"挺二"，莫雄很高兴，当即拿出几万元来抚恤烈士家属和慰问官兵，还郑重其事地下委任令正式任命何俊才为第九中队队长兼指导员，国民党报纸也大力宣传，但军统特务邓大璋和别动军翟荣畿部队，更加怀疑"九中"是共产党的队伍。因此，他们联合起来，处处与"九中"为难。

（三）打击国民党别动军

国民党别动军是执行蒋介石反共投降的所谓"曲线救国"政策的特务武装。他们勾结日寇与汉奸，专门对付共产党与残害百姓。每个别动队都有双重身份证，进清城，他们打着伪军旗号，到了滨江后方，他们便利用别动军的招牌，招摇撞骗。

"五中""九中"攻打县城后，邓大璋指使翟荣畿的别动军，经常来"九中"驻地，心图不轨。"九中"决定给予严厉惩罚。有一天，别动军一个中队长率领一个分队20多人，押运走私物资一批，经过回澜大岗坪"九中"驻地时，拒不接受哨兵的检查，并恃强蛮横地鸣枪示威。适值北特书记黄松坚来庙仔岗检查工作，认为这是顽固派的寻机挑衅，决定打击其嚣张气焰，命令"九中"前往将之包围缴械，没收其全部物资20多担布匹，扣押了其中队长，对别动队的士兵，则教育释放，并警告他们不得再和敌伪勾结，欺压百姓。

自从惩罚了别动军以后，"九中"和"五中"的政治面目已完全暴露，不能再用"挺二"的招牌去麻痹国民党顽固派。这时东江纵队西北支队蔡国梁、邓楚白部已挺进至清远驻防文洞，在组织上已与何俊才等联系上，清远县委看到时机已到，经北特批准，于1945年5月在石马骆坑向清远人民和各界人士发表了《告清远人民书》，公开宣布接受党的领导，将第九中队和第五中队合并起来，成立清远人民抗日同盟军大队，何俊才为大队长，杜国栋为副大队长，朱小仲为政委，熊河清为教导员。一中队正副队长阮克明、罗发，二中队正副队长杜国栋、周辉。

1945年6月，迳口驻有别动军一支走私船队，抗日同盟军大人决定将其打下。战斗的前一晚，何俊才和东江纵队西北支队吕苏大队长带领西虎中队和同盟军的小队进入滨江东岸的社田村北侧高地隐蔽。刘黑仔手枪队和同盟军王华手枪队，则渡过滨江西岸，拂晓5时左右开始进攻敌人据点，东岸的部队则向迳口射击，进行掩护。经过半小时的战斗，歼敌1个中队，俘敌30多人，缴获枪械、物资一批。

为了揭露国民党顽固派反共反人民的阴谋，抗日同盟军大队在打击日寇、伪军、国民党顽固派的同时，积极争取国民党的中间派与之一起抗日。何俊才部先后给国民党县长张云亮和国民兵团团长何继林写信，给各界社会人士写信，揭露别动军"曲线救国"的罪恶阴谋，希望各方面人士团结起来，共同对敌，保卫家乡。通过一系列的工作，把日寇、汉奸、国民党顽固派最大限度的孤立起来，使清远人民和各阶层人士更加团结起来抗击日寇，保卫家乡。

三、粉碎"围剿"，北上迎接"二王"部队

1944年，日寇打通粤汉铁路线以后，清远、英德、曲江以至衡阳一线，相继沦陷。1945年，中央决定派王震、王首道率领三五九旅南下粤湘赣边区，建立五岭抗日根据地。在"二王"部队经过艰苦长途行军和战斗，将到湘南时，中央电令广东的抗日部队北上粤湘赣边，迎接"二王"部队，配合建立五岭抗日根据地。

清远人民抗日同盟军大队成立不久，便接到上级党的通知，要抗日同盟军大队和东江纵队西北支队一起，作好北上的准备。由于敌人的夹击，当时抗日同盟军大队在太平、回澜一带活动比较困难，便转向后岗、高田和英德的黎溪一带活动，和东江纵队西北支队一起打击日军在北江河的交通线，并开展对日寇、伪军和国民党顽固派的斗争。这时，国民党顽固派正在密谋包围文洞山区，妄想消灭东江纵队西北支队。

时驻龙颈的国民党保安团团长罗烈召开有国民党县党部、国民兵团、警察局和别动军大队长等反动头目参加的所谓"剿匪会议"，议定了"进剿"计划。1945年7月下旬，国民党当局集中清远所有的军队，包括正规军和杂牌部队共2000多人，分三路进入文洞山区。

当时中共党员黎沃能任县长秘书，代表县长出席会议，掌握了他们"围剿"计划和布置，及时将情报送出。东江纵队西北支队接到情报后，决定留下少量部队与敌人周旋，主力则撤出文洞，与抗日同盟军大队一起远袭敌人老巢龙颈。文洞到龙颈有60公里左右，部队轻装前进，8月2日晚到达珠坑尾以东，在山上密林宿营。3日晚9时左右过龙颈滨江河东岸，即令西虎中队一、二小队抢渡过河，控制西岸。接着抗日刘黑仔中队和抗日同盟军大

人一小队渡河后，向龙颈前进。敌哨兵发觉，开枪射击，一时枪声大作，冲杀之声不绝，龙颈内的敌人龟缩炮楼，朝外乱放枪。完成任务后，部队把电话线切断，沿滨江南下，于4日黎明到达迳口东岸三家村附近隐蔽，下午三四点从苏围附近抢渡滨江河，直奔沙围村，这是第二次打迳口。经过约40分钟的战斗，又打垮了别动军一个中队，缴获一批武器，当晚11时撤出。部队打了敌人老巢后，顽固派不得不撤兵救援，"扫荡"以失败告终。①

东江纵队西北支队和抗日同盟军大队根据原定计划，粉碎了国民党顽固派的"扫荡"以后，乘黑夜撤出文洞山区，经英德黎溪地区北上。部队北上时留下清远的张耀伦部队和在英德黎溪的王式培部队，继续在当地坚持革命斗争。

东江纵队西北支队和清远抗日同盟军大队离开清远北上后，抗日同盟军大队划归西北支队建制，改番号为第三大队，代号为群虎大队。清远县委书记何俊才随队北上，县委领导工作移交给肖少麟、唐凌鹰。东江纵队西北支队在英德东乡，与东江纵队北江支队会合。这时珠江纵队南三大队在郑少康队长率领下也到达英德东乡。三支队伍会合，壮大了革命力量。为了统一协调行动，三支队伍进行整编，成立临时指挥部，李东明任政委，邓楚白、陈志强任副政委，郑少康与梅易辰负责军事指挥，继续北上，保留各支队的建制。

9月7日，北上部队往始兴瑶山进发途中，在上洞乡的龙头石山，遭到国民党一八七师的伏击。西北支队群虎大队负责殿后，掩护大部队冲出重围。在这次战斗中，南三大队指挥员杜国康、群虎大队排长赖树林和三名战士英勇牺牲。突围上洞乡后，北上

---

① 清新县史志办公室、中共清城区委党史研究室：《中国共产党清远县地方史（1924—1949）》，中共党史出版社2007年版，第111页。

部队进入始兴的椒子畲。在那里将群虎大队和吕苏大队合编,吕苏为大队长,杜国栋为副大队长,何俊才为政委。

9月中旬,北上部队进入大瑶山。敌人也尾追而至,封锁了山口,北上部队被四面包围。北上部队在饥寒交迫缺衣少药情况下不断突围,坚持战斗,于10月中旬抵达汤湖斜,但又突然遭到国民党一八七师袭击。北上部队仓促应战,短兵相接,牺牲30多人,丢失3挺机枪。为减少伤亡,北上部队领导决定化整为零,保持精干的战斗队伍,非武装人员、伤病员离队转入地下,以保存实力。不久李东明率领一个小队先突围到了大庾岭,与东江纵队领导王作尧、杨康华和珠江纵队司令员林锵云会面,接着邓楚白、郑少康也率领队伍赶到。

这时日寇已投降,形势发生了变化,党中央已召回"二王"部队,今后革命斗争的任务,要由广东的同志自己担负起来。根据新的情况和新的任务,东江纵队粤北指挥部在南雄与江西边的铁寨召开了军事会议,决定原清远抗日同盟军大队保留下来的80多人,由何俊才、杜国栋、阮克明率领返回翁源,坚持革命斗争。这支部队回翁源后,在解放战争年代保持了革命的光荣传统,在斗争中不断发展壮大,和原来在翁源、英德、新丰、曲江、佛冈等县坚持革命战争的战友一起,建立了隶属于粤赣湘边纵队北江第一支队,坚持了四年的人民解放战争。

第五章

解放战争时期

第一节 党的战略方针调整

一、开展隐蔽斗争工作

1945 年 8 月 15 日，日本宣布无条件投降。9 月，侵粤日军向国民党广东省当局投降，广东人民迎来了抗战的胜利。日本投降后，党中央为了避免内战，主张和平、民主的道路，而国民党统治集团为了实现其独裁统治，准备发动全面内战。

1945 年 10 月 20 日，国民党广州行营主任张发奎在广州召开粤桂两省"绥靖会议"，积极策划内战，扬言要在两个月内"肃清"共产党领导的人民武装。会后，张发奎在广东投入正规军 8 个军 17 个师的兵力，加上各地武装，共达 50 多个团，对共产党领导的人民武装实行限期"清剿"、分区"进剿"。国民党第一三一师，将四会与清远划为 3 个"清剿区"之一，并在各县设立清乡委员会，意在迅速消灭中共及其领导的人民武装力量。[①]

抗战胜利后的形势表明，国民党当局要消灭共产党及其领导的人民武装，发动内战。清远地区的党组织及人民武装将面临严峻的考验。

根据中央指示，中共广东区党委于 1945 年 9 月 16 日作出了

---

① 中共肇庆市委党史研究室编撰：《中国人民解放军粤桂湘边纵队史》，广东人民出版社 1996 年版，第 4 页。

坚持长期斗争的工作部署，决定一方面坚持斗争，保存武装力量，保存干部；另一方面作长期打算，准备将来开展合法的民主斗争。10 月 24 日，广东区党委向各地发出了《当前斗争形势和工作指示》，分析当前形势，要求地方武装以不同的名称，利用各种关系，进行分散隐蔽活动。

按照中共广东区党委部署，原北上与"二王"部队会师的珠江纵队一部在清远边区坚持隐蔽武装斗争，保存武装、保存干部，为将来开展武装斗争作准备。1945 年 8 月，东江纵队西北支队和抗日同盟军大队离开文洞北上五岭迎接王震部队。日本投降后，北上部队留在翁源开展斗争活动。但东江纵队西北支队决定让文洞的游击队返回文洞坚持武装斗争，并派东江纵队西北支队的张耀伦、张祥等 18 人返回文洞。1946 年初，文洞游击队奉命，化整为零，转入地下秘密活动。

1945 年 12 月下旬，根据广东区党委的决定，成立中共西江特别委员会（简称西特），梁嘉任书记，副书记谢斌，组织部长王炎光。西特在清远县举行第一次会议，部署开展隐蔽斗争工作。

会议决定，总的工作方针是分兵活动，划区经营，巩固发展。即一方面坚持原来地区，巩固部队和群众；另一方面积极大胆开辟新区，加速发展党和群众组织，以坚持长期斗争。会议决定采取三项措施：一是建立统一的领导机构，加强党政军的一元化领导；二是做好巩固和发展工作加强部队的建设，认真整顿队伍，加强培训，进行整编；三是在对敌斗争策略上，决定在军事上实行坚决自卫，分散隐蔽，灵活回旋，击破敌包围追击计划，在政治上揭露国民党反对和平及发动内战的行径，争取各阶层民众结成反内战统一战线。确定好地区，明确任务，配备干部，实行分区经营，做好群众工作，争取和平，反对内战，并以小规模武工队的形式开辟新区，向前发展。

为此，珠江纵队在西江地区的部队再次进行整编，成立广（宁）清（远）区队、广（宁）四（会）区队、广（宁）怀（集）区队、广（宁）高（要）区队，分散经营。"双十协定"签署后，国共两党正式达成和平协议，于是在华南活动的中共武装北撤山东烟台。

西特将部队撤离之后，在广宁、清远地区留下的70多人全部到广宁四雍集中整训，由周明负责。整训分政治、军事、文化三项，目的是使部队指战员提高对形势的认识和坚定长期斗争、争取最后胜利的信心和决心，提高部队的战斗力与执行纪律和制度的自觉性，提高干部的政治素质、军事素质和文化。整训结束后，西特将部队编为18支人数不等的小部队，提出了反对国民党征兵、征粮、征税的反"三征"口号，反对国民党当局打内战。这些武装以个人的名义出现，其中广清区队以冯光大队长名义在广宁、清远边区活动，广怀区队以马奔的名义在广宁、怀集、清远、阳山等边区活动。①

二、调整党组织的领导关系

抗战胜利后，为了适应形势发展，中共广东区党委对各地党的组织领导关系进行了一系列调整，以配合保存干部、开展隐蔽斗争的需要。清远县党组织的领导关系发生变化，县委不再设立书记，改为特派员负责制。

按照广东区党委的部署，清远县党组织，从1945年9月至11月由北特领导，从1945年12月起归属西特领导。由于移交不及时等原因，在此期间广东区党委副书记黄松坚仍直接领导清远县

① 中共肇庆市委党史研究室编撰：《中国人民解放军粤桂湘边纵队史》，广东人民出版社1996年版，第11页。

委工作，先后派出肖少麟为县特派员，唐凌鹰、方君直为县委副特派员。清远县委机关设在清远县城，党员主要是原抗日同盟军大队北上以后留下来的 20 多人及领导机关的一些人员。

1946 年春，由广东区党委副书记黄松坚派司徒毅生到清远，任清远、英德、佛冈 3 县特派员。因佛冈县地下党未联系上，司徒毅生实际上领导清、英两县的地下工作，基本上都驻在清远县城。

1948 年 4 月，中共粤桂湘边工委任命苏陶为中共清远县委负责人；1949 年 5 月，任命苏陶为广（宁）四（会）清（远）花（县）三（水）边区县委书记（一说负责人）直到解放。

附：解放战争时期清远县党组织发展沿革示意图

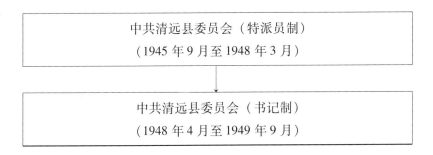

中共清远县委员会（特派员制）
（1945 年 9 月至 1948 年 3 月）

中共清远县委员会（书记制）
（1948 年 4 月至 1949 年 9 月）

第二节 清远游击根据地的开拓与发展

1946 年夏天，国民党进攻中原解放区，内战全面爆发。国民党广东当局地方武装，加紧征兵、征粮、征税等苛政。根据形势的变化和中央的指示，广东区党委作出了恢复武装斗争的决定，制定了"实行小搞，准备大搞，从无到有，从小到大，稳步前进"的方针，号召各地党组织，领导留下坚持斗争的武装人员，重新拿起武器，建立武装队伍，立即开展打击地方反动势力，保护人民群众，发展和壮大武装队伍的斗争，建立武装政权，建立游击根据地。

据此，中共西江特委派出武装力量重新进入清远县进行武装开辟新区、拓展活动区域的斗争。1946 年 8 月，按照上级的指示，广（宁）四（会）清（远）边区队以广宁、四会、清远的老根据地为依托，大力向边区发展，建立起新的根据地。

一、秦皇山游击根据地的开拓与发展

（一）广四清边区队开拓和发展秦皇山游击根据地

秦皇山地处广四清的接合部，南临四会威整、罗源，东接清西平原，西靠广宁根据地，进可攻，退可守，补给比较方便，是创建游击根据地的理想地方。1946 年 8 月，广四清边区队派出由苏陶任中队长兼指导员，成员包括黄振、何洪、梁登、苏巨、余达、吴汉、廖四、吴珠、江林、饶伍等一共 12 人的一支广四清边独立中队，经白芒回到广四清边区的秦皇山活动。其后，冯光率广四清边区队主力部队到达。苏陶部队回到乌泥、黄茅一带，群众十分欢迎，并纷纷前来控诉秦皇山心保长在游击队离开后欺压群众的罪行，要求迅速将其镇压。广四清边独立中队接受群众的要求，把保长枪决了，拔去了藏在心脏地区的钉子，也为人民除了害。从此，广四清边独立中队以山心为中心，向秦皇山、威整、石马和江屯地区发展，开展对敌斗争。

在武装斗争进行的同时，广四清边区队广泛发动群众反"三征"，减租减息，清匪除霸，维持治安，成立民兵和农会组织，扩大武装队伍。广四清边区队还派出武工组向外围扩展，开拓了以秦皇山为中心的游击根据地。广四清边独立中队到达秦皇山后，吸收了秦皇山的钟松和太平的曾镜参加部队，他们利用亲戚、乡里关系，去争取秦皇山区和太平的头面人物和群众，策反了威整乡自卫队员罗庆芝携枪参队，还争取了秦皇山石角庙国民党一五六师留守连保持中立，以方便中共人员由秦皇山出入清西平原。

1946 年秋，冯光大队长、周明政委决定集中几个小分队攻打石马圩。事前由黄振化装成商人侦察该圩敌情。根据情报，冯光、周明率广四清边区队于夜间突袭该圩，直冲炮楼。因敌火力猛烈，广四清边区队多次冲锋也无法进入。冯光见已过午夜，便命令撤出战斗。这是广四清边区队转入解放战争的第一次行动，虽没有什么缴获，但毕竟表明了革命武装在清远的存在。

1947 年初，广四清边独立中队已发展到五六十人，有一个直属排，有两个武装工作队（简称武工队）。为打通走向清远广阔地区的通道和进一步开展减租减息，广四清边独立中队以秦皇山为中心向平原及其他周围地区发展展开活动。

1947 年初，冯光指挥广四清边区队进军清西平原。那里人口稠密，群众比较富裕，太平、三坑、山塘等地，既是直出北江河的重要通道，又是伸向四会、三水、花县的跳板，进入这个地区，不仅可以解决部队的给养问题，而且在政治上、军事上都具有重大的意义。

当时太平乡北坑一带种植甘蔗，建有不少糖厂。县参议员黄路泉承收糖税，广四清边区队就发动群众抗缴糖税。1947年1月7日，冯光指挥广四清边区队突入北坑，打跑了国民党清远县税警队。随后广四清边区队继续前进，当经过三坑枫坑回秦皇山船底窝时，闻报县税警到游击区窜扰。为给敌人以打击，广四清边区队在大曲岭设伏，打死打伤县税警队、三坑自卫队七八人。这次行动显示了广四清边区队的军威，震撼了太平、三坑平原。群众欢欣，风趣地说："石头（指冯光）从大曲岭碌落来，碌死政府，我们有好日子过了。"2月23日，广四清边区队又深入太平市，镇压了罪大恶极的回岐区税捐总承包者、奸商、县参议员黄路泉，又镇压了土匪头子曾成南。从此，国民党政府不敢派人到北坑口一带勒收糖厂的捐税，太平、三坑、山塘、威整、罗源的蔗农和糖厂也对国民党政府拒交糖捐、蔗税。此后，广四清边区人民的革命斗争不断向前发展，广四清边区队的回旋区扩大了，而且从秦皇山区伸到平原区。

（二）粤桂湘边纵队司令部进驻秦皇山游击根据地

1948年10月，国民党纠集粤桂两省边境西江、北江、怀集三个专区的反动军队"围剿"广宁根据地。粤桂湘边纵队司令部确定变内线作战为外线作战，以避开敌人锋芒，迂回到敌后插其一刀。梁嘉带领司令部主力和宣传队撤出司令部所在地广宁四雍，在广清边附近作战。但因情报不准确，军事上没有多大的收获，反而因转战一个多月后，造成部队人员疲劳不堪，弹药消耗过大，给养日渐困难。为了跳出敌人的包围圈，脱离当时的困境，司令部于1948年中秋节后从广宁五指山附近突围，计划转移到清远秦皇山游击根据地去。部队经过江谷、地豆圩、三坑，安全到达车公洞，并且很快得到苏陶部队和当地人民的热情慰问，送来一大批猪、牛、粮食。当时司令部进驻秦皇山心。1949年，清远县城快解放时，粤桂湘边纵队司令部迁往秦皇大坪村，直至清远县城解放。

边纵司令部率部队胜利突围进入秦皇山后，继续指挥直属第一、二团在外围作战。1948年11月15日晚，直属第一团和广四清边大队联合出击四会威整圩，毙伤敌十余人，缴枪5支及军用物资一批，解决部队的给养困难。11月下旬，直属第一团和广四清边大队联合作战，在南冲民兵配合下，拔除广四清边乌坭、坳仔、流窝等地敌据点，摧毁所筑的木栅，粉碎敌人并村筑城向秦皇山游击根据地的进攻。战斗中，副政治指导员吴飞和小队长高棣庭等6人英勇牺牲。①

二、南冲游击根据地的开拓与发展

南冲是西特派出部队发展的另一重点地区。南冲地处清远滨江区的南侧，西靠广宁，南连秦皇山。控制南冲可以与广宁根据地，与秦皇山区联成片，可以出击龙颈、禾云滨江各地，可以控制迳口这个水陆咽喉，威胁清远县城的国民党反动派。广怀区队的一部由马奔率领，于1946年12月从阳山太平、清远桃源进入清远南冲、石坎一带。在此之前，周明、蔡雄、冯光部队及熊亦轩、廖四武工队在此活动，已有一定群众基础。

马奔部到南冲后，发动群众与镇压匪霸双管齐下。一方面依靠莫村的莫斗、乌坭的潘锦等积极分子发动群众，团结开明士绅

---

① 中共肇庆市委党史研究室编撰：《中国人民解放军粤湘桂边纵队史》，广东人民出版社1996年版，第110—111页。

梁正享、国民党副乡长潘元痒、保长黄启华、梁汇旭等人；一方面对民愤极大的反动保长陈细六，惯匪颜卓、梁观进、许大水、许元兴等 16 人先后给予镇压。南冲、石坎这块游击根据地得到了巩固。①

三、文洞游击根据地的开拓与发展

1947 年 1 月，中共粤桂湘边区工委派中共清远县委副特派员方君直进文洞山，接收和领导了张耀伦分队的武装人员，在这一带山区积极发动群众，组织附城石板、象牙岭等 19 条村庄，成立一批逃征小组，开展反"三征"斗争，为恢复武装斗争做了一定准备。②

1947 年 9 月，广四清边区负责人马奔按照中共粤桂湘边区工委的战略部署，派副大队长冯开平率一支 50 多人的英清边挺进队进入清远文洞，与张耀伦分队合编，成立英（德）清（远）边独立中队，共 80 多人。

1947 年 10 月，英清边独立中队擒拿了盘踞于文洞卜山塘的土匪胡浩泉等 13 人，随后，又镇压了企图密谋组织自卫队与游击队对抗的文洞反动保长陈葵和高朗坝的反动头子罗华扬。通过一系列武装斗争，革命力量得到了壮大，文洞根据地得到了巩固和发展。

---

① 中共清远市委党史研究室：《连江支队史》，广东人民出版社 1995 年版，第 7—8 页。

② 中共清远市委党史研究室：《连江支队史》，广东人民出版社 1995 年版，第 13—14 页。

反"清剿"斗争

一、1947 年的反"清剿"斗争

以秦皇山、南冲为中心的游击根据地建立后，革命力量不断发展壮大。1947 年 2 月下旬，国民党清远县长李慧周照会广宁、四会组织"三县联剿"，出动清远县保警两个大队，广宁、四会保警各一个中队，再集结三县地主反动武装和乡公所乡丁共 400 多人，对共产党领导的游击队进行"清剿"。3 月 12 日，清远县保警大队由大队长林其带队，绕道偷袭驻山心黄湖坳的苏陶独立中队。独立中队一边沉着还击，一边突围转移到太平附近。特务长何洪在突围战斗中牺牲。

1947 年 3 月 21 日，广四清边区队夜袭驻石马圩的县保警第三中队，炸毁其碉堡，当场炸死保警 4 人。在广四清边区队和民兵反击下，国民党"三县联剿"以失败告终。从此，清远各地反"三征"斗争迅速展开。许多青年农民纷纷参加游击队。

1947 年 6 月，国民党广东省保警一个中队，联合清远地方反动团队 300 多人，对活动在清远的人民武装再次进行"清剿"。为保卫夏收，推进减租减息运动的顺利进行，6 月 5 日，广四清边区队夜袭广宁县江屯自卫队，当场击毙叛徒欧焱的弟弟欧碧光，自卫队长江海跳井自毙，歼敌 10 人，缴长枪 12 支，救出被俘战士崔绍。6 月 17 日，广四清边区队在太平乡百步梯伏击来犯的清远县保警队，敌不支败退。

1947年7月3日，广四清边区队再次攻打石马圩，炸毁敌人碉堡后撤出。8月27日，广四清边区队利用圩日袭击石坎乡公所，俘副乡队长以下13人，缴获枪支11支，把没收的救济米和奶粉当场分给群众。两天后，广四清边区队在离县城11公里的迳口地方，缉捕国民党清远县政府人员等数名。10月1日，广四清边区队攻打横山乡公所；3日，在立坑屋打了下乡抢粮的何文山石坎自卫队；8日，在三圣宫又追击滨江联防中队到白石。部队还伏击太平乡十三保自卫队，打死敌人数名，活捉副乡队长1人。

经过半年多的艰苦斗争，到10月底，广四清边区队巩固和发展根据地的工作，又有新的进展，在滨江珠坑等地开辟了新的游击区，并且推动了减租减息运动的深入开展，也有力地打击了国民党的再"清剿"计划。广四清边区队通过上述一系列活动，使国民党当局大为震惊，只好在县城加强防守。①

二、1948年的反"清剿"斗争

1947年底，国民党粤北"清剿"区司令官叶肇秉承宋子文的第二期"清剿"计划，组织清远、英德、广宁、四会四县共一千多兵力，向广四清边的秦皇山区、南冲和文洞山区等地开展了一次大规模的进攻。

（一）二打石坳头炮楼

1948年1月1日，国民党清远县新任县长廖琪亲自出马，实施碉堡联防与远道奔袭的战术，倾巢而出，分兵三路"进剿"广四清边游击区。敌人一路直指秦皇山心，一路插入南冲的白石，

---

① 中共清远市委党史研究室：《连江支队史》，广东人民出版社1995年版，第11—12页。

一路派太平乡联防中队长赖沃进入秦皇山梅仔坑，在要道石坳头筑碉堡，企图控制秦皇山区。1月18日，人民武装在龟岗坳设伏打击入山抢掠的江屯自卫队，毙敌5人。广四清边区队则以粉碎石坳头碉堡作为反"清剿"的突破口。1月24日晚，武工队员赖虾公以探父为名，劝得赖沃率部投诚，缴获长短枪20支，后将赖沃部23人全部遣散，并把在建的碉堡拆毁。不久，清远县长廖琪又派县保警中队长周志煜率队再次强迫群众修建石坳头碉堡。1月28日，广四清边区队又一次夜袭江屯，缴获机枪2挺，俘虏叛徒欧炳和副乡长梁箕球等11人，缴获长短枪20支。2月1日，广四清边区队及民兵对石坳头碉堡半夜包围，拂晓进攻。由于敌人有碉堡，广四清边区队几次强攻都未能冲进去，于是与敌军对骂起来。敌中队长周志煜十分嚣张，站在碉堡顶上大骂："有胆冲上来。"结果被广四清边区队的神枪手一枪毙命。敌人顿时大乱，广四清边区队乘机进攻，很快便结束战斗，俘敌人小队长梁汝森等以下25人，缴获机枪1挺、长短枪19支，并再次将碉堡夷为平地。

（二）夜袭南冲白石战斗

1948年2月4日晚，马奔率连江支队第二团袭击进犯南冲白石之敌。连江支队第二团分成两个战斗中队，一支攻打驻白石围大厅的陈赞华联防中队，一支攻打驻乡公所廖琪带领的县保警队。当突击组向白石敌营接近时，在距离敌营三四十步的地方，被敌哨兵发现并用机枪扫射，突击队长苏巨抓起手榴弹向敌营的门口砸去，并组织突击队利用田埂和杂草等隐身物向敌人进攻。过了一会，古庙门口的两挺机枪向他们射击。苏巨下令突击组相互掩护撤退，而他最后一个撤离火线，刚后撤几步就不幸中弹牺牲。第二天县保警和陈赞华的联防队就从白石撤回龙颈。而侵入山心的反动团队见形势不妙，乃不战而退。这一仗，使南冲、秦皇山游击区进一步巩固起来。

（三）相互配合，粉碎"清剿"

1948 年 3 月，为了打开清远局面，粤桂湘边区工委决定成立广四清边大队，苏陶任大队长兼政治委员。随后广四清边大队派黄日率 16 人组成笔架武工队，挺进笔架山，开辟新区，以威胁清远县城，并打通与英清边大队的联系。

1948 年 4 月，笔架武工队为配合秦皇山区反"清剿"斗争，夜袭清城电厂，使全城彻夜漆黑，风声鹤唳。廖琪不得不将部分"进剿"部队退守县城。

1948 年 4 月，国民党广宁县长冯肇光纠集反动团队向联和、福田游击根据地进犯。连江支队飞雷队和广四清边大队联合作战，在河口迎击三天三夜，后与民兵配合奋勇反击，终于将其击溃。此战毙敌 8 人，游击队牺牲 3 人。至此，国民党多县联合"清剿"行动又一次失败。

三、1949 年的反"围剿"斗争

1949 年 4 月 23 日，南京解放，标志着南京国民政府在大陆的垮台。解放军势如破竹，解放长江以南大部。在国民党失败已成定局的形势下，1949 年 6 月 5 日，清远县长陈德用孤注一掷，调集保四师和保警大队、地方武装共 800 多人进攻秦皇山根据地。为把敌人引出秦皇山，以实现在外围作战，边纵司令员兼政委梁嘉指挥边纵独立团与连支三团、英（德）清（远）阳（山）边人民解放大队一起开出三坑平原。当时，国民党保警十二团从县城向三坑方向进发，保警十一团则企图绕道山心从船底窝出三坑。

1949 年 6 月 7 日，战斗打响，首先是边纵独立团和连支三团与敌保警第十二团激战于枫坑村。敌人以密集的炮火射击，组织多次冲锋，均被边纵独立团和连支三团红鹰连击退。当天，英清阳边人民解放大队埋伏在秦皇山口与三坑枫坑交界的风门坳，顽强阻击了企图绕道山心、车公洞的敌保警第十一团。战斗从下午5 时打到晚上 9 时，敌保警十二团仍无法前进。后来，边纵独立团和连支三团在英清阳边人民解放大队的掩护下，全部安全撤退到威整羊角山边的麻涌。此时，敌保警十二团前往风门坳合围夹击，守坳部队相继撤出阵地，到麻涌与边纵独立团和连支三团会合。在夜战中，敌保警十一、十二两个团均误认为对方为"共军"，混战了一夜，敌双方共毙伤 40 多人。

1949 年 7 月，连支三团城工组利用敌人集中兵力进攻秦皇山游击队根据地而清城空虚之机，派人潜入清城炸毁金花庙电话所，同时又袭击西门岗敌哨所，使县城一片混乱，敌人只好收兵回防。至此，解放战争时期敌人对秦皇山根据地的最后一次"围剿"被粉碎，部队即将迎来解放清远县的历史时刻。

第四节 游击根据地的扩大和建设

一、开辟外围新游击区

1948 年 1 月，石坳头战役不仅沉重打击清远的国民党反动力量，而且使广大群众受到了很大的鼓舞，同时也大大振奋了部队的斗志，提高了部队的战斗水平。广四清边大队利用这个大好时机，在广大群众的支持下，派出大批武工队开辟新的活动区：滨江武工队由梁国英、廖四等负责，在石马、河洞、龙颈一带活动；平原武工队由吴汉、农夫、林鹏、曾镜等负责，在太平、三坑、山塘、回澜、陂头一带活动；笔架武工队由黄日、朱志明等负责，在笔架、珠坑、鱼咀、坝仔一带活动；威整武工队由梁奇负责，在威整、罗源一带活动；滨江迳口税站，由梁芝渝、冯荣等负责，在滨江河两岸一带活动。

1948 年初，广四清边大队派黄日等 16 人组成笔架武工队（又称独立小队）挺进笔架，开辟新区，以威胁清远县城敌人，并打通连接清远经文洞到英德的交通线。当时，反动保长赖社桂结众进山抢伐笔架乡民赖以为生的毛竹。黄日等到达笔架后，即放手发动群众，开展锄奸除霸工作，镇压了赖社桂，随后组织成立笔架竹器互助社、民兵队和农会，并动员大批青年参加队伍。4月，笔架武工队配合秦皇山区反"清剿"斗争，夜袭县城电厂。通过一系列的斗争活动，5 月，笔架武工队升格为笔架独立中队

（后改为附城独立中队），拥有两个战斗分队和三个武工队，共140多人，还选派了70多人到主力部队。活动范围逐步扩展至滨江的鱼坝、珠坑一带以及回澜、附城一带。

1948年，原在石马南田一带活动的廖四武工队，负责开辟龙颈和沙河地区，以便与隔河的笔架独立中队负责的珠坑、鱼坝地区，梁国英武工队负责的石马、河洞和滨江税站负责的大小姨坑地区联成一片。1949年四五月间，廖四武工队和在石坎乡活动的熊奕轩武工队合并，成立滨江独立中队。

1948年10月左右，广四清边大队派林鹏、邓安等组成武工队在清（远）四（会）三（水）边区活动。其主要任务是发展外围，扩大游击区，以牵制敌人，粉碎敌人企图封锁秦皇山口通道，困游击队主力部队于山区，然后围而"剿"之的阴谋。

1948年底，广四清边大队派吴汉、农夫率回岐平原武工队15人越过北江河去开辟河东地区，后以石角马头石为据点，成立了一个在游击队领导下的外围武装组织——河东大队。

广四清边大队派出的多个武工队，在清远各地积极活动，有计划、有准备地向外围地区发展。各地区武工队为争取人民支持，放手发动群众，开展反"三征"和减租减息运动。同时，武工队开展了一连串除匪镇霸、袭击反动武装的斗争，以巩固和扩大游击根据地。

1948年中秋节前后半个月内，广四清边大队先后袭击了太和洞山口、珠坑等地的敌人，作战8次，毙伤敌60多人。附城独立中队先后镇压了附城乡副乡长黄永章，县参议黄应湘，保长丘海、黄子轩，长埔恶霸曾八、黄葵，黄坑恶霸李九营、廖新等人。突击组长赖虾公单枪闯到连塘，活捉田心村恶霸联防队长胡十，使田心联防队瓦解，缴枪20多支。

1949年1月1日，连支三团一部化装成国民党军队，白天智取车头坝联防队炮楼，就地处决了联防队长黄洪，缴获短枪1支、步枪1支。8日，连支三团又袭击龙颈圩，击毙哨兵2人，缴获枪1支。18日，连支三团在滨江河伏击清远保警第五中队的一个分队，毙敌分队长以下4人，俘10人，缴获轻机枪1挺、掷弹筒1具、步枪8支。20日和21日，连支三团连续两天在秦皇山口与敌开展阵地战，毙伤太平市巡官潘汉义以下10多人。

1949年1月底，梁芝渝武工队领导下的滨江税站，在滨江河的船上扣押了国民党广州卫戍司令李及兰的堂弟李德民，对其晓以大义。他表示愿捐粮0.6万公斤，购机枪1挺送给游击队。

1949年2月16日，连支三团集中优势兵力，经过严密侦察，再一次袭击石马圩，全歼敌人自卫队50多人，缴获重机枪1挺，轻机枪2挺，长短枪68支。不久，连支三团又在广宁江屯伏击地方反动武装，毙敌1人，缴枪2支，游击队有1人受伤。

武工队配合连支三团主力部队共同作战，取得很大的成效，开辟了外围新的革命根据地，形成了控制清远全县及延伸到四会、广宁、三水、花县边界的大好局势。这一连串的攻势，不仅扩大了连支三团的活动地盘，更主要的是牵制了广宁、清远方面的敌人，从大后方支援了连江支队主力部队北挺连阳地区开辟新区。①

二、游击根据地的建设

（一）政治上成立联区政府，巩固民主政权

随着游击区不断扩大，大量的行政工作、群众工作、支前工作、民事处理都需要加强组织和领导。中共粤桂湘边区工委为加强广四清边游击区的革命建设，于1948年1月在清远南冲成立广

---

① 中共清远市委党史研究室编：《连江支队史》，广东人民出版社1995年版，第21—25页。

四清联区政务委员会（简称联区政府），冯华任主任，下设 10 个民主乡政府。在联区政府的辖区内约有 10 万人口，各个乡政府均组织有民兵和农会。在这 10 个民主乡政府中，有 7 个在广宁江屯地区，3 个在清远县，分别是南冲、山心、秦皇乡人民政府（下表为清远县各乡人民政府乡长）。

南冲乡乡长	黄启华
山心乡乡长	钟玉亭
秦皇乡乡长	钟 松

民主政权的主要任务是切实执行反对国民党政府的"三征"政策、贯彻减租减息以及协助部队收粮收税，领导群众搞好生产，阻击反动派的武装扫荡等，并且担负侦察敌情，为部队传送情报的任务。

在清远县 3 个乡人民政府建设中，以南冲乡人民政府建设为典范代表。根据南冲人民强烈的要求，于 1948 年 2 月 10 日，联区政府在南冲三圣宫学校召集群众代表 150 多人，商讨成立人民民主政权。由政务委员会主任冯华和副主任江东亲自主持，通过讨论和酝酿，最后选举成立了南冲人民自己的政权——南冲民主乡政府。乡长黄启华，副乡长梁正煜，并有民兵队长黄木桂，妇女主任李丽珍等乡政府干部，都是由代表民主选举产生的。南冲民主乡政府建立以后，具体做了下列几项工作：

第一，组建民兵，配合连江支队开展武装斗争。首先致力于民兵组织的健全和扩大，以保卫解放区人民安全，配合连江支队主力部队抗击国民党军队的进攻。当时人民踊跃参加民兵队伍，组织起 40 多人的南冲民兵队，由队长黄木桂率领，积极做好巡逻放哨、收集情报、运送物资等工作。战斗发生时，即配合部队作战，打击来犯敌人。民兵队自建立以来，参加战斗 10 多次，通过血与火的锻炼，人员数量大大提高，在 1949 年已发展到 200 多人。根据革命的需要，民兵队先后选送思想品德好、身强力壮和有战斗经验的民兵 40 多人参加游击部队。民兵队还协助武工队到龙颈西坑等地筹粮 5000 多公斤，支持部队给养。

第二，建立乡农会，组织农民发展生产。南冲民主乡政府，重视农民的组织建设，很快地筹备组织起南冲乡农会，吸收解放区内农民参加。通过选举，产生了农会主任、副主任、委员等，他们积极分头深入到广大农会会员当中，做好各项工作。有了乡农会的领导，南冲人民反"三征"和减租减息的反封建革命运动更广泛地、全面地开展，有力地打击了封建势力。在人民生产生活上，南冲乡农会发动农民组织起来，发展山区生产，发挥山林资源优势，搞好农田水利设施，提高耕种技术，增加生产，增加收入，使能自给有余，并大力支援部队。

第三，普及文化教育，提升妇女思想觉悟和地位。南冲农会还把青年民兵和妇女组织起来，利用业余时间，设办夜校识字班以开展文化教育，开展文娱宣传活动以发动群众，提高了山区人民的文化水平，活跃了山区人民的文化生活。乡政府还深入到各村培训积极分子，依靠各村妇女组织，开展宣传教育，使广大人民认识到：过去由于封建压制，妇女在社会上根本没有地位，这个旧观念应要破除，妇女要振奋起来，参加革命行列，发挥半边天的作用。通过一系列的宣传和组织活动，南冲的妇女在思想上、认识上都有了很大的提高，大都能积极投身革命工作，为人民解放事业作出贡献。1949 年，连支三团攻打江屯油茶龙敌据点，南冲妇女响应号召，在民主乡政府的组织下支援连支三团，直接上前线为连支三团运送弹药、送饭送茶水，为部队护理伤病员等。其中白芒秀崀村的梁国强（老板娘）和莫村的梁二（六婶），大屈崀梁成英等，她们不怕山高路陡，冒着生命危险，为连支三团送情报、送粮食，出色完成任务。

（二）组织上培训基层干部力量

由于游击战争活动地区日益扩大，革命战争的任务日益加重，联区政府加强了基层干部队伍的建设。从 1949 年 6 月起在山心地区的松树埕、香炉脚、船底窝举办了三期基层干部训练班。受训的学员是由各乡政府送来的，他们都是各地乡政、民兵、农会的骨干分子。每期训练的人数 50 人，训练时间一个月左右。训练班也是一个战斗的单位，学员在入学时均自带步枪 1 支。训练内容着重讲解新形势与新任务，使学员对共产党、人民子弟兵、民主政府有一个正确的认识。教学的形式是采用报告与讨论相结合，讲课的有冯华、钱青、陆筠等，辅导学习的有霍理文、冯刚、曾森等，工作人员有冯荣、梁仪等。总计受过训练的基层干部有150 多人。每一期结业，每个学员都发给一张结业证，学员则从哪里来回到哪里去。三期训练班，对充实基层工作，迎接即将解放的新形势和新任务，收到了一定的效果。

（三）后勤上、经济上对部队的保障

为了适应游击区扩大、队伍发展、战斗频繁的形势需要，1948 年初，广四清边区队在广清边区的深山里设立了医疗站和枪厂。虽然在各个战斗的队伍里都配有卫生员，但只能应对医治轻伤者，或者轻微疾病的治疗，重的伤病号需送进医疗站。在数年的战斗中，医疗站医治好了众多的受伤战士。

南冲设立的枪厂，能修轻机枪和 20 响的快掣驳壳、子弹、地雷等武器，尤其是对发展地雷战收到了很好的战果（可以用于攻坚，也可以用于伏击敌人，很多战斗队伍都有爆炸组）。枪厂的师傅"大炮春"（原是国民党石井兵工厂的技术人员）、陈绍枢、梁观舟、梁元海都是制造武器的工作人员。他们能及时抢修好在战斗中打坏了的机枪、步枪、手枪，使打坏了的武器不至于成为

废铁。更重要的是解决了因国民党反动派频频对游击区发动扫荡、封锁，因而大量消耗弹药而又不易补充的问题。①

与此同时，1948年10月下旬，为了扩大广四清边大队的财源，扩大游击队的影响，广四清边大队派梁之瑜率领的武工队在骆坑至大姨坑滨江河段建立起滨江河税站。这一河段是滨江的咽喉，是整个滨江区与外地物资交流的唯一通道，又是国民党军政人员出入滨江的必经之路。滨江河税站一方面向船主和船工宣传党和广四清边大队的各项政策，另一方面收税。在税收方面，以船只的吨位或按货物价值的百分比征收。但对投机奸商走私禁品则进行没收或重罚。税站不仅收税，也是武工队的活动据点，负责珠坑、河洞一带的发动群众工作以及情报收集统战工作。

（四）思想上做好群众宣传工作

联区政府针对群众的麻痹大意思想，对群众开展宣传教育工作，要求各家各户在敌人"扫荡"时，利用各自的社会关系尽快疏散物资和人口，并组织好民兵掌握有利的时机，向敌人进行骚扰或还击。联区政府还向根据地及敌占区的群众，展开政治宣传，指出敌"扫荡"根据地的罪行，全部应由反动派承担，群众是被迫、被欺骗跟随"扫荡"的，一律不加追究。广泛的宣传使反动派更加孤立起来。

随着解放战争形势的发展，中共粤桂湘边工区委加强了在广四清游击区的革命宣传工作。工委派交通员到文洞找冯开平游击队联系，派莫松（笔架当地人）来向新区各村群众说明游击队的宗旨，并介绍笔架根竹坪村的张全参加武工队，接着刘清、邹德、林韬等人参队。吸收了当地人参队，对新区的发展起了推动作用。

---

① 中共清远市委党史研究室等合编：《清远县党史资料选编（1924—1949年）》，2000年版（内部发行），第23—24页。

在各村张贴开辟新区的布告，帮助群众订出章程，组织笔架竹器互助社，使群众团结互助，抗拒强暴，发展工副业生产，改善生活。

经过上述行动和一系列宣传工作，人民对共产党游击队的政策有了进一步的认识，提高了革命觉悟，拥护连江支队到各村驻扎，并把其优秀子弟送到连江支队中，群众基础更加坚实。

（五）军事情报上建立红色交通线

粤桂湘边区工委及纵队司令部同广州、香港（省委、中共中央华南分局）的联系，司令部同各游击区的联系，连支三团团部同各地区武工队的联系，都靠分散在各交通要道的交通站和联络点，交通站和联络点设在可靠的群众或地下党同志的家或店铺里。交通员带信、传达命令或带人找部队，一般先到站、点接头，然后到连支三团驻地。有的交通员分段带送，有的直达目的地。交通员的工作非常艰苦，不论刮风下雨，一天要跑几十里路，还要夜行军，一般扮成老百姓，不带武器，应对各种敌情。

当时的红色交通线有三条：

第一条是四雍司令部到秦皇交通线。1948 年 10 月前，粤桂湘边区工委及纵队司令部设在广宁四雍。当时，司令部同秦皇联系经过的站点，大犹水的练秀文家、马慈洞梁二婆家、莫村六婶家、白芒秀崀姓梁的商铺、乌圳潘锦家。

第二条是秦皇山区到广州、香港交通线。粤桂湘边区工委及纵队司令部于 1948 年 10 月转移到秦皇山区后，与驻香港的广东区党委和中央香港分局联系，主要有两条交通线。一条经太平乡去清城转广州和香港。这是一条主要交通线，由地下党负责组织，具体工作由吴克负责与各地下党单线联系，共产党员廖明和黄坚当交通员。太平乡的中转联络站在丁盏岗廖明家和车公咀朱秋梅家里（朱秋梅是组织安排打入敌人内部，任太平乡副乡长）。清城的联络站设在霍荣记小食店，霍理文负责。这条线担负着接送主要领导干部进出山区和传递重要信件及消息情况的任务，纵队司令员梁嘉、特派员司徒毅生、牛嫂等，以及带电台的机务人员都是从这里进出。为确保这条线的安全，规定一般人员不得使用，由地下党负责人直接单线联系。另一条经山塘或由山塘经过清远到广州。这条线由孟添和汤洪负责。他俩是鸡贩，定期经秦皇山区去江屯收鸡。然后经山塘去广州或到清城贩卖，从中为游击队带人送信和采购物资。连江支队司令员冯光去香港和黄日等多批同志从香港回游击区就是走这条线。

第三条是连支三团（秦皇山）同各武工队联络线。同笔架地区的联络是经大姨坑税站和三坑尾江堂家，同梁国英武工队联络是经石马香车岗黄灶（女）家，同滨江独立中队联络是经石马南田到龙颈螺丝洞张全家，同护航中队联络是经骆坑尾黄明家到大姨坑，同林鹏武工队联络是经山塘马安岗林计母亲家，同威整武工队联络是经陶金井罗新虾家，同广四清独立中队联络是经长坑尾朱德水母亲家。

经过以上多方面的建设，解放战争时期广四清边区成为了坚固的后方根据地。根据地人民及其建设者们捍卫、发展、壮大了根据地，为清远地区乃至广东全省的解放事业作出应有的贡献。

党和部队建设

一、党组织的发展壮大

在 1945 年 9 月到 1946 年春，清远县的党组织处于"保存力量，等待上级指示"的阶段，基层组织很少活动，只有上级组织和县委机关的活动。1946 年至 1947 年 7 月，在县委领导下党组织积极活动，派出区一级特派员在县城、滨江、文洞和清东一带活动。

1947 年 8 月以后，由于形势发展迅速，党以开展武装斗争为主，原来的地下党员大部分都进入游击区，留下的则分散活动，因党组织机构不健全，地方党员发展不多。

1948 年初，粤桂湘边区工委决定调整地方党的领导关系，把清远地下党组织划归苏陶部队领导，并由吴克负责与各地下党单线联系。在苏陶部队的领导下，清远地下党组织开展了调查敌情，给苏陶部队提供情报；动员知识青年和贫苦农民参军；维护交通联络站和交通线的安全，保证交通联络畅通；配合苏陶部队开展反"三征"和减租减息斗争，开展统战工作等一系列活动，有效地配合苏陶部队各方面斗争和根据地的建设。

1949 年 3 月，经中共中央香港分局批准，连江地委改为中共粤湘边区临时工作委员会，领导粤湘边区的党和连江支队工作。连江支队团设党委，连设支部；地方县设县委（工委），区设区委，以下设支部。并且实行地武结合，即由连支三团党委领导清远地方党委，连支三团党委书记兼任清远地方党委书记。游击队的党组织在连队建立支部，清远地方党员由吴克专管。文洞地区属英清边区县委管辖，滨江地区属滨从区工委管辖。

在整个解放战争期间，清远县党的建设有了大的发展。清远县党组织，在抗日同盟军留下 20 个党员，后发展到 142 人（未含滨江地区）。党员不但在游击队中发展，而且在学校、国民党政权和广大农村中都有发展。党组织在建立交通站、情报网、统战工作、策动起义等方面都起了重大作用。

二、加强部队建设

为提高军事素质，在广四清边活动的广四清边大队于 1948 年的六七月间，在秦皇山大坪举办了两期军事干部训练班。通过政治、军事、纪律等方面的建设，广四清边大队真正成为上下一心、团结战斗、英勇善战、为人民谋福利、得到人民信任和支持的人民子弟兵队伍。因而，广四清边大队能够从小到大，从弱到强，茁壮成长。

在粤桂湘边区党委领导下，当时的广四清边独立中队偏重军事领导，党的组织不够健全。1946 年以后，个别发展党员，党组织不公开，1948 年末才公开发展党员，1949 年发展了一批新党员并举行公开的入党宣誓仪式，在连队建立了党的支部。1949 年初，党中央决定把中国共产主义青年团改名中国新民主主义青年团后，连支三团发展团员，建立团支部。

此外，苏陶部队还建立起完整的政治工作制度，并加强了苏陶部队纪律，发扬尊干爱兵传统，在不断的斗争中，苏陶部队不断发展，规模不断扩大。1946 年全面内战爆发，苏陶等 12 人从广宁四雍重返清远，成立广四清边独立中队。到 1947 年初，已发展到五六十人，有 1 个直属排，有 2 个武工队。1948 年 3 月，广四清边独立中队被升为广四清边大队。1949 年 1 月，被编为连江支队第三团，人员发展到 350 人。至 1949 年，苏陶部队发展迅速，已拥有 4 个主力连，1 个手枪排，5 个独立中队，4 个直属武工队，人数最多时达 800 多人。苏陶部队的发展壮大，是根据地建设和巩固的可靠保证。

第六节 清远县的解放

一、整编部队

1949 年春，经过三大战役后，中国人民解放军打垮了国民党军队的主要力量，全国解放形势一片大好。粤桂湘边纵队司令部为迎接大军南下解放广东，对属下各部队指示：一要整训部队，发展党、团组织；二要公开宣布部队番号；三要加紧培训干部，举办各种训练班，提拔一批干部；四要扩编部队，密切注视敌人动向、坚决打击敌人侵犯；五要建立城（市）工（作）组，做好解放县城准备；六要做好统战工作。于是，公开宣布部队番号、整编队伍成为当时迎接解放的工作之一。

（一）粤桂湘边纵队的建立

粤桂湘边区工委根据 1949 年 1 月香港分局的有关指示，积极筹备粤桂湘边纵队的组建，并于 7 月 23 日正式向中共中央华南分局报告关于粤桂湘边区工委确定组建中国人民解放军粤桂湘边纵队的领导机构及干部人选等问题。梁嘉为中国人民解放军粤桂湘边纵队司令员兼政治委员，王炎光为政治部主任，林锋为参谋处主任；边纵下辖连江支队、绥贺支队和独立团，兵力 1.3 万人。由于当时正值中共中央华南分局从香港内迁粤东解放区，以及国内革命战争形势迅猛发展等原因，粤桂湘边纵队正式成立的报告上送后，粤桂湘边纵队虽未接到上级的正式批复，但在实际工作和斗争中，粤桂湘边纵队属下部队与地区已公开使用了这一番号，并已见诸报端。新中国成立后，粤桂湘边纵队各部奉命整编为各军区所辖部队，完成了历史使命。关于这支部队的番号问题，经中国人民解放军总参谋部于 1993 年 6 月 24 日批复确认而圆满解决。于是，1949 年 7 月 23 日，就成为中国人民解放军粤桂湘边纵队的诞生日子。

（二）连江支队公开成立

1948 年 4 月，中共粤桂湘边区工委和边区军委在广宁四雍召开干部会议决定，成立连江支队、绥贺支队和独立团。1949 年 8 月 1 日，连江支队公开宣布成立，周明为司令员兼政治委员，马奔为副司令员，蔡雄为副政委，陈奇略为政治部主任，司徒毅生为政治部副主任。连江支队成立大会公布了各团的番号及负责人名单，支队下辖 12 个团，共有 5593 人。

（三）边纵独立团成立

1949 年 8 月 1 日，中国人民解放军粤桂湘边纵队独立团在清远南冲白芒村召开成立大会及新党员宣誓仪式。纵队司令员兼政委梁嘉宣布独立团成立。欧新为团长兼政治委员，吴声涛为副团长，杨明为政治处主任，黄炎、谭卓然为副主任，并举行隆重的授旗仪式。

（四）连支三团成立

1949 年 1 月，广四清边大队内部宣布为连江支队第三团。同年 5 月，连支三团在秦皇大坪村召开大会，由司令员兼政委梁嘉公开宣布成立连江支队第三团，并授连支三团团旗。苏陶任团长兼政治委员，政治处主任冯华，参谋余建南、周流，后勤樊玉泉，宣教钱清。三团下辖 4 个连、1 个手枪排、5 个独立中队、4 个直属武工队。共有指战员 870 多人，机枪 16 挺，长短枪 800 多支。

（五）连支四团成立

1949 年 4 月 1 日，遵照中共粤桂湘边区工委、军委的命令，连江支队第四团成立，并于 5 月 4 日在英德黎溪磨刀步召开大会，对外公开宣布成立。王式培任团长，谢洪照任政治委员，方君直任副政委兼政治处主任。全团兵力 800 多人，辖 3 个连队，3 个独立中队，4 个直属武工队。其中，独立第一中队（即文洞游击队）长期在清远活动，中队长张耀伦，副中队长张利祥，指导员陈川，副指导员张焕。

二、做好迎接解放工作

1949 年 3 月间，国民党保四师进驻清远（辖两个团），其中第十二团的团长（民主人士）同共产党有联系，曾有起义的打算，并通过中共党组织的关系，派梁庆邦来连支三团联系过起义事宜，后因其内部有人告密，保四师第十二团调防，没有成功。对付保四师，连支三团采取捉迷藏的战术，连支三团频繁转移，让保四师找不到，连支三团武工队则四处出击，使敌人疲于奔命，到处扑空。至六七月，解放大军南下湖南，国民党六十三军到清远，接替保四师。六十三军早已被解放大军打得头破血流，军纪极坏，士气低落，比保四师更加无能。在此期间，连支三团成立了一个城市工作组，专门负责迎接大军解放清远的工作，任务是组织敌情调查，对地方各种反动势力开展政治攻势，对群众展开宣传教育。

1949 年 6 月，连支三团团部派朱志明等配合附城独立中队组成城市工作队。朱志明带领城工队穿插和渗入县城活动。城工队以附城八片村牙鹰岗一带为据点，控制清城周围村庄，争取了当地乡长邓余庆弃职投诚，城郊榨油和芋头岗等村的自卫队也投靠城工队。城工队的郑肇端曾奉命打入县府任职，他对县府党政官员发出公开信，号召他们弃暗投明。公开信在城内大量散发，教育了一些人，也使敌人相互猜疑。

1949年7月，附城独立中队派何润等配合城工队夜袭清城，在西门岗向敌人炮楼密集射击。县城大乱，敌人彻夜警戒，次日早上派兵出城，在太和洞被何润和袁荣两武工队配合痛打，狼狈逃回。此役影响甚大，清城人民都看到解放战争形势大好，内心喜悦；县府人员预感末日将临，各谋出路，给城工组创造了十分有利的工作条件。

解放前夕，附城独立中队频繁出击，屡次打败敌人垂死挣扎的"进剿"，并进入城郊周围，收缴了田心村一批枪支，在县城内散发解放大军入城布告约法八章等传单。

三、解放清远

1949年月10月2日，广东战役打响。解放军第四兵团、第十五兵团和两广纵队奉命进入广东。其中，第四兵团主力于1949年10月7日解放粤北重镇曲江（韶关）后继续南下追击敌人。10月12日傍晚，解放军第二野战军第四兵团十四军四十师从英德以南60公里的下步圩出发，星夜水陆并进。13日拂晓，四十师在县城以东的江口展开进攻，击退国民党六十三军二一一师、二一三师的阻击。

在战斗打响同时，四十师一一八团二营和一一九团一营在横石圩上岸，跟踪追击敌人；一一八团二营前进到江口北岸附近，歼灭了正在吃饭的敌人。继而二营追敌至后岗圩一带，敌约两营兵力实施反扑，被大军击退。二营从俘虏口中获悉从江口退下来的国民党二一一、二一三师已集结清远县城郊，解放军一一八团二营当即占领有利地形与敌对峙。中午时分，一一八团三营和一一九团一营赶到后，协力向敌开展进攻。当解放军冲破敌人阵地，打开缺口，占领后岗城北高地后，敌人仓皇弃城西逃。傍晚，解放军四十师进城，清远宣告解放。

连支三团附城独立中队和朱志明率领的城工组亦随大军一同入城。他们很快就干起了支前工作，给大军运送粮食，安排驻地，组织交通工具。

为配合解放大军解放清远县城，1949年10月13日中午，粤桂湘边纵队司令员兼政委梁嘉亲自率领连支三团主力，从清远太平洞口围向县城进发。到达回澜后，与正在西逃的国民党六十三军残部遭遇。经过1小时战斗，歼敌1个营部和1个整连，俘敌副营长以下官兵100多人，缴获轻重机枪6挺，还有火箭筒等大批军用物资。黄昏时候，边纵机关与连支三团赶到清城，与大军后续部队四十三军会面。

第六章

探索发展时期

清远县人民民主政权的建立与巩固

一、地方人民民主政权的建立

（一）建立县级政权

中国共产党领导全国各族人民，经过长期艰苦卓绝的革命斗争，推翻了压在中国人民头上的"三座大山"（封建主义、帝国主义、官僚资本主义），取得新民主主义革命的基本胜利，建立新中国，开创了中国历史的新纪元。

1949 年 10 月 13 日，清远县宣告解放。16 日，成立中国人民解放军清远县军事管制委员会（简称军管会），苏陶任主任，冯华任副主任。在人民政权建立之前，军管会暂时是全县最高权力机关。10 月 20 日，中共中央华南分局批准成立中共清远县委员会和清远县人民政府，县委、县政府内设相关工作机构，负责开展日常具体工作，任命云昌遇为县委书记兼县长，李海涛、苏陶任县委副书记。10 月 24 日，组建清远县公安局，许克任局长。11 月，成立清远县人民法院和清远县人民武装部，武装部下辖 8 个区人民武装部（1952 年 4 月撤销）。同月，建立清远县保安团（1950 年 5 月改编为县大队），各区成立区中队。是年底，县人民政府接管国民党清远监狱。

1949 年 10 月底开始，清远县工会、青年组织、妇女组织等也相继成立。

（二）建立区乡人民民主政权

清远县刚解放，新成立的中共清远县委和县人民政府遵照党中央与上级党委的指示精神，迅速部署民主建政工作，巩固新生人民政权。1950 年 5 月，清远县委、县政府实行县区建制，把解放前原滨江、回岐、兴靖、浧江 4 个区划分为 10 个区、49 个乡人民政府。分别是：一区（洲心）辖洲心、联城、合兴、高田、镇南、回澜 6 个乡；二区（源潭）辖源潭、大连、江口、龙塘、连和 5 个乡；三区（石角）辖石角、兴仁、共和、界牌、德和 5 个乡；四区（山塘）辖山塘、陂头、三坑、太平、民兴 5 个乡；五区（龙颈）辖龙颈、河马（河洞、石马）、南冲、石坎、珠坑 5 个乡；六区（井建）辖井建、沙河、禾云、新洲、鱼咀、坝仔、长洞 7 个乡；七区（石潭）辖石潭、桃源、浸潭 3 个乡；八区（四九）辖四九、汤塘、联卫、龙山、信靖、仁安、义永 7 个乡；九区（鳌头）辖鳌头、龙潭、泰安、高平、联洞 5 个乡；城关区（清城）辖附城乡。1951 年 6 月 24 日，县委、县政府根据省第二届民政工作会议"关于划小区乡区域的指示"精神，召开区委书记、区长以上联席会议，讨论拟将全县 10 个区调整划分为 19 个区和 1 个区级镇，共辖 331 个乡人民政府。

1951 年 5 月至 10 月，在实行县区建制的基础上，在区、乡政府（特别乡政府）开展整顿清理内部干部工作，把犯有错误、有历史污点、有失职行为及脱离群众的干部清洗出去，以纯洁基层组织，树立政府良好形象。同时，组织各基层乡级干部 227 人，开展培训教育活动，以提高他们的思想觉悟、政策水平和管理能力。然后，把这部分思想好、管理强、群众威信高的基层骨干分派到各基层担任有关领导职务，从而使各级基层组织班子不断得到充实、调整和提高，基层政权得到一步步的完善和巩固。

（三）召开清远县各界人民代表会议和农民代表大会

新中国成立初期，因召开人民代表大会条件还未成熟，所以以召开各界人民代表会议为过渡形式。从1950年4月至1953年3月，清远县共召开了6届各界人民代表会议。代表的种类有：工人、农民、党政干部、驻军、复员军人和民兵、烈军属、妇女、青年、学生、工商界、教育界、宗教界、医药界、英模、知名人士、特邀及其他等代表。每届会议都紧紧围绕党和国家的中心任务，结合实际，先后就加强人民政权建设、成立农民协会组织、恢复和发展国民经济、支援前线、清匪反霸、退租退押、抗美援朝、实行土地改革、镇压反革命、开展"三反""五反"、实行粮油统购统销、组织互助合作及如何发动组织广大干部群众恢复发展生产、提高群众生活水平等重大事项作出决议，并由各级政府组织实施，保证了全县政治变革和经济建设的顺利进行。其间，清远县还召开了5届农民代表大会。

各界人民代表会议和农民代表大会的召开，使全县区乡民主建政不断推进，基层政权也得到巩固。

二、为巩固新生人民民主政权而斗争

（一）剿匪镇反斗争

新中国成立初期，清远县是北江地区匪情比较严重的地区之一。国民党反动统治集团及其代理人，在清远隐蔽潜伏了大量的反动武装力量、残余势力和地方反动势力。据不完全统计，包括原国民党残兵败将（反共救国军）、青年党、原国民党乡长、保长等人员和地方反动豪绅地主恶霸、不法分子、各类型土匪等各种反动武装，共有近万人。清远三分之一的乡，五分之二的区曾先后遭受过匪特袭击，严重威胁民主建政、恢复发展国民经济、巩固人民政权等工作的正常开展，极大地危害广大人民群众的生

命财产安全，扰乱社会秩序，成为全县社会治安的一大祸患。如1950年1月以来，匪首甘国雄部、反共救国军谭砥纯部、地方匪首梁猛熊和黄华胜部、朱雅容部等多股反动武装先后进犯清远县的区、乡人民政府，其中三坑乡乡长李里、乡干部伍希典等区乡干部被杀害。匪患不除，国无宁日，民无宁日。清远县委、县政府在上级党委、政府和省军区（华南军区）、北江军分区的直接领导指挥下，迅速全力开展剿匪斗争，不断清除国民党的残余武装力量和地方反动势力，使新生人民政权得到进一步的巩固。

清远县的剿匪斗争，经历了展开、全面进剿、进剿和驻剿相结合、清剿四个阶段。

1949年10月至1950年2月为第一阶段，剿匪逐步展开，并取得很大战果。清远县解放后，在建立各级人民政权的同时，清远县委和县政府着手部署剿匪工作。1949年11月20日，连江支队第三团奉命进军桃源，对国民党军残部展开围剿，在短期内一举歼灭驻防该地的国民党残部。其间，石角地区反动武装土匪匪首黄春及其骨干土匪8人，源潭地区匪首潘学文及其匪徒27人，相继被县公安局逮捕。

1950年3月至7月为第二阶段，全面进剿股匪。1950年3月，根据形势的发展，清远县委作出新部署，剿匪斗争全面进行。4月18日，经北江行政督察专员公署批准，县公安局在县城西门岗，对原国民党回岐区七乡联防大队长潘汉岳，原日伪汉奸赖瑞图，原国民党石角兴仁乡乡长、联防大队长黄春等4名匪首执行枪决，大大震慑了敌人的嚣张气焰，鼓舞了广大人民群众对敌斗争的勇气。4月28日，清远县人民政府召开第一届各界人民代表会议，作出剿匪决议。5月初，中国人民解放军三六八团派第一、二营进驻清远，县公安局、县大队及各区、乡干部民兵积极配合解放军，对各地武装土匪展开大规模的军事进剿。

1950 年 1 月至 6 月，擒获土匪共 97 人。至 7 月底，先后进剿摧毁甘国雄、黄华胜、梁斯伟、谢芬、黄芬才、李奇、谭佩芳、何锡焕、薛德光、徐耀等武装股匪，擒获匪支队长甘国雄、副支队长阮浩及中队长谢帮光、钟全福等匪首。

1950 年 8 月至 1951 年 6 月为第三阶段，实行进剿与驻剿相结合。中国人民解放军三九〇团一部接替三六八团进驻清远县，至 1951 年 6 月，在县保安团、公安连及各区乡干部民兵的大力配合下，共毙匪 188 人（其中团长 2 人、营长 3 人、大中队长 42 人）、俘匪 550 人。重要匪首谭砥纯逃脱。

1951 年 7 月至 1953 年 9 月为第四阶段，全面肃清残匪。按照华南军区、北江地委和北江军分区的有关清匪指示精神，以及北江地委"人人捉匪""村村包干"的号召，清远县委、县政府成立清匪治安委员会及联防区，对全县现有的 8 股土匪，发动强大的政治攻势，使清匪斗争成为广泛性的群众运动，并大张旗鼓宣传党关于"首恶必办，协从者不问，立功者受奖，镇压与宽大相结合的政策"，县内各股武装残匪被基本肃清。1951 年下半年，共破获匪特案 5 宗，俘匪 362 人，缴获各种枪支弹药一大批。

在剿匪反霸期间，镇压反革命运动同时展开。国民党反革命残余势力不甘心失败，还做垂死挣扎，与新生人民政权作殊死的较量，进行各种破坏活动。对于这些反革命活动，1950 年 3 月 18 日，中共中央向全党、全军、全国人民发布《关于镇压反革命活动的指示》，要求各级党委和人民政府全面执行"镇压与宽大相结合"的政策。

1950 年 10 月，遵照中共中央的指示，清远县委、县人民政府决定，从 10 月份开始，集中一段时间，集中主要力量，在全县范围内掀起大张旗鼓的镇压反革命运动。11 月 6 日，成立清远县人民法院。同日，清远县第二届各界人民代表会议作出镇压反革命决议。11 月 20 日，成立清远县镇压反革命委员会，由县委书记、县长和县公安局长组成，加强对这一工作的领导。县镇压反革命委员会下设宣传、执行、调查、审讯 4 个工作组，具体负责相关事宜。至 1953 年 10 月，历时 3 年的镇反运动结束。镇反期间，先后展开 4 次大行动，共打击反革命分子 3828 人，还破获了"清（远）、从（化）、番（禺）、花（县）、三（水）游击司令部"及赣南反共救国军等在清远地下活动的反动组织 5 个，逮捕匪特 53 人，处决其中首要分子 24 人。

清远的剿匪镇反斗争，在各级党、政、军的正确领导下，经过全民皆兵的共同努力，基本肃清土匪、恶霸、特务、反动党团骨干和反动会道门头子等反革命分子，为医治战争创伤、重建家园、开展土地改革、安定全县社会秩序和发展经济、巩固新生的人民民主政权、保障城乡建设等，打下了良好而坚实的基础。

（二）清匪反霸、退租退押运动

1950 年 1 月 12 日至 21 日，华南分局召开广东省首次党代表会议，部署开展清匪反霸、退租退押（简称"八字"运动）和征粮、生产度荒等一系列工作。之后，华南分局相继发出《关于退租退押反霸运动几个具体政策补充规定》《对当前退租退押运动的几项指示》《对退租退押反霸运动的几项指示》等文件。

1950 年 4 月 28 日，召开清远县第一届各界人民代表会议。会议遵照省首次党代会和华南分局的文件与指示精神，作出减租退租、生产度荒、完成秋征等决议，结合本地实际情况，县、区、乡分别成立以雇农为骨干的"双退"委员会或"双退"领导小组，在全县的 10 个区 49 个乡内认真开展退租退押和反霸斗争。在以"双退"为中心的清匪反霸、退租退押运动中，做到把握好，深入调查研究，分清是非，依靠和发动群众，尽量避免出现偏差，使"八字"运动得以健康发展。至 1951 年 3 月，全县减退租 713.88 万斤，其中减租 550.76 万斤，退租 163.12 万斤，受益人口 21.3 万人。1951 年 5 月，清远县第一批 12 个区和 1952 年 1 月第二批 7 个区开展土地改革第一阶段清匪反霸、退租退押运动。至 1952 年 6 月 30 日止，第二批滨江地区 5 个区，破获敌特地下组织 1 宗 59 人，捕捉土匪 7 名，缴获长短枪 51 支、子弹 1.1 万发、手榴弹 3 个、炮弹 11 发、炸药 27 包。在滨江地区，从 1951 年 12 月至 1952 年 6 月 30 日，7 个区在半年的退租退押中，共退回稻谷 167.28 万斤。而四区（山塘）太平乡自 1951 年 6 月 1 日至 26 日，在 26 天时间内，共退得租押稻谷 55 万多斤，基本上解决了全乡 3 万人口的度荒粮食和晚造所需谷种的困难。

清远县土地改革前，平原地区和滨江地区许多良田，多数为地主、富农所占有。这种封建土地所有制，严重阻碍着农村生产力和农业生产的发展。1949 年，全县粮食作物亩产只有 216 斤。针对这种情况，清远县委、县人民政府领导全县人民，开展强大的政治攻势，深入发动和认真组织广大群众，全面开展对地主阶级的斗争，重点打击地主阶级当权派、反动地主、恶霸地主和大地主。

1952 年春夏，驻区工作队调查资料显示：龙颈、珠坑、石坎片组织政治攻势，发动群众斗争恶霸地主取得显著成果。该片参加斗争会群众 1.48 万人（次），上台诉苦的贫雇农 509 人。

清远县的清匪反霸、退租退押运动，平原地区的 12 个区于 1951 年底已全面完成，而滨江地区的 7 个区则至 1952 年夏收后结束。清匪反霸、退租退押运动的开展，从经济上、政治上打击和削弱了封建势力，减轻了广大农民群众的经济负担，解决了农民生活和生产困难，调动了农民积极性，促进了全县生产的恢复和发展。

（三）开展禁毒禁赌和取缔娼妓运动

新中国成立初期，旧社会遗留下来的吸毒（抽大烟）、赌博、嫖娼、卖淫等，在清远城乡仍很盛行。依据政务院发布的《关于严禁鸦片烟毒的通令》，清远县委、县政府及时成立机构，并发出《禁烟通告》和《禁赌嫖令》（简称"双禁"），在全县迅速掀起一场禁烟禁毒、禁赌嫖的专项斗争。县公安局对 10 多家赌局和所有的烟馆进行清理，收缴一批赌注、毒品及吸毒、赌博工具；查处赌博案件 18 宗，涉案 55 人；查处贩毒、吸毒案 208 宗，涉案 401 人；对少数吸毒者强行劳动改造。此外，公安部门对娼妓卖淫活动进行取缔，抓获暗娼 30 多人，并责令她们反省悔改之后，多数释放回家谋业从良，部分安置到工厂自食其力。

1952 年 7 月，清远县和全国各地一样，进一步开展禁烟禁毒运动。7 月 9 日，北江公安处发出《关于禁烟禁毒的紧急通知》。23 日，清远县人民政府成立禁烟禁毒委员会，县长李祥麟兼任主任，公安局长王铎兼任副主任，并从公安局抽调人员成立禁烟禁毒办公室，组成工作组，根据县政府关于禁烟禁毒的《布告》要求，在全县深入开展禁烟禁毒、禁赌嫖的专项斗争，明令吸毒分子限期登记自新。先后催促吸毒分子 171 人登记自新；查处贩毒、吸毒案件 135 宗，共 221 人，抓捕惯犯 50 人；追缴鸦片烟土 112 两，吸毒工具一批。1952 年底，"双禁"运动结束，经过两年整治，全县贩毒、吸毒与嫖娼卖淫活动得到遏制，促使全县社会治安和社会风气得到根本好转。

三、抗美援朝运动

1950 年，朝鲜战争爆发，根据朝鲜共产党和政府向中国共产党和政府提出的出兵援助请求，中共中央决定出兵朝鲜，抗击美国侵略军。此后，抗美援朝、保家卫国的群众运动轰轰烈烈地在全国迅速掀起。

清远县委、县政府坚决响应党中央抗美援朝、保家卫国的号召，并于1950年11月成立广东省抗美援朝保家卫国动员委员会清远分会，制订有关工作措施，配备专职人员，一手抓广泛宣传教育，一手抓行动落实，把抗美援朝、保家卫国各项工作落到实处。在抗美援朝运动中，全县人民积极响应党和政府的号召，以实际行动支援抗美援朝战争。至1951年6月，全县有200多名青年参加中国人民志愿军，奔赴朝鲜前线，抗击美国侵略者。全县各区乡成立优属代耕委员会，各乡村组织帮耕小组，农民群众自动替烈军属代耕助耕，向烈军属贺年慰问，对许多贫困的烈军属给予发放优抚金、衣物和粮食等，开展优待革命烈士家属和革命军人家属工作，以保障他们的生产和生活。据1951年县民政部统计，从5月至12月，共拨出大米2.13万斤，发放给640名烈军属（其中烈属155名）。1951年6月28日，清远县抗美援朝分会发动全县工商界和其他各界人民筹款援朝，捐献"清远人民号""清远工商号"战斗机2架（每架折15亿元，第一版人民币），捐献子弹、手榴弹折人民币5262.10万元（第一版人民币）。全县在开展抗美援朝运动中，共捐款34.2亿元（第一版人民币，捐献黄金除外），超额完成了上级下达的计划任务。

1951年11月25日至29日，在召开清远县第二届农民代表大会期间，邀请志愿军战斗英雄刘文华作报告，英雄事迹感动了全场代表。十一区飞水乡代表在会议结束后，回去马上传达会议精神，群众听了传达后，深有体会地说："志愿军在前线出生入死，我们要以实际行动支援朝鲜。"之后，农民把2万多斤赤谷换上白谷上缴公粮。通过各种形式的层层深入细致的宣传发动，有力地推动了抗美援朝、保家卫国运动各项工作的开展。另外，据统计，从1950年至1954年，全县因抗美援朝战争而英勇牺牲或失踪的革命烈士有 60 人。清远县人民为取得抗美援朝的伟大胜利作出了很大的贡献。

抗美援朝、保家卫国运动的广泛深入开展，大大鼓舞了清远县人民奋发图强的民族精神，激发了全县农民群众和各界人士的政治热情和爱国热忱，充分调动了广大干部群众的生产积极性和创造性，大大增强了全县人民齐心协力团结战斗的凝聚力，同时促进了清远土地改革运动的开展。

四、土地改革运动

（一）土地改革的前期准备工作

1950 年 6 月 28 日，中央人民政府颁布《中华人民共和国土地改革法》（简称《土改法》）后，清远县委、县政府认真贯彻执行《土改法》，并根据上级部门的部署要求，开展大宣传、大发动、大造声势。同年 11 月召开的清远县第一届农民代表大会和翌年 2 月召开的清远县第一次妇女工作会议，就如何发动群众、准备开展土地改革等问题，开展了全民思想大动员、大发动、大讨论。会后，县委、县政府抓紧部署土地改革的相关工作，主要有以下几个方面。

1. 建立和巩固区乡人民民主政权

为了给在新解放区进行的土地改革运动提供安定的社会环境和准备必要的政治条件，县委、县政府首先着力剿灭股匪、镇压反革命、发动农民开展反霸斗争、推翻地主阶级在农村的政治统治，以建立起以农民群众占优势的基层民主政权。至土地改革前夕，各项为巩固人民民主政权的斗争取得重大成果，为恢复国民经济和开展土地改革运动提供了必要保证。

2. 培训骨干，成立各级土地改革委员会

《土改法》颁布实施后，县委、县政府按要求先后从各单位多次抽调干部共 2000 人到上级党校进行培训，学习中央关于土地改革的方针、政策，并请一些有土地改革经验的老区干部作报告，领会土改的具体做法和吸收经验教训等。1951 年 4 月，清远县成立土地改革委员会（简称土改委），由县委书记李海涛任主任，县长李祥麟、副县长华云任副主任，土改委办公室负责处理土改日常工作。接着，全县各区乡均先后建立土改机构，并由主要领导担任土改工作的主要负责人。

3. 深入调查研究，制订具体措施

《土改法》颁布后，清远县委、县政府和有关工作部门，认真组织力量，对清远的社会情况、土地情况、阶级状况和干部队伍情况等，进行广泛、深入的调查研究，收集有关材料。并根据《广东省土地改革实施办法》等，结合本县实际情况，制订出本县土地改革的具体措施，部署土改的具体做法和要求。

（二）土地改革的全面展开

1. 开展试点，重点突破

清远县委、县政府按照上级"稳步前进"的土地改革指导方针，根据本县的社会情况、土地情况、阶级状况和干部群众条件等，采取"着眼全县，着手试点"的做法。

经过充分的准备工作，清远县于 1951 年 5 月起，首先集中力量在一区、二区、四区、八区 4 个区 36 个乡进行土改试点，以取得经验和培养干部，然后分两批在平原、滨江等区乡进行，逐步向全县推广铺开。至 1952 年 1 月底，全县有 15 个区铺开土改工作，到 12 月上旬，在这 15 个区中有 245 个乡基本完成土改，涉及 46 万人。其次，设重点区、乡及附点乡，采取措施突破重点，以推进附点乡土改工作的开展。1952 年 2 月初，第二批开展土地改革的滨江地区 7 个区（即十三至十九区）59 个乡（其中重点乡 14 个，附点乡 18 个，一般乡 27 个），总人口 12.78 万人，共配备

干部 565 人，全面深入铺开土改。其中，十六区（沙河）共有 17
个乡，分 6 个单元，是滨江地区土地改革的重点区，也是中共清
远县滨江中心区委会的重点试验区，每个单元的重点乡工作队 17
人至 20 人。工作队下乡后，经过宣传发动，访贫问苦，扎根串
联，群众初步发动起来，建立乡农民协会，获得一批斗争果实，
打击了地主阶级当权派的嚣张气焰。

2. 划分阶级，分配土地和财产

1952 年春节，工作队整队后全面转入第二阶段"划分阶级，
分配土地和财产"的工作中。

依据 1950 年 8 月 4 日中央人民政府政务院第 44 次政务会议
颁布的《关于划分农村阶级成份的决定》和《政务院补充决定》，
在全县范围内划分农村阶级成份。在划分阶级成份的工作中，首
先在农民内部划阶级，然后划地主阶级，最后，由乡农民协会宣
布没收征收的政策，准备转入没收征收土地和财产阶段。各乡根
据自己具体的情况，采取了相应的措施，使没收征收工作取得较
好的成果，如一区黄坑乡结合人民法庭贯彻执行镇压与宽大相结
合的政策，使地主自愿交出稻谷 12 万斤。

没收征收取得胜利之后，土地改革进入分配土地和财产工作
阶段。根据《土改法》的规定，所有没收征收得来的土地和财
产，除《土改法》规定收归国有者外，全部由乡农会接收，统
一、公平合理地分配给无地少地及缺乏生产资料的贫苦农民。对
地主亦同样分给一份，使之能在劳动中改造自己。分配原则是：
"依靠贫雇，满足贫雇，公平合理，有利于生产。"具体方法是以
村为分配单位，以乡来统一调整。六区、十一区（太平）于 1952
年 10 月底完成，其余各区至 1952 年 12 月底完成土地分配。其他
财物如耕牛、农具、余粮、衣物等也陆续完成分配工作。

3. 进行复查，解决遗留问题

1952 年 12 月 3 日，中共清远县委召开第五次干部扩大会议，会议全面总结自开展土改运动以来所取得的胜利成果，指出运动中存在的问题，同时布置土改复查工作。1952 年 12 月中旬，清远县展开土改复查工作，并做全面的计划安排：第一批先对 45 个试点乡复查，通过试点，创造经验，然后实行由点到面的方法，推进全县的土地改革复查工作。具体工作分三步实施：第一步，培训干部，学习复查政策，订出复查工作计划。如，十区（山塘）参加培训班的工作队员，主动与农村基层干部沟通思想，相互配合，不甘人后，回去把土地改革复查这一仗打好。第二步，召开会议，开展民主讨论，克服退坡松劲思想。如十区（山塘）群众经过民主讨论，收集了 71 条意见，其中有 21 条是对干部松劲、不民主等的意见；有 10 条是对群众不够齐心合力，农民团结无核心的意见；还有 12 条是对生产无人抓，放任自流的意见。第三步，发动群众，查找遗留问题，逐个予以解决。试点复查基本结束后，把各区试点干部抽回集中，经过总结提高，再分派到各区乡全面铺开复查工作。第一批试点的一区、二区、四区 45 个乡，复查工作在 1953 年 1 月 20 日前基本结束；第二批合计 16 个区 122 个乡，于 1953 年 1 月 15 日前铺开，至 3 月上旬结束；第三批有 111 个乡，于 1953 年 2 月初铺开，3 月中旬结束。

土地改革复查后各阶级户数、人口及土地占有情况表

项目	户		人口		土地（市亩）		
	户数	%	人数	%	面积	%	人均
合计	118674	100	460451	100	918423	100	1.99
地主	4420	3.72	24218	5.26	37910	4.13	1.57
富农	3030	2.55	18984	4.12	44254	4.82	2.33

（续表）

项目	户		人口		土地（市亩）		
	户数	%	人数	%	面积	%	人均
中农	23037	19.41	116292	25.26	263808	28.72	2.27
贫农	66357	55.92	269539	58.54	513763	55.94	1.91
雇农	13159	11.1	3354	0.73	8237	0.9	2.46
其他	8671	7.3	28064	6.09	47259	5.15	1.68
公户					3192	0.34	

　　清远县的土地改革运动，从 1951 年 5 月开始，至 1953 年 4 月上旬结束，历时两年。全县 18 个区 294 个乡，农业人口 53.75 万人，参加了土改，共分得土地 48.7 万亩，分得斗争果实 4929.25 万斤，并完成了 14.22 万户农民的土地发证工作。土地改革实现了"耕者有其田"，解放了生产力，促进了生产的发展。农业总产值按可比价计算，1950 年为 5281 万元，1953 年增至 6656 万元，增长 26%；粮食总产量 1950 年为 13.08 万吨，1953 年为 16.63 万吨，增长 27.14%。

　　土地改革的完成，使农民收入普遍增加，生活得到明显改善，从根本上废除了两千多年的封建土地所有制，实现农民土地所有制，解放了生产力。同时，也彻底摧垮了封建政治的经济基础，建立和健全了各种基层组织，农民群众的政治觉悟也大大提高，使其在政治上真正成为农村的主人，巩固了工农联盟和人民民主专政。

第二节 清远县向社会主义过渡的实现

1953 年 6 月，中共中央提出了党在过渡时期的总路线，要在一个相当长的时期内，逐步实现国家的社会主义工业化，并逐步实现国家对农业、手工业和资本主义工商业的社会主义改造。为适应工业化建设要求，1953 年底，根据国家在社会主义过渡时期的总路线、总任务的要求，县委、县政府开展了对农业、手工业和资本主义工商业的社会主义改造。

一、农业的社会主义改造

1953 年 12 月 16 日，中共中央通过了《关于发展农业生产合作社的决议》，总结了新中国成立以来党领导开展互助合作运动的历史经验，指出从具有社会主义萌芽的互助组，到半社会主义性质的初级社，再到社会主义性质的高级社，是农业化的必由之路。

清远县农民一贯有换工、帮工等形式的互助传统，尤其在农忙时更为普遍。土地改革后，农民群众的思想觉悟大大提高，农民之间的农事互助活动增多，还成立常年互助组。1953 年 2 月，中共中央发布《关于农业生产互助合作的决议》，县委及时召开工作会议，讨论制订全县组织互助组、合作社的计划。农民群众积极响应，全县上下迅速掀起成立互助组热潮。常年互助组的成立，使许多农民解决了耕牛、劳动力和耕作经验不足的困难，粮食生产普遍获得好收成，其中增产幅度较大的有石潭刘金玉互助组，1954 年比 1953 年增产 55.4%。

1954 年 1 月初，在 1953 年开展农村大办互助组的基础上，县委、县政府贯彻中共中央《关于发展农业生产合作社的决议》精神，开始引导农民组织成立农业生产合作社。首先在滨江骆坑、洲心沙湖等 8 个乡村作为初级农业生产合作社（简称初级社）的试办点。同时，县委批准了建星、石板、白木塱等 3 个自由组织的初级农业合作社为合法组织。此后，全县农业合作社运动蓬勃发展起来，至 1954 年年底，全县初级社发展到 925 个，入社农户 4.44 万户，占农户总数的 36.1%，每个初级社平均有农户 48 户。

1955 年 9 月下旬，县委开始指导群众试办高级农业生产合作社（简称高级社），高级社下分生产队，队下分生产组。很快，全县出现农业生产合作化高潮。至 1956 年冬，全县共建立了 856 个高级社。是年生产中，有 583 个高级社实现粮食增产，占高级社总数的 68.1%；参加各类生产合作社的农户，占农、渔户总数的 98.2%。

清远县经过农业社会主义改造，进一步巩固了工农联盟，推动了手工业和资本主义工商业的社会主义改造的进行，促进了农业和整个国民经济的发展。

二、手工业的社会主义改造

开展手工业的社会主义改造，是党在过渡时期总路线和总任务的重要组成部分。1953 年 4 月，清远县成立手工业者协会，成为协助政府联系、管理、维护手工业者权益的组织。同年 12 月，在清城组建清远县第一个手工业生产合作社——农具生产合作社，入社人数 17 人。1955 年 12 月至 1956 年春，手工业合作化出现入社建社高潮。据 1956 年 7 月统计，全县共建立手工业合作社 126

个，入社行业有铁木农具、铁木杂件、木屐、雨帽、造船、五金修理、陶瓷、钟表、修补等，入社人数 3733 人，占从业人数的 97.23%。

对手工业的社会主义改造完成后，按照国家有关政策，把工业企业划分给不同的经济部门进行归口管理，并对手工业的生产、安全、经营进行具体的指导和监督，使手工业合作社的生产、安全、经营、职工分配等问题得到较为完善的解决，调动了广大手工业者的劳动积极性，促进了全县手工业生产的发展。

三、私营工商业的社会主义改造

1955 年，在全县开展农业、手工业合作化运动的同时，全面实行对私营工商业的社会主义改造。1956 年 1 月，成立县、区私营工商业社会主义改造领导小组，组织私改工作队 883 人，开展私改工作。

经过艰苦而深入细致的努力，1956 年 5 月，全县私改工作初见成效。全县 120 户私营工业企业全部自愿加入公私合营，同时组建成立石坎陶瓷厂、石马松香厂等 15 家公私合营工业企业，合计共有从业人员 944 人，其中资方人员 110 人。在国营商业方面，全县国营商业有百货、食品、纺织品等 11 个专业公司，同时下设有太平、石潭等 4 个国营综合商店和县辖 16 个圩镇设立食品购销站，共有商业机构（网点）359 个，职工人数 1183 人。

其他商业在改造中，组织合营、合作商业。1956 年底，有合营商店 394 户，合作商业 120 户，合作小组 81 户。此外，1958 年，私营合作商店全部并入国营商业和供销社。私营、个体商业改造方面，全县 3114 户私营商业（从业人员 5477 人）和个体摊贩中，参加公私合营的有 713 户，从业人员 1866 人，参加合作商店的有 2056 户，从业人员 3116 人，占改造对象的 90.5%；还有

326 户，分别转为代购代销 80 户，经销 246 户，继续从事个体经营。至 1958 年，全县的公私合营、合作店组和个体商业全部过渡到国营商业和供销合作社。

清远县对农业、手工业和私营工商业的社会主义改造的基本完成，标志着由新民主主义向社会主义过渡任务的完成和社会主义制度的确立，这是在党的领导下，清远人民进行社会主义革命的伟大胜利。

第三节

社会主义建设在探索中前行

一、第一个五年计划的完成

1953 年至 1957 年，清远县实施了发展国民经济的第一个五年计划（简称"一五"计划）。在党的过渡时期总路线的指引下，在县委、县政府的领导和组织下，全县人民经过艰苦努力，团结奋斗，群策群力，圆满完成"一五"计划期间的各项任务，农工商业取得可喜的成绩。

（一）农业生产获得较大的发展

在"一五"计划期间，清远县各级党政部门紧密围绕在党的周围，以发展农业生产为主，把发展农业生产作为压倒一切的中心工作。在开展农业合作化运动的推动下，全县群策群力，积极采取各项生产措施，大力开展农田水利建设，抵御各种自然灾害；学习和运用科学技术，不断改进耕作制度、改善农业生产条件，努力提高农业生产技术水平；积极发展林业、畜牧业。这些积极措施，促使全县农作物产量连年提高，农业获得较大发展。

1. 加强农田水利建设

在"一五"计划期间，全县兴建了太平的宝鸭垯，三坑的西坑等 16 个小型水库，总集水面积 41.31 平方千米，总库容量约 3764 万立方米，灌溉面积 3.65 万亩；修建引水灌溉工程有三坑的枫木坑陂、竹楼水圳，源潭的青龙枫树陂等 3 个，可灌溉面积

6700 多亩。此外，除对原有江堤围进行先后多次的培修加固外，还修筑了飞水围、清北围等 5 条江堤围，总长 51.22 千米，保护耕地面积 9.48 万亩。1953 年至 1957 年，全县水利建设投资共 927 万元，完成土石方工程量 1183.55 万立方米，年均 236.71 万立方米，比 1952 年增长 67.3%。

2. 加强对农业技术的指导，给予财力等支持

1950 年后，全县先后成立农建科、农业科、农业局。各乡镇普遍建立农业技术推广站（简称农技站）。1954 年 2 月，首先建立沙河、山塘、洲心 3 个中心农技站。是年冬，建立县良种繁育示范农场。各农业科技机构长期从事农业科学技术试验、示范和推广工作，使农业科学技术在农村得到推广运用和普及。"一五"计划期间，国家从财力、物力等方面给予农业大力支持，帮助扶持农民发展生产。银行、信用社共发放农业贷款 1078.1 万元，其中社员生产生活贷款 240 万元。仅 1957 年，全县发放农贷 323.4 万元，比 1953 年增长 5.7 倍。

3. 大力发展林业、畜牧业

新中国成立后，1949 年 10 月至 1954 年 6 月，林业属县人民政府建设科统管。1957 年 12 月成立农林局。"一五"计划期间，县政府重视林业生产，不断充实调整林业机构，扩大林业生产队伍，组织全县人民大力开展植树造林，绿化荒山活动，促使全县林业有较大发展。1956 年 7 月，清远被定为广东省林业重点县。至 1958 年，全县先后组建太和洞林场、三坑滩林场、骆坑林场等 19 个国营林场，还有镇、村林场一大批。同年，在农业生产合作化的基础上，全县共办起耕山队、远征队 546 个 8476 人。

在畜牧业方面，1951 年至 1956 年，经过土地改革和农业合作化后，农民生产积极性进一步提高，促进了粮食生产连年大丰收。由于政府实行扶持鼓励养猪的优惠政策，加上农村普遍设立

兽医站，加强对生猪的疫病防治工作，形成城乡防疫体系，使广大农户养猪积极性空前高涨。仅 1956 年，全县生猪饲养量为 14.39 万头，比 1949 年增长 50.68%，为清远县生猪发展的第一个高峰期。"一五"计划期间，全县生猪饲养量为 66.32 万头，年均增加 13.26 万头，比 1952 年增长 7.75%。农村饲养牛的品种有水牛、黄牛及少量黑白花奶牛，主要以役用为目的。"一五"计划期间，全县耕牛存栏量 40 万头，比 1949 年和 1952 年分别增长 43.3%、11.87%。此外，1957 年，全县耕牛存栏量增加 8.47 万头，是 1949 年至 1978 年存栏量最高的一年。

随着党的政策深入人心，农业科学技术不断进步，农业生产条件不断改善，农业生产力得到较大发展，农业生产效益也逐年提高。在"一五"计划期间，清远出现了粮食增产增收的第一个高峰期。全县稻谷播种面积平均每年 124.59 万亩，稻谷总产量 75.16 万吨，平均每年 15.03 万吨，比 1952 年增长 10.5%。全县农业总产值 1.94 亿元，平均每年 3888.82 万元，比 1949 年和 1952 年分别增长 49.38%、29%；其中 1957 年农业总产值 4120.1 万元，比 1952 年增长 36.7%。

（二）工业、商业的迅速发展

1. 扩大工业生产规模，提高工业生产效益

新中国成立以后，由于县委、县政府十分重视地方工业的发展，使工业生产发展从无到有，从小到大，生产效益逐步增长。在"一五"计划期间，在原有 5 家国营企业的基础上，再兴办食品厂、酱油厂、糖厂、电瓷厂、机械厂等。同时，对私营企业、手工业企业采取保护和扶持发展的政策，使 120 户私营企业全部自愿加入公私合营，并组建成 15 家公私合营工业企业，合计从业人员 944 人。1957 年，全县有国营工业企业 16 家，职工人数 3738 人；工业产品品种有 29 种。是年，全县工业总产值 2618 万

元，比 1949 年和 1952 年分别增长 1.78 倍和 1.28 倍，利润总额
94.42 万元。"一五"计划期间，全县工业总产值累计 9165 万元，
年均 1833 万元，比 1949 年和 1952 年分别增长 94.8%、59.8%。

2. 商业贸易不断发展

1952 年，全县商业有 7 个专业国营公司，商业网点 187 个，
职工 928 人。1953 年 11 月，贯彻国家对粮食、油料实行统购统销
政策后，粮油统一由国营粮油部门专管，当时的私营粮商改为代
销商。1955 年至 1957 年，国家对生猪、"三鸟"等主要禽畜产品
陆续实行派购政策。通过统购派购，使国家掌握了主要农副产品
货源，保证了经济建设的需要。1956 年，对私营商业的社会主义
改造完成以后，国营经济成为主体，形成社会主义的统一市场。
是年，全县国营商业企业由 7 个专业公司发展到 11 个专业公司，
同时在乡镇下设 4 个国营商店和 16 个食品购销站；共有商业机构
（网点）359 个，职工人数增至 1183 人。1957 年，全县社会商品
零售总额 4132 万元，比 1952 年增长 85.96%。

"一五"计划期间，全县工农业总产值 2.67 亿元，年均
5346.02 万元，其中工业总产值 7286 万元，年均 1457.2 万元，农
业总产值 1.94 亿元，年均 3888.82 万元，比 1952 年分别增长
36.33%、60.66%、29%；稻谷总产量 75.16 万吨，年均 15.03
万吨，比 1952 年增长 10.53%；财政收入总额 4934.5 万元，年均
986.9 万元，比 1952 年增长 4.93%；基本建设投资累计总额
779.2 万元，其中工业 440 万元，农业 232 万元，交通运输 52 万
元，文教卫生 14 万元，其他 41.2 万元；工业、农业、交通、文
教卫生、其他等年均投资分别是 88 万元、46.4 万元、10.4 万元、
2.8 万元、8.24 万元，前 4 项比 1952 年分别增长近 9 倍、近 12
倍、10 倍、1.8 倍；社会商品零售总额累计 1.78 亿元，年均 3572
万元，比 1952 年增长 60.76%。

二、经济在曲折中发展

（一）工农业生产成就

从 1956 年至 1966 年 5 月"文化大革命"开始前夕，是中国进行全面社会主义建设时期。在这十年中，清远县社会经济呈现起伏曲折的发展状态。1956 年全面完成对农业、手工业、资本主义工商业的社会主义改造后，全县各项事业稳定发展。特别是第一个五年计划的圆满完成，全县城乡到处呈现一片欣欣向荣的景象。

但 1958 年在贯彻总路线、"大跃进"、人民公社的"三面红旗"中，在极左思想的干扰和冲击下，全县出现严重的浮夸风和"一平二调"的"共产风"，极大地挫伤了人们的生产积极性，加上国民经济发生严重困难，1958 年至 1961 年，全县粮食生产严重下降。1956 年全县农业总产值为 8648 万元，1958 年降为 7674 万元，1961 年降到十年中的最低点为 6100 万元，比 1956 年下降近 30%。1961 年冬至 1962 年春，县委、县人委贯彻执行了中共中央的指示，调整农村基层管理方式，下放基本核算单位，纠正了"大跃进"运动中的过左政策和做法，调动了广大农民的生产积极性。1962 年，清远县被列入全省 11 个商品粮生产基地之一，上级下拨的化肥明显增加。是年在全县开始推广矮秆水稻良种。1964 年至 1965 年，县委、县人委还先后聘请潮州老农 663 人，到全县各大队指导粮食创高产，并在全县普遍建立农科网，普及科学种田和精耕细作的传统。加之大种绿肥、改进土地肥力和"大跃进"期间兴修的水利发挥作用，全县农业生产出现前所未有的好势头，1962 年至 1965 年全县粮食生产连续四年不断增长。1965 年，全县稻谷总产量 24.7 万吨，比 1961 年增长 86%；全县农业总产值 13274 万元，比 1956 年增长 53%，比 1961 年增长118%。

1956年至1965年，是清远县工业发展的最好时期。1957年，全县有国营工业企业16家，职工3738人，总产值1504万元，年利润94.42万元，工业产品有29种。1958年，大部分公私合营工业企业通过合并、扩建转办成国营企业，到1960年全县国营企业有37家，三年间新增21家，工人人数增加3316人。其间新办的工厂有县瓷厂、电瓷厂、车船修造厂、农具机械厂、化肥厂、通用机械厂等。1956年至1960年，全县工业总产值不断上升，1956年工业总产值为2113万元，1960年上升到5229万元。1961年至1963年由于贯彻中共中央关于压缩企业、减少工人数量的精神，县先后停办质量差、成本高、销路不佳的炼铁厂等企业，全县国营企业从37家压缩为32家，职工人数从1959年的7683人压缩到2884人。全县工业总产值从1961年至1963年虽有下降，但年利润仍有所上升。经过三年的调整，1964年全县工业总产值从1963年的3171万元上升到4179万元，1965年达到4786万元（其中国营工业总产值3676万元，年利润276.49万元）。1965年，全县工业总产值比1956年增长152%；全县国营工业总产值比1957年增长144.4%，年利润增长193%。

1956年至1965年间，清远县的二轻工业也有较快发展。清远县的二轻工业是从个体手工业的基础上发展起来的，均属集体所有制，归县二轻总公司（后称二轻工作局）管理。1958年大办人民公社期间，全县有203家二轻工业企业，由县二轻局下放给所在公社管理，由于体制变动，从业人员人心动荡、管理不当，致使产品质量下降、企业亏损。1961年在贯彻中央"八字"方针后，经过三年的调整，1963年夏，全县二轻工业中手工业社为82家2454人；合作小组40家222人；供销生产合作社2家27人；各公社手工业企业39家1090人。当年总产值586.52万元。1965

年，县二轻工业企业发展到 129 家 3849 人，总产值 804.24 万元，比 1962 年 618.63 万元增长 30%。

（二）基础设施建设成就

1956 年至 1968 年，清远县的基础建设总投资 4056.75 万元，其中工业投资 1539.26 万元；农业投资 1964.87 万元；交通运输投资 75.02 万元；商业粮食外贸投资 13.33 万元；文教卫生投资 25.99 万元；城市建设投资 17.92 万元；其他方面的投资 420.36 万元。基础设施建设取得一定的成就。

1. 工业建设方面

主要是新建一批工业企业，使清远的工业初具规模。1956 年，全县工业总产值是农业总产值的 24.4%，1965 年提高到 36%。其间所建的国营企业有县瓷厂（石坎）、食品厂、酱油厂、化肥厂、水泥厂、电瓷厂、机械厂，共有固定资产 3094 万元，年产值共 4449 万元。其中 1965 年新建的清远水泥厂占地面积最大，为 15 万平方米，固定资产达 959 万元。年产值最多的为 1958 年新建的化肥厂，年产磷肥 5685 吨，年产值 1214 万元。

2. 水利建设方面

二十世纪六七十年代，清远县修建了大批引水工程，其中灌溉面积 1 万亩以上的有位于滨江临汉峡南口的迳口水利枢纽工程（中型）、位于三坑镇威整河下游的潭口引水工程 2 个。迳口水利枢纽工程以灌溉为主，结合发电、航运、交通、旅游等。该工程于 1956 年兴建，为无坝引水，60 年代改为堆石坝引水，1972 年改为永久性拦河闸坝。潭口引水工程是一项以灌溉为主，结合防洪发电、养鱼的综合工程，原为无坝引水，1984 年改建为浆砌石混凝土硬壳坝。

1958 年冬至 1960 年，全县组织大搞水利，使县内水利工作处于前所未有的飞跃期，全县形成一个初具规模的防洪和防旱的灌溉体系。其间，全县共完成水利工程土方 2663 万立方米，石方 83.81 万立方米，混凝土 6370 立方米，投放劳动力 2415.73 万工日。这段时期修建的清城联围黄坑段、秦皇围、龙北围等堤围总堤长 157.89 千米，保护耕地面积 16.9 万亩；修建百万立方米以上的水库 9 个，百万立方米以下的山塘水库 65 个，总库容 8728.4 万立方米，灌溉面积 14.6 万亩。1961 年至 1965 年为国民经济调整恢复期，这段时期清远县水利建设的重点是结合电网建设进行电力排灌站的建设。这段时期全县完成 10 千伏高压架线总长 82.44 千米；修建的电力排涝站较大型的有黄坑、七星岗、沙塘、大连等站，总装机 110 台 1.19 万千瓦，排涝面积 3.3 万亩；建有电灌站 112 个，装机 115 台 2481.6 千瓦，灌溉面积 9.2 万亩。清远县的农田水利建设进入建设稳产高产农田的新阶段。

3. 交通建设方面

在水路交通方面。新中国成立后，从 1956 年开始，多次治理北江干流清远段航道，共筑石坝 150 多道，束窄河槽，以水攻沙，冲深河槽，使航道水深从 0.7 米增加到 1.2 米，航道扩宽至 20 米，并增设助航设施。可常年通航 80 吨至 100 吨级的机动驳顶推船队，中水期可航行 300 吨级顶推船队。1962 年开始，对滨江河流航道进行整治，建造导流石坝，并进行扒沙、炸礁、清障等工程，提高了通航能力。

公路方面。1956 年至"文化大革命"前夕的十年，是清远县公路建设的快速发展时期，特别是"大跃进"期间，群众建设乡村公路的积极性空前高涨。1958 年至 1965 年，全县新建县道 8 条总长 86.5 千米，建有省道 3 条，县境路段总长 150 千米。这 3 条省道分别是 1957 年兴建的清城至四会公路，全程 70 千米，县境路段占 42 千米（含县内汽车营运清城至回澜、太平、三坑线）；以及清英公路、清三公路，全程 238 千米，县境路段占 108 千米。

1956 年至 1966 年初，全县兴建的沙河圩、石坎圩和龙颈圩、南冲圩和石马圩、新洲圩接通清阳公路段，山塘圩至回澜接通清四公路段，南冲白石至联和（广宁县交界）段等县道、省道公路（县境路段）合计为 236.51 千米，占新中国成立至 1965 年全县新建公路的 66.8%。

（三）林业发展成就

1956 年 7 月，清远被定为广东省林业重点县。是年起，县人民政府先后选择了一些面积较大，远离人村，交通不便的公有荒山，陆续办起了笔架林场、水迳林场、太和洞林场、骆坑林场、三坑滩林场等 19 个国营林（茶）场。1958 年 2 月开始，县委、县人委通过决议，将原有 19 个国营林（茶）场进行调整合并。至 1959 年 8 月，全县林场合并为 7 个国营林场。其中，笔架林场（1959 年 3 月前为笔架林业公社）于 1958 年秋，由太和洞、窑观坑、北楼山 3 个林场与黄腾峡、笔架、三坑滩、根竹园等 5 个农（林）业生产合作社合并成立，后发展成为总面积 14.4 万亩，林业用地 12.7 万亩的林场，成为本县毛竹生产基地和笔架名茶产地。水迳林场，于 1959 年 12 月，由浸潭公社的水迳林场和沙河公社北社大队的大滩冲、李仔坑等村 55 户农民合并成立，该林场还被纳入县油茶基地林营建。1960 年至 1962 年，水迳林场累计种下白花油茶 7000 多亩。

社、队林场是由公社、大队或生产队抽调劳动力组成，至 1958 年，全县共有社办林场 73 个。其中较早建立的石马公社先锋林场，有场员 78 人，实行长短结合，林粮间种，既种杉、松，又种果、竹，粮食增产，林业发展，成为全县社队林场学习的榜样。1959 年至 1961 年，因经济、粮食困难和农村体制变动，不少社队林场解散。至 1962 年底，保留下来的社办林场有石潭雷公背、沙河桂湖、松坑合、石坎五星、桃源牛迳、塘坑等 9 个林场。

其中石潭公社雷公背林场在 1958 年冬至 1960 年的困难时期，经过两年时间的努力，仍种下油茶 1.7 万亩。1964 年，全县社、队林场共造林 1.35 万亩，其中杉 4664 亩，马尾松 1058 亩，油茶 1045 亩，油桐 3887 亩。是年，省林业厅把桃源、南冲、石坎 3 个公社划入全省 108 个重点发展杉树公社之内。1965 年，石坎公社发动群众在龙潭林场大面积连片种杉 3000 亩，成活率达 90%。1966 年，桃源公社蕉坑大队林场（1000 亩）、沙河公社北社大队林场（1040 亩）按基地化要求完成了大面积连片种杉千亩以上。

三、教育、医疗卫生事业的成就

（一）教育成就

随着国民经济的不断发展，在各级党政领导对教育工作的关注下，全县教育事业也逐步得到发展和壮大。

1. 小学教育

清远县解放后，人民政府先后接管全部小学，各学校维持现状，继续上课。中华人民共和国成立初期，县委、县政府遵照党的教育方针，对全县学校进行改革和整顿工作，改革了教学内容，废除了陈旧而不科学的管理制度，全县的小学教育取得了初步发展。1953 年，全县有小学 393 所，学生 4.91 万人。

1955 年，全县开始全面实施《小学生守则》。通过整顿和改进，提高了教学质量，充分调动了广大教职工的积极性，促进了全县教育事业的稳步发展。偏远山区的小学教育也有了较大发展，如 1958 年，在浸潭圩北面新建浸潭中心小学校舍，1960 年落成，占地 6000 多平方米，教学班从 1956 年的 12 个班增加到 16 个班。1958 年，为贯彻群众办学、勤俭办学方针，实行"公办""民办"并举，是年全县适龄儿童入学率达 96.7%。1959 年，太平中心小学由于勤工俭学成绩显著，校长温树森赴京出席全国劳模大会。至 1960 年，在校学生 8.24 万人。1961 年至 1963 年，县委贯彻中央关于"调整、巩固、充实、提高"的八字方针，压缩公办小学规模，增加民办小学编制，全县压缩公办教职工 337 人。1964 年至 1965 年国民经济恢复发展起来，1965 年全县小学发展到 529 所，在校学生 9.31 万人，分别比 1955 年增长 35.6% 和 92.8%。

2. 中学教育

新中国成立前夕，全县普通中学共 4 所。其中完全中学 1 所，为县立中学（1947 年改名为清远县立景瑗中学）；初级中学 3 所分别为滨江中学、私立滃江中学、私立岐新中学。全县在校中学生为 777 人。

清远解放后，清远县人民政府接管了原有中学。1950 年滨江中学停办。1953 年秋，清远县对岐新中学和滃江中学进行了调整，并与清远县立中学合并，改名为清远中学太平分教处和滃江分教处。是年，全县在校中学生 1504 人（含中专生 200 人），教职工 87 人。

1955 年秋，县立中学改名为清远第一中学（1956 年 9 月，该校定为县重点中学）；太平分教处从清远第一中学划出，名为清远第二初级中学；滃江分教处也同时从清远第一中学划出，并把原有教职工调往滨江龙颈原滨江中学，改名为清远第三初级中学。至 1955 年，全县共有完全中学 1 所，初级中学 2 所，共 31 个教学班，在校学生 1664 人，教职工 121 人。

滨江中学，坐落在龙颈圩昆岗坪，创建于 1938 年，1950 年停办。1955 年，清远中学滃江分教处的教职员工全部转到原滨江中学处，并改校名为清远第三初级中学，其时共有 4 个班，学生 203 人，教职员工 13 人。1958 年，学校已发展到初中 10 个班，当年首次招收高中 1 个班。1963 年和 1964 年，清远第三初级中学的初中升高中考试成绩及录取率均跃居全县中学的前列。

至 1958 年，全县新办山塘、石马、禾云、沙河、桃源、洲心、江口、源潭（后 3 所今属清城区）等 8 所初级中学，原太平的清远第二初级中学、滨江的清远第三初级中学和源潭中学发展为完全中学。至 1966 年"文化大革命"前夕，全县有中学 11 所，教学班 109 个，学生 6454 人，分别比 1956 年增加 175%、87.9% 和 105.4%。

1956 年至 1966 年间，清远县还开展了农林职业中学教育、专业教育、业余教育等多种形式的教育活动，这些教育活动在培养社会主义建设人才中也取得了一定成效。

（二）医疗卫生事业成就

1950 年至 1953 年，全县共设有农村医疗站 200 多个，培养了农村保健员、卫生员、防疫员 855 人。1953 年 7 月起，县政府先后将私人经营的卫生所改为联合诊所 34 个、分站 68 个。

1956 年至 1966 年，清远县医疗卫生事业快速发展。

1956 年 7 月，成立县卫生防疫站，各圩镇设防疫组，农村管理区设兼职防疫员，形成了三级防疫网络。此外，县政府积极组织医疗队伍开展对传染病、慢性病、血吸虫病等疾病的防治工作，相继建立了麻风病防治站、血吸虫病防治站等。

1958 年，龙颈的西坑人民响应党的号召，开展全民爱国卫生运动显著，被国务院授予"全国卫生标兵"称号。当时的大队党支书刘镜出席全国群英大会，接受周总理的授旗、颁奖，并受到毛泽东主席的亲切接见。

1956 年，石马、禾云、浸潭区的医疗预防站改为区卫生所。至 1960 年，全县人民公社卫生院发展到 21 所。1964 年，全县卫生系统总人数、中医师、西医师分别比 1956 年增加 26%、45%、211%。

随着医务人员素质的提高和医疗器械的增加更新，清远县的医疗技术也有了较大的提高。1958 年，县人民医院已能开展常见外科急腹病手术、剖腹产、X 光、理疗、检验室的生化检验、细菌培养等业务。其间，在县人民医院不断健全发展的同时，至1960 年又新设了县卫生防疫站、县妇幼保健院、县卫生学校、县中医院。县中医院于 1958 年 10 月 1 日设立，开始只有几间房子一个门诊部，到 60 年代初期，中医院建起了 1000 多平方米的住院大楼、教学大楼和药库。

民主建设和党的建设

一、民主建设

（一）县人民代表大会的召开

县人民代表大会是地方国家权力机构，对人民负责，受人民监督，在本行政区域内，依据宪法和法律规定行使职权。

1953 年 2 月，中央人民政府颁布《中华人民共和国全国人民代表大会及地方各级人民代表大会选举办法》，全国开展从基层普选人民代表参加各级人民代表大会的工作。1954 年 6 月 23 日至 28 日，清远县第一届人民代表大会第一次会议在清城召开，有各阶层代表 412 人。大会收集人民提案 1403 件，讨论通过《关于拥护宪法草案》《关于深入开展以互助合作为中心的农业爱国增产运动》等 4 项决议。大会选举吴汉杰、张景堂、钟沛辉、梁二女、米六、林孔湘、梁庆邦、林岳峰 8 人为出席广东省第一届人民代表大会代表。此次人大会议没有对县人民政府组成人员进行选举，县长、副县长由上级机关直接任命。1955 年 6 月 13 日至 16 日召开的一届人大二次会议，才首次由大会选举产生县人民委员、县长、副县长和县人民法院院长。1956 年 1 月 29 日至 2 月 1 日清远县第一届人民代表大会三次会议在清城召开，出席代表 239 人，列席代表 71 人。会议对 1955 年全县工作进行总结，并通过了《县人民委员会工作总结报告》《县人民法院工作报告》《公安工作报告》《关于提前和超额完成本县第一个五年计划报告》等项决议，补选了 1 人出席广东省第二届人民代表大会，1 名县人民委员会委员。

从 1954 年至 1963 年，清远县先后举行 5 届人民代表大会，讨论、决定县内各方面工作的重大事项，监督县人民政府、县人民法院等工作；审查和批准国民经济和社会发展计划、财政预算和财政决算执行情况报告；选举县人民政府县长、副县长、县人民法院院长，选举出席广东省人民代表大会的代表。"文化大革命"期间，县人大会议中断，直到 1981 年才重新恢复。

（二）政协清远县委员会会议的召开

中国人民政治协商会议清远县委员会（简称县政协），是清远县各民主党派、人民团体和爱国人士，在中国共产党清远县委员会的领导下，对县内重大政事问题进行协商的机构。政协委员由有关政党、团体推荐，民主协商产生，任期三年。

1956 年 1 月 23 日至 27 日，县政协第一届第一次会议在清城召开，出席会议委员 39 人。大会选举产生县政协常务委员 19 人，秘书长、副秘书长各 1 人；选举胡明任县政协主席，陈礼、龙振华、黎劲任县政协副主席。

清远县政协第一届第一次会议是在全面开展对农业、手工业、资本主义工商业的社会主义改造的形势下召开的，它体现了人民政协参政议政、民主监督的民主制度和精神，通过贯彻落实大会精神，推进了政协在围绕在党的周围，宣传贯彻党的大政方针，开展协商、统战、监督等各方面工作。

从 1956 年至 1966 年，先后召开了一至四届县政协会议。"文化大革命"期间，因受极左思潮的干扰，政协活动被迫停止，直到 1981 年才重新恢复。

二、党的建设

（一）新中国成立初期组建的县委

1949 年 10 月 20 日，成立中共清远县委员会，设书记 1 人、副书记 2 人、委员 7 人，云昌遇任县委书记，李海涛、苏陶任县委副书记。

1950 年 5 月，云昌遇、苏陶上调（中南局）任职，李海涛任县委书记。1951 年 10 月至 1953 年 4 月，在土地改革期间，中共韶关地委常委、组织部长周明兼任县委第一书记，李祥麟、韩慰农先后任县委副书记。1953 年 5 月，李海涛上调北江地委，韩慰农任县委书记。同年 8 月，韩慰农调走后，华云接任县委书记。12 月，华云调走后，王东生任县委代书记。1954 年 10 月至 1955 年 3 月，王东生任县委书记。1955 年 3 月至 1958 年 12 月，胡明任县委书记。

1953 年开始，县委设书记、副书记、常委、委员；县委书记兼任县武装部政治委员，武装部长为县委常委。在 1956 年 5 月以前，党代会制度尚未建立，县委领导班子成员都是由上级党委统一考察任命。

（二）建立基层组织

1. 中共区委员会

1949 年 10 月至 1950 年 6 月，分别建立回岐区（区委设在清新区山塘）、滨江区（区委设在清新区龙颈）、兴靖区（区委设在今清城麦围）、滃江区（区委设在今佛冈龙山）、城关区（区委设在今清城区清城）5 个区党委会。

1950 年 5 月至 1951 年 8 月分设 1 至 9 区和城关区共 10 个区党委会。1951 年 9 月至 1957 年 8 月设 19 个区党委会和 1 个镇党委会。1957 年 9 月撤区建乡，1958 年 9 月，撤乡改人民公社。

2. 中共乡基层委员会

1957年9月，撤区建乡，建立了27个乡基层委员会（其中一个镇基层委员会），乡党委设书记一人，副书记及委员若干人。各基层委员会在所辖农业社、联社建立党支部或总支部。

3. 中共人民公社委员会

1958年12月，人民公社化后成立的公社党委会，随政区多次变动而变更，起初为19个，后演化为9个、12个、26个、30个（其中公社党委26个，场党委3个，镇党委1个）。各公社、镇、场党委会设书记1人，副书记和委员若干人，各公社党委会在所辖大队建立党支部或总支部。

此外，中华人民共和国成立后至"文化大革命"前，设立县直机关党委会2个（保安团党委、县直机关党委），建立县直属机关党组8个。

（三）发展党员和建立党支部

中华人民共和国成立初期，全县共有党员105人（大多数是部队、南下干部以及调入的党员）。1951年至1953年4月（土改期间），根据党中央和华南分局的指示精神，全县围绕党的中心工作，继续发展共青团员，注意培养入党积极分子，但暂停发展党员。

1953年下半年，根据中共中央组织部提出的"积极慎重"的建党方针，重新开始发展党员。县委在执行党员的八条标准的基础上，把入党与土改整队结合，是年共发展党员1274人。1954年，县委加强党建工作，又发展党员1973人。

1955年，随着农业合作化的深入发展，县委进一步加强党的领导，继续贯彻执行中共中央组织部提出的"积极慎重"建党方针以及华南分局《关于加强当前农村建党工作的指示》，不断加大对建党工作的管理力度，在巩固提高农村基层组织的基础上，

有计划、有准备地发展扩大党员队伍。当年，全县新建立党支部
83 个（其中农村党支部 64 个），发展新党员 2377 人（其中农村
党员 2061 人）。是年底，全县 18 个区 249 个乡中，已建立党支部
的有 240 个，建党面为 96.4%；党员总人数 4175 人，其中农村党
员 3933 人，其余各行业党员共 242 人。

1956 年 3 月，省委召开全省组织工作会议。会后，清远县委
贯彻会议精神，进一步重视加强党组织建设工作，把建党工作列
入重要议事日程。据同年 12 月底统计，全县当年共发展党员
3570 人（其中农村党员 2725 人，城镇 845 人），完成地委分配任
务的 99.2%。由于全党抓建党，促使全县发展党员工作逐步转入
正常，特别农村党员队伍发展更快。是年底，全县共有党员 8724
人，其中农村党员 6449 人；共有党总支部 84 个（其中农村党总
支部 78 个），党支部 498 个（其中农村党支部 400 个）；全县在
838 个农业生产合作社中，其中建立党支部的社有 256 个，建立
党小组的社有 414 个，个别党员的社有 130 个，没有党员的空白
社 38 个，有党员的农业社占农业社总数的 95.5%。

至 1966 年，清远县党总支部有 31 个，其中工交 6 个、农林
水 1 个、文教 1 个、商业金融 6 个、机关 17 个；党支部有 648
个，其中工交 93 个、农林水 374 个、文教 45 个、商业金融 73
个、机关 63 个；党员总数约 1.39 万人，其中工交 1244 人、农林
水 9750 人、商业金融财贸 919 人、文教 507 人、党政机关 1368
人、其他 111 人。

通过加强党的组织建设，使党的组织增强了活力，党员队伍
不断壮大发展，提高了党组织的战斗力和凝聚力，发挥了党组织
的战斗堡垒作用和共产党员的先锋模范作用，从而保证了社会主
义各项事业的建设和发展。

（四）整党和中共清远县代表大会的召开

1955 年 8 月至 12 月，全县进行了第一次整党。这次整党根据中共中央关于加快农业合作化步伐的精神开展，共查出各种问题的党员 79 人，其中受处分 43 人。在合作化运动中吸收了大批积极分子入党，至 1957 年底，全县有总支 8 个，支部 802 个，党员 8896 人。但在整党过程中，也存在不适当地批判党员中的"富农思想""右倾思想"和"个人主义"，以及对合作化不热情、不积极等问题，导致农业合作化出现急躁冒进倾向。

在 1956 年 5 月以前，党代会制度尚未建立，县委领导班子成员都是由上级党委统一考察任命。1956 年 5 月 9 日至 14 日，中国共产党清远县第一次代表大会在清城召开，出席会议代表来自全县党、政、工、农、商、学、兵等各界、各行业，共 488 人（其中妇女 51 人）。大会确定了依靠农业社为农业生产重点，开展多种经营。制定了七年农业发展规划。大会选举产生了中共清远县第一届委员会，委员 25 人，候补委员 7 人。第一届委员会召开第一次会议，选举产生县委常委 9 人，其中胡明为县委书记。县监察委员会举行第一次全委会议，选举产生清远县监察委员会委员 11 人，其中梁常为县委监委书记。大会还选举出席省代会代表 9 人，候补代表 2 人。

1961 年 1 月 25 日至 28 日在清城召开第二次党代表大会。大会是在经历了三年"大跃进"和三年困难时期的情况下，为纠正"共产风"、浮夸风，克服困难，力争农业生产发展、国民经济好转而召开的。大会确定了全党集中力量大办农业、大办粮食的工作中心，制定了既积极又留有余地的农业生产指标。大会选举产生中共清远县第二届委员会委员 25 人，候补委员 6 人，监察委员会委员 11 人，出席广东省党代表大会代表 7 人，候补代表 1 人。在二届县委一次会议上，选出县委常委 13 人，马一品任书记。在监察委员会第一次全委会议上，选出梁常任书记。

（五）整治腐败，整顿党风

1. 整风和"三反""五反"运动

1957 年，按照中共中央《关于整风运动的指示》要求，清远县委成立整风领导小组，下设文教整风分组、城镇整风分组，各战线成立整风小组，分批进行整风运动。整风运动中，全党以正确处理人民内部矛盾为主题，以反对官僚主义、宗派主义和主观主义为主要内容。7 月 7 日，整风运动首先在工商界开展；9 月中旬，扩大为全民整风运动，在全县农村开展整风和社会主义宣传教育运动；12 月中旬，在全县中小学教师中开展整风运动；1958 年 1 月上旬，机关和城镇街道也先后展开。此次整风运动，开始是健康的，广大党员和群众积极提出意见，许多党组织和党员干部认真听取意见并采取措施，改进作风，改进工作的缺点和错误，有利于发扬党内民主和社会主义民主。是年 9 月，中共八届三中全会后，把反击右派作为了整风的必要阶段，由此出现了严重扩大化的错误，使整风运动受到很大的冲击和干扰。

1952 年 1 月，在全县机关干部中开展以反贪污、反浪费、反官僚主义为内容的"三反"运动，参加运动的干部共 759 人，采取群众检举揭发及自我检查批判的方法，有 202 人被列为审查批判对象，揭发贪污金额 4.1 亿元（第一版人民币）。这次运动对机关内部的铺张浪费和官僚主义作风进行了一次整顿。同年 1 月 16 日，在全县工商业者中进行反行贿、反偷税漏税、反盗骗国家资财、反偷工减料、反盗窃国家经济情报为内容的"五反"运动，县城近千家私营工商业中有 852 家偷税漏税，营业额达 608 亿元（第一版人民币）。这场运动，对工商业者进行了一次深刻的守法教育。

1960 年 12 月，针对在三年"大跃进"中出现的干部作风问题，进行新的"三反"。县委召开有 2629 人参加的四级干部会议，部署农村的整风整社运动。1963 年 10 月，开始全面开展以反对贪污盗窃、反对投机倒把、反对铺张浪费、反对分散主义和反对官僚主义为内容的城镇机关"五反"运动。运动分三批进行，先后有 4626 人参加，领导带头检查，最后给予纪律处分的有 37 人。

两次"三反"、两次"五反"运动，对干部是一次深刻的反腐蚀教育，对端正机关作风、堵塞漏洞有着积极的意义。

2. 社会主义教育运动

根据中共八届十中全会（1962 年秋召开）精神，清远县于 1963 年四五月间开始开展社会主义教育运动。运动初期，在农村以"清账目、清财物、清仓库、清工分"（简称"小四清"）为主要内容，城镇机关则以中共中央工作会议通过的"新五反"内容为主，到运动后期，发展为"大四清"运动（即"清政治、清经济、清组织、清思想"）。

1963 年 8 月，在洲心开展试点后，于 1964 年初，"四清"运动在清远铺开。1964 年 1 月 3 日，县委代书记孟庆云、副书记梁常等带领"四清"工作团到禾云、鱼坝、沙河、浸潭、石潭、桃源 6 个公社抓"四清"工作，这 6 个公社每个大队都进驻县派出的 1 个"四清"工作队，每个公社成立 1 个"四清"运动领导小组。这 6 个公社的"四清"历时五个多月，于 1964 年 6 月 17 日结束。据 6 个公社的排队统计，大小队干部共有 7384 人。其中，立场坚定、作风正派、办事公正的有 4473 人，占 60.6%；阶级观点模糊，不同程度存在多分多占，少参加劳动的 2900 人，占 39.3%；严重丧失立场，被敌人拉过去，堕落变质的 6 人，混进生产队干部队伍的阶级异己分子 5 人，占生产队干部的 0.2%。其他区乡、公社的"四清"运动也在同步展开。清远县的"四清"工作队在"文化大革命"开始后陆续解散,"四清"运动也随之结束。

　　清远县在开展社会主义教育运动中,批判了党员干部在经济、政治上存在的"四不清"问题,从上而下建立了干部参加集体劳动的制度,在一定程度上促进干部改进思想工作作风,对加强基层组织建设,密切党群、干群关系起到积极的促进作用。

第五节 支持老区建设

中华人民共和国成立后，党和人民政府从生产、生活、经济建设等方面，对革命老区人民给予支持。1950 年开始，本着"解决当前生活困难与长期建设相结合"的方针，开展革命老根据地建设工作。是年 5 月，北江专署拨给清远县一批救济大米，县也专门划出 6 吨大米支持老区群众解决春夏荒困难。1951 年 5 月，北江专署拨出救济大米 10 吨，分配给庙仔岗、石板等革命老区群众。在土地改革期间，各地农会分配胜利果实时，优先照顾过去被国民党反动派抄家劫走财物、烧毁房屋的老区人民，分配他们较多的生产、生活用具。农业合作化期间，县、区、乡先后共拨出 5500 元支持老区人民参加合作组织。此后，对老区人民的住房、水电、交通、文教、卫生等方面均给予大力支持。

1957 年冬，清远县人民委员会拨款 2330 元，为石板等老区当年支持革命被焚毁房屋的 30 户人家修建住房；县水利科拨款 3000 元，帮助井星社（庙仔岗）修建中型水利设施一处，解决当地旱患。县教育科拨出专款辅助庙仔岗等地修建小学 3 所，使适龄儿童得以入学读书。

1958 年开始，清远县有关部门派出技术人员，拨出必要款物，先后支持笔架、南冲、秦皇等地修筑公路，扩建小学和卫生站。在当年的春节期间，清远县组织慰问团，由党政领导带队分赴庙仔岗、文洞、秦皇、南冲、笔架等 7 处老区和解放战争游击区进行慰问。此后，这样的组织慰问成为常例。

1962 年以后，清远县对老区群众住房困难问题组织人力作了专门调查，如实向上反映，省、地"老建办"先后拨款两批进行解决。第一批拨款 4 万元给文洞、石板 75 户 416 人共新建住房 185 间，给 14 户 78 人修建住房 27 间；第二批拨款 7510 元，给庙仔岗、秦皇、南冲等 38 户 192 人修建住房，基本完成老区修建住宅任务。

"文化大革命"期间，老区工作处于停顿状态。

第六节 "文化大革命"的十年与徘徊中前进的两年

一、"文化大革命"期间工农业生产的艰难发展

（一）农业学大寨群众运动

清远县的农业学大寨群众运动始于 1964 年初。1967 年至 1970 年，清远的农业生产发展缓慢，在 1970 年 11 月初召开的全省农业学大寨会议上，受到大会点名，并被要求采取得力措施，快速赶上先进县。这次会议后，清远县立即召开县委扩大会议和全县四级干部会议，制订了力争 1971 年实现全县农业人口一人一猪，水稻亩产超千斤的发展规划。1971 年春，全县各级党政领导在县委书记郑群的带领下，分头下到农村基层传达县委扩大会议和县四级干部会议精神，带领群众掀起春耕生产高潮。县委书记郑群在回澜公社抓春耕生产中，要求在农忙中停止政治学习，集中力量抓生产。郑群农忙"暂停革命"大抓生产的做法，对全县干部、群众鼓舞很大。在各级干部和群众的努力下，1971 年全县农业生产全面发展，粮食总产量达到 6 亿多斤。1971 年清远县被评为全省粮食创高产先进县，受到省委、省革委会的表彰。

从 1971 年起，全县养猪业也逐步发展起来。1974 年 10 月，全省粮食、养猪会议在清远召开，大会对清远粮食创高产、大力发展养猪业给予充分肯定。1975 年，清远县养猪业又有新的突

破。生猪饲养量达到 66 万多头，比 1974 年增加 19 万头。生猪存栏量达到 48 万多头，比 1974 年增加 15.7 万头，平均每个农户养猪 4.7 头。猪多、肥多、粮多、收入多、贡献多，清远县养猪业的大发展为农业生产提供了优质有机肥，向国家交售更多的商品猪，巩固和发展了农村经济，增加农民收入，促进市场繁荣和国家财税收入的增长。

水利是农业的命脉。"文化大革命"十年中，清远县每年都利用冬春季节，发动群众以大寨人为榜样，艰苦奋斗、自力更生，大搞水利建设。

1966 年和 1968 年遭遇大洪水后，清远掀起全面培修加固堤围的热潮。1967 年共计完成水利建设土方达 571.87 万立方米，除"大跃进"外，是完成土方量最多的一年。1971 年至 1976 年，每年完成的水利建设土方均在 412.55 万立方米到 531 万立方米之间，万亩左右的大围，基本可以达到防御 10 年至 20 年一遇的洪水。同时于 1970 年至 1972 年扩建秦皇围，保护了秦皇水库周边耕地。为了进一步解决某些旱区的灌溉，这时期完成的百万立方米以上库容的水库有鱼坝风云水库、沙河建中水库、浸潭大罗山水库、太平大秦水库、黄腾峡水库等，总计正常库容为 1770.23 万立方米，灌溉面积 5.52 万亩。1973 年改建迳口水利枢纽工程，变临时堆石坝引水为闸坝引水，引水流量 10.9 立方米/秒，灌溉面积 8.1 万亩。同时修建了清城黄坑、清西社岗、江口飞机场等 3 座 35 千伏变电站以及一批电灌站、水轮泵站。

清西平原是清远县的重要粮产区，但地势低洼，经常发生洪涝灾害。1975 年冬，县委、县革委成立清西治水工程指挥部，组织清西治水大会战。投入大会战的劳力，最多时达 5 万多人。除受益的三坑、太平、山塘、回澜 4 个公社外，非受益的其他 14 个公社也派出 2.12 万人参加会战。工程至 1977 年春结束。完成的主要工程有：扩建清西运河 9.5 千米；新筑黄岗堤围 3.15 千米、船逻环山截洪渠 5.3 千米；整治清西内坑水渠 8 千米、黄塘等处排涝 13.6 千米；石碑坑改河 2.27 千米；开挖排水渠 38.67 千米；新建太平 35 千伏变电站 1 座等。共完成土方 397 万立方米，石方 3.72 万立方米，使 15.2 万亩农田提高抗洪能力，1.87 万亩单造田改造为双造田，增加旱涝保收面积 5 万亩，扩大耕地面积 8000 亩。

（二）工业生产的恢复和发展

"文化大革命"初期，社会内乱严重，清远县的经济发展受到严重影响，全县很多工厂经常停工停产，工业生产曾连年不断下降。1968 年，全县工业总产值从 1965 年的 4786 万元下降到 4228 万元，全县财政收入（预算内）从 1965 年的 1356.6 万元下降 1968 年的 1030.3 万元。1966 年年初动工兴建的氮肥厂也停顿下来。1968 年 4 月，县革委会成立后深入开展工业学大庆运动，工业生产形势才慢慢好转。

1970 年 10 月，新的中共清远县委成立，在开展各项政治运动中，县委、县革委都强调要以运动为动力，抓革命、促生产、促工作、促战备，使得全县国民经济和社会各项事业有了较快的发展。

其间，全县唯一的正科级国营企业——县氮肥厂于 1970 年竣工投产，年产能力合成氮 3000 吨。1971 年以后，清远县又陆继建成农药厂、农机厂、铝厂等一批企业，到 1976 年全县国营工业企业发展到 56 家。

清远县的二轻工业，均属集体所有制企业，统归二轻工业公司（后改称二轻局）管理。"文化大革命"初期，二轻局被撤销，至 1971 年，县二轻工业生产连年下降。1972 年 1 月，县委、县革委会决定恢复二轻局，并组织精干班子，采取得力措施抓二轻生产，使县二轻企业生产迅速好转。1972 年总产值回升到 783.31 万元，比上年增长 1.23 倍。1976 年县委、县革委又先后决定把太平、沙河等公社的农具厂升格为合作工厂，由县二轻局统一管理。1976 年，县二轻工业总产值增至 1193.1 万元，比 1965 年增长 48%。

1975 年，全县工业总产值达到一亿元，比 1965 年的 4786 万元翻了一番多；全县农业总产值为 1.77 亿元，比 1965 年增长 33.3%；全县财政收入（预算内）1975 年为 2166.4 万元，比 1965 年增长 52%。

清远县的农业学大寨、工业学大庆群众运动，虽然仍受当时极左思想的影响，存在不少不足之处，但成绩是主要的。在"两学"运动推动下，清远县的工农业生产仍能在艰难中有所发展。

二、悼念伟人，坚决拥护粉碎"四人帮"

1976 年 1 月 8 日，党和国家的重要领导人周恩来逝世。噩耗传来，清远人民与全国人民一样，都沉浸在极大的悲痛之中，许多干部、群众自发佩戴黑纱，默默哀悼。当时，在清远的干部群众和广州师院来清远实习的学生中，也互相传播着歌颂周恩来、肯定邓小平、痛斥"四人帮"的一些诗词、传单和演说稿，表达了清远人民对周恩来的爱戴、对邓小平的支持和对"四人帮"的痛斥。1976 年 9 月 9 日，党和国家的重要领导人毛泽东逝世。在悼念毛泽东逝世期间，清远县城和各公社（场）都设置了灵堂供干部、党员、群众悼念。县委、县革委会还向党中央发出唁电，表示要继承毛主席的遗志，做好各方面工作，用实际行动悼念毛主席。18 日，县城 2 万多群众在清远中学大操场举行毛泽东逝世追悼大会。

1976 年 10 月 18 日，党中央将粉碎"四人帮"反革命集团事件通知各级党的组织。清远县的干部、党员、群众和全国人民一样，奔走相告，兴高采烈。10 月 24 日上午，在中共清远县委组织下，清远县举行庆祝大会，大会的中心会场设在县城，各公社设分会场，42 万军民在主会场和分会场举行集会和游行，庆祝粉碎"四人帮"反革命集团的伟大胜利。大会以中共清远县委、县革委会名义给党中央发出致敬电，表示清远人民坚决响应党中央号召，紧密团结在党中央周围，高举毛泽东思想伟大红旗，同"四人帮"反革命集团进行坚决斗争，夺取社会主义革命和建设的更大胜利。

三、徘徊前进两年的各项事业

（一）工农业的恢复与发展

打倒"四人帮"后，清远县委在党中央和上级党委领导下，用了两年多时间恢复国民经济生产，取得了一定的成效。

1977 年一、二月间，清远县委相继召开全县农业学大寨、工业学大庆会议，决定继续开展"两学"运动。农业学大寨仍以大办水利、大搞农田基础建设、改造生产条件为主要内容。县委组织领导将全县划分 5 个战区，成立工程指挥部，分别由县委常委担任总指挥，县内的龙须带水利水电工程、滨江农田基础建设工程、迳口水电枢纽联网工程、造林绿化工程、清西治水工程 5 个重点工程建设取得显著成绩。工业学大庆运动中，清远县继续坚持"鞍钢宪法"，加强企业管理，推动国营进行支农转轨，同时把注意力放到发展社队企业上面。1978 年 10 月 14 日，清远县在县氮肥厂试行超计划利润提成奖，开始在清远县推行县级工业体制改革。

1978 年，全县工农业总产值 3.09 亿元，比 1975 年 27741 万元增加 3250 万元，增长 11% 。其中：农业总产值为 1.87 亿元，比 1975 年增加 1048 万元。工业总产值 1.22 亿元，比 1975 年增加 2202 万元。县财政收入，1978 年为 2210.1 万元，比 1975 年增收 23.7 万元。基础建设投资，1978 年投资金额为 1336.6 万元，比 1976 年 1015.8 万元增加 320.8 万元。全县银行各项存款余额，1978 年为 3142.4 万元，比 1975 年 2745.5 万元增加 396.9 万元。人民生活逐渐改善。

（二）教育、科研走向正轨

1977 年，全国高等院校恢复招生制度，中小学恢复升级考试制度。1978 年，经过调整整顿，全县小学有 372 所，入学人数 13.61 万人，普通中学 32 所，在校学生 5 万人。是年考入大学和专科 83 人，中专 356 人，共计 439 人。县委对教育工作十分重视，1978 年，县财政拨款 376.7 万元投入教育作为经费支出，占当年财政支出的 42.5% ，比 1975 年财政支出教育经费增加 12.9% 。1977 年，县委调整充实了一批科研机构，有县科技局、县农业科学研究所、县林业科学研究所、畜牧水产科学研究所等，为清远县走出稳产高产新路子打下基础。

（三）文化艺术事业开始复苏

1976 年，县委按照有牌证、有专职人员、有经费、有活动场所等条件，要求各公社镇场建立文化站。至 1978 年冬，全县建立了石坎、龙颈、石潭、太平、三坑、南冲等 28 个公社文化站。1978 年，县出资扩建县工人文化宫，共有座位 1621 个，舞台面积 180 平方米。是年，县委将县文艺工作队改为清远县粤剧团，并先后演出大型粤剧《山乡风云》《三打白骨精》等，演出足迹遍及全省的粤剧地区和广西梧州等地。1978 年，在县委支持下，县有关部门编辑《飞霞诗集》一册，参与作者 57 人，收集诗歌 348 首。县文艺创作人员姚亚士，在 1978 年创作的话剧《望子成

龙》《在法律面前人人平等》分获 1978 年、1979 年广东省戏剧三
等奖。一些民间歌谣如：禾楼歌（相传已有 1000 多年历史），山
歌（县内的滨江山歌、文洞山歌、秦皇山歌、石坎山歌）等相继
恢复。

7

第七章

改革开放新时期

第一节 实施改革开放探索发展新路子

一、家庭联产承包责任制的实施

1958 年建立起来的人民公社"三级所有，队为基础"的高度集中统一的经营体制，与我国农村生产力发展水平很不相适应，长期阻碍农村经济的发展。在清远县，1958 年全县建立起 20 个人民公社，入社农户占总农户 99.7%，至 1978 年的 20 年间，农业生产效益低下：1958 年人均粮食产量只有 320 公斤，人均农业总产值 155.8 元；1978 年，人均粮食产量 418 公斤，人均农业总产值 244 元。20 年时间分别只增长 98 公斤和 88.2 元。对于清远县这个农业大县来说，这个增长速度是极其缓慢的。

为了摆脱这种生产效益低下的困境，1978 年上半年，江口公社江口大队元岗生产队和龙塘公社井岭大队井岭生产队偷偷地搞起了联产计酬生产责任制，产生了意想不到的效果，两队早稻均获得增产。特别是井岭生产队，早造比上年同期增长 14.4%，增产 5 万多斤，居全大队首位。1978 年晚造，全县搞生产责任制的生产队从早造的 2 个生产队发展到 154 个，冬种时又扩大到 2759 个队，占了全县生产队总数的 63%。至年底，全面落实农、林、牧、副、渔各业产量责任制的生产队有 1526 个。由于"五定一奖"（定劳力、定地段、定成本、定产量、定工分，超产奖励）生产责任制把农民的劳动付出同其劳动成果联系起来，使劳动出勤率、劳动工效普遍提高，农活质量明显提高，社员责任感增强。清远县的农民在不断的实践中继而又创造了一种新的、简单又直接的农村经营管理模式——联产承包责任制。经过实践，包干到户确是发展生产、解决群众温饱的一种必要措施，它极大地调动了农民生产积极性。对于农民的创举，清远县委认真总结经验，因势利导，积极支持，进而逐步推广。1980 年秋收后，清远县的石潭、桃源、浸潭、白湾 4 个上滨江公社开始实行农业大包干到户。1981 年，在中共清远县第四届第二次全委扩大会议上，县委作出决定，全县农村在此前实行"五定一奖"责任制的基础上，全面开展联产承包责任制，其形式可以有三种：一是专业承包，联产计酬；二是包产到户；三是包干到户。

对于各种形式责任制，县委采取尊重群众意愿的办法，在实践中不断完善和提高。经过一段时间的实践，清远县广大农民最终选择了包干到户这种家庭联产承包制。1982 年，在中共清远县四届六次全委扩大会议上，县委就完善农业生产责任制问题，提出规范意见。按照中央〔1982〕1 号文件"一坚持、两不变、三兼顾、四不准、五严禁"的规定，切实处理大包干责任制中的"统"与"包"的关系：

在"统"的方面是：统一管理和使用土地；统一生产计划；水、电必须统一集体管理；统一规划和组织农田基本建设和防洪抢险；统一经营宜于集体经营的工副业和种、养场；统一公共提留；粮油豆等主要农产品，按照"三兼顾"原则，通过合同形式规定社员应交的国家任务和集体任务。

在"包"的方面是：承包集体的土地各项生产任务，上调国家和集体的农副产品任务；公共提留、义务工、农建任务、债权债务、财产保值、计划生育等等；生产队要及时安排生产计划，帮助解决良种，提供资金、设备、科学种田指导等。

由于县委态度明朗，要求明确，指导得当，清远县的家庭联产承包责任制随着农村改革的不断深入而健康发展。至1982年底，全县实行包干到户的生产队达5675个，占生产队总数的95.2%。

家庭联产承包责任制，解放了生产力，促进了清远县农业经济迅速发展。1978年，清远县粮食总产量为32万吨，农业总产值为1.87亿元；到1987年，粮食总产量上升到40万吨，农业总产值上升到2.94亿元。

同时，家庭联产承包责任制使农业朝着"包、专、联"的方向发展。到1987年，全县有专业户1869户，其中经营种植业219户、林业31户、畜牧业307户、渔业140户、工业351户、建筑业53户、运输业402户、商业服务业271户、其他95户。专业户总收入3957.8万元，按合计从业7597人计算，平均每人收入5209.7元（其中农业劳动力平均每人收入1462元）；全县有经济联合体347个（参加农户1183户），其中经营种植业14个、林业5个、畜牧业14个、渔业3个、工业177个、运输业69个、建筑业3个、商业服务业28个、其他行业34个。经济联合体总收入1587.7万元，按合计从业4732人计算，平均每人收入3355.2元。这充分显示了责任制产生巨大经济效益的优越性。

二、乡镇企业初发展

清远县乡镇工业始建于50年代中期，1956年农业合作化后，农业社兴办排灌站、砖瓦厂、陶瓷厂、竹器厂，渔业社办织网厂等。经20世纪六七十年代的徘徊发展，至1978年底，有乡镇工业1820家（其中公社办工业139家），从业人数3万人，工业总产值为1430.8万元。中共十一届三中全会后，1979年全县有乡镇工业企业1898家，从业人员3.22万人，工业总产值为3140

万元。

1984 年中共中央提出国家、集体、个体一齐上的方针后，全县出现镇办、村办、合资（联户）办、家庭（个体）办乡镇工业的新局面，主要产品有服装、石料、造船、竹器、爆竹、农具、机械、粮食、陶瓷、塑料等。

1986 年 3 月，广州市人民政府召开农村工作会议（当时清远县隶属广州市管辖），提出城乡联合办企业，对新办乡镇工业免征 3 至年 5 年所得税，并决定 4 年内共给清远县拨款 2000 万元，作为乡镇工业贷款的贴息资金，在原材料供应上给予照顾。县人民政府亦同时拨出 50 万元作为乡镇办工业贷款的贴息资金，以扶持乡镇工业，从而促进了乡镇工业更快发展。到 1987 年底，全县乡镇工业共有 8181 家，其中镇办 183 家、村办 1149 家、联户办 542 家、个体办 6307 家，从业人员共 3.9 万人，总产值为 1.91 亿元，上交税金 1046 万元，纯利润 3423 万元，企业固定资产原值达 7774 万元。

在乡镇工业中，陶瓷工业占有重要位置。1987 年有乡镇厂 71 家，联户办和个体办 292 家，总数达 363 家，从业人员约 2 万人，总产值 4000 多万元。绝大部分分布在石坎、南冲、石马、沙河、新洲、禾云、龙颈、珠坑、浸潭、龙塘等地。此外，还有 80 年代开始出现的乡镇办的"三来一补"工业企业，经济效益也很好，年收入工缴费 883 万元。

三、县级工业管理体制改革的探索

1978 年 10 月，清远县委为了从根本上扭转企业亏损的局面，摆脱财政入不敷出的困境，于当月 14 日开始，在县化工厂、县氮肥厂、县农机修造厂和县水泥厂试行超计划利润提成奖，一周后在全县 17 家国营工业中推行。在试行超计划利润提成奖当中，针对县属工业管理体制存在的管理层次多、人浮于事、多头领导、管事和管人脱节等问题，清远县委从 1979 年 4 月起，撤销工交局这一层中间机构，重新确定县经委职权范围和机构设置，强化县经委的职能，统一由县经委直接管理县属国营工业。同年 10 月，清远县委进一步赋予县经委在人财物产供销方面的自主权，从 6 个方面扩大企业自主权。1980 年，由企业对财政的超计划利润提成改为企业利润向财政包干。1981 年，对财政包干改为"逐年递增，超额分成，一定三年"。

清远县的工业改革效果显著。如县氮肥厂，实行超计划利润提成奖前 13 天亏损 3.2 万元；实行后 17 天，工人生产积极性大大提高，当月底就补回了前 13 天亏损，还盈利 3.5 万元。1978 年 10—12 月，试行企业实现利润比同年的 1—9 月份还多 35%，年终上缴利润比计划利润增长 33.8%。1979 年，全县国营企业完成产值 3790 万元，比 1978 年增长两倍多，比历史上最好的 1966 年增长一倍多。比当年计划利润 130 万元增加 295 万元，超额完成财政上缴任务。1978 年 10 月至 1980 年 6 月的 21 个月里，共完成工业产值 6590 万元，比试行前 21 个月（1977 年 1 月至 1978 年 9 月），增长 22.3%，实现利润总额 751 万元。改革前五年（1974—1978 年），全县 17 家国营厂工业总产值共 1.4 亿元；改革后的五年（1979—1983 年），国营厂工业总产值增加到 2.1 亿元，年平均增加 4150 万元。改革前五年实现利润 460 万元，改革后五年实现利润 3041.6 万元，增加 5.6 倍。税金由五年前的 2086 万元上升到五年后的 2472 万元。企业获得留成和分成基金 2578 万元，修建厂房 4.5 万平方米，职工每人每年从超额利润中获得奖金 214 元（其时职工年平均工资 673.8 元）。1977—1983 年，财政收入连续增长，1977 年和 1983 年财政预算内收入分别为 1913.9 万元、2947.3 万元，其中来自企业缴交的利润收入分别为

179 万元、321.1 万元，工商税收分别为 1383 万元、2276.4 万元。

1980 年 7 月 5 日至 8 日，省委第一书记习仲勋一行在韶关地委书记马一品等地、县领导陪同下，到清远开展专题调研，指出清远闯出了一条经济体制改革的路子，不但把企业搞活了，还较好地兼顾了国家、集体和职工的利益。1980 年 7 月 29 日，广东省委、省政府发文批转《清远县国营工业企业实行超计划利润提成奖和改革工业企业管理体制的报告》后，《人民日报》《南方日报》等报陆续报道了清远工业改革的做法和经验。1981 年 3 月，国家经委、国务院体制改革办公室召开全国工业体制改革座谈会，强调要把推广"清远经验"作为一项重要的任务。1982 年 11 月 30 日，国务院在全国五届人大五次会议上作的《关于第六个五年计划的报告》中，也对清远的改革作了高度评价。

"清远经验"对广东和全国的工业管理体制改革起到较大的作用。至 1983 年底，广东全省 78 个县市推行清远超计划利润提成奖的做法，有半数以上县市改革了工业管理体制，全国各地来考察学习"清远经验"的累计有 2.8 万人次。

四、抗击"5·12"特大洪灾

1982 年 5 月 12 日，清远县 31 个公社（镇、场）普降暴雨，其中 24 个公社是特大暴雨，清城降雨量为 640.6 毫米，笔架 700 毫米，回澜 763.5 毫米，鱼坝 736.3 毫米。13 日午夜，清城水位最高时达到 15.9 米，超过警戒线 3.9 米，出现水文记载以来的最高洪峰。县城里的内涝水位超过 16 米，足有六层楼高。黄岗围、黄坑围、清西围、飞水围、秦皇围、大厂围、白庙围等 36 个堤段决堤，缺口 75 处，总长 4335 米。山洪还冲毁全县公路干线共 512 千米，大小桥梁冲毁无数。

当时，全县受灾群众 61 万人，重灾的有 24 个公社（镇、场）、323 个大队、3451 个生产队，有 30 多万群众被洪水围困，造成倒塌房屋 6.82 万间，其中群众住房 4.99 万间，全部被冲毁的 1.92 万间，整个自然村倒塌的有 48 个，被洪水冲毁的自然村有 23 个。另有因洪水造成危房不能使用的 7.15 万间，洪水过后无家可归的有 8956 户 3.58 万人，有家不能归的有 1.14 万户 5.73 万人。秦皇公社三合水大队埒三生产队 2 户 12 名社员，因房屋倒塌，全部丧生。全县受灾损失达 2.27 亿元，相当于 1981 年清远县全县的工农业总产值。

5 月 12 日凌晨 3 时左右，县委召开县领导班子紧急会议，县党政班子领导 19 人随即分赴各镇和重要堤段参加指挥抗洪战斗，同时在县直机关抽调干部 331 人，其中副科以上干部 104 人奔赴灾区救援被洪水围困的群众；出动机帆船、拖轮、驳船 167 艘次，共 1.32 万马力排水量 3586 吨，以及艇尾机 250 艇次、扒艇 550 艇次急运救灾物资和抢救受灾群众。此外，先后 5 次分别向省、地委汇报灾情、告急求援。

在抗洪抢险当中，山塘公社在各方支援下，将 4 万多名被洪水围困的群众及时转移到附近的 46 个山头和清西干堤上，并组织 3000 名突击队员，保住清西大堤；沙河公社党委书记黄妹带领社队干部组织受灾的 1 万多群众及时转移；南冲公社军坑大队党支部书记陈黄清和笔架林场信用社干部刘树桂、赖扬以身殉职。由于防护得当，保住了涉及广州市和花县、三水、南海等县安全的北江大堤和清东围、清西围等主要干堤，龙须带、迎咀、银盏、大秦等主要水库也得以安全度汛。

5 月 13 日，广东省副省长杨德元和省"三防"指挥部的领导，带领工作组抵达北江大堤清远石角堤段指挥抢险救灾，到清西水淹区视察灾情；广州军区派出陆、海、空三军 900 多名解放军官兵前来支援；韶关地委副书记张玉祥、王玉田和军分区黄副司令员赶到清远参加抗洪救灾工作；民政部派农村救济司姚司长到清远了解灾情。20 日至 23 日，广东省委第一书记任仲夷和省长刘田夫到清远视察，并在清城召开省厅局长战地会议，研究部署救灾复产工作。

清远县特大洪灾发生后，省、县及时分两批下拨 670 万元救济款给各受灾公社，解决了 9858 户 4913 人的住房困难和 5.64 万户 28 万人的生活与治病困难；翁源、佛冈、乐昌、始兴等县及时送来饼干和炒米应急物资一大批；花县送来大批救灾物资；四会县急调 2 万斤饼干给清远三坑公社；广州军区派出空军空投物资。累计共收到各单位、各界人士捐赠人民币 57.48 万元和港币 40.3 万元，大米 319.45 吨、稻谷 34.75 吨、炒米 70.1 吨、奶粉 7 吨、面制品 1 吨，衣服 32.56 万件，药品 1012 件以及价值 5 万多元的医疗器械一批。

洪水退后，清远县委在解决好 30 万受灾群众的吃饭问题和 10 多万无家可归或有家归不得的群众的住宿问题，并做好环境消毒、传染病防控工作的同时，组织开展复堤堵口、修复农田水利排灌系统、抢修公路工作，就搞好生产救灾事宜制定 10 条具体的政策措施，恢复生产、重建家园工作全面展开。至 6 月 12 日止，全县复堤堵口共完成土方 89 万立方米，修复保护万亩农田以上的黄坑围、白庙围、安丰围、飞水围等堤围，以及保护万亩农田以下的堤围 14 个；修建临时性陂头 2333 个，修复水圳 265 千米、小型山塘水库 28 个，解决近 12 万亩农田灌溉用水；被破坏的 400 千米公路，修复通车 230 千米；14 家被浸厂矿，在灾后不到一个月，有 11 家恢复了生产。1982 年底，全县农业总产值 2.2 亿元，比 1981 年 2.14 亿元增加约 600 万元；工业生产总值比 1981 年减少 498 万元；全县新建房屋 3932 间面积达 9.12 万平方米，在建的有 1.89 万间，4.66 万平方米，95% 的受灾户完成了危房维修。

五、继续支持老区建设

中共十一届三中全会后，1981年和1984年先后两次调整了清远县革命老根据地建设委员会组成人员，设立办公室负责日常事务。对老区工作实行因地制宜、统筹规划、组织力量，从财政物资和技术上给予重点支持。至1987年，清远县财政局、农委、农行、水电局投资和贷款113.31万元帮助兴建百步梯等水力发电站共7个；县水电局和老建办拨款11.54万元帮助兴修老区农田水利23宗；县地方公路管理站拨款60.28万元，支持修建县城至石板、文洞，回澜至庙仔岗，三角至上黄塘，太平至秦皇、山心，清郊至笔架，石马至南冲等公路6条，总长107千米；县教育局、卫生局以及县、镇、村、群众积级筹集资金办学、办卫生院（站），共建中学3所、小学36所、卫生院3家、卫生站28家，并在教育设施、卫生设备和师资、医护人员培训和调配等方面给予大力支持。

六、扶贫工作展春风

1978年春，根据民政部等9个部委联合发文在全国开展扶贫工作的通知精神，为加强扶贫工作领导，清远县成立了扶贫工作领导小组，下设办公室，并从商业、供销、卫生、贫协、民政各抽1名至2名干部集中办公、处理日常工作，各公社、镇、场也相应成立扶贫领导小组，加强对扶贫工作的领导。县扶贫办先后组织工作组于同年3月和4月，分别到高田公社自石大队和白湾公社北安大队，与社队干部一起搞扶贫试点。接着，县先后在县城和洲心召开两次扶贫工作会议，介绍试点的做法和经验。各公社、镇、场党委和大队党支部也组织一定力量进行扶贫试点，随后，全面铺开扶贫工作。

　　1978 年下半年，全县有 23 个公社、镇、场对扶贫工作进行了规划，给评出的扶贫对象 2644 户发了扶贫证。县拨出扶贫经费 11 万元，其中 8.87 万元支持发展生产，2.12 万元解决治病和衣被救济。全县有 2523 户扶贫对象减免超支款 8.67 万元。各地还给扶贫对象解决治病 825 户，解决衣被 1612 户，解决养猪种苗 774 户，解决修建住房 91 户 264 间，解决劳力出路 1610 户，解决儿童入学减免学费 3913 人。

　　从 1979 年起，扶贫工作改变以往多在吃穿等生活方面扶助，采取移民及从资金、技术、种苗等方式扶助贫困户发展生产。1983 年冬，县委、县政府为解决石灰岩地区一些生产、生活条件恶劣的农民尽快脱贫致富，组织他们移民到平原区安家落户。至 1986 年统计，仅白湾镇的牛洞、联山、坪底、南安、北安等管理区，先后有 120 户 700 多人分别到山塘镇的草塘、三坑镇的雅文等处安家落户。1984 年 11 月，根据广州市委办公室《关于开展贫困地区调查的通知》的精神，县委办、县府办、农委、文教、卫生、民政等部门共抽出 7 名干部组成工作组，深入白湾、石潭、桃源、浸潭、秦皇等地进行调查，全县贫困地区共有 55 个乡 5.94 万人，其中 1983 年人均收入不足 120 元，以乡为单位的有 4 个乡 1387 户 7313 人。其中：白湾 1 个乡 472 户 2463 人，桃源 1 个乡 432 户 2382 人，秦皇 2 个乡 483 户 2468 人；以户为单位的有 4679 户 2.55 万人。其中：白湾 1040 户 6140 人，桃源 1075 户 5929 人，石潭 543 户 3143 人，浸潭 242 户 1328 人，秦皇 556 户 2969 人，鱼坝 343 户 1786 人，石坎 257 户 1385 人，南冲 172 户 938 人，珠坑 178 户 726 人，禾云 175 户 825 人，石马 98 户 429 人。是年，县下拨扶贫户发展生产无息有偿贷款 5.35 万元。1985 年，为加强扶贫工作的领导，县政府成立了双扶（扶持贫困户、扶持优抚对象）工作领导小组，扶持 314 户发展生产。1985 年至

1987 年发放低息贷款 90.06 万元，垫息贷款 22.5 万元，无息有偿贷款 9.065 万元和无偿资助 18.81 万元支持扶贫对象发展生产。

经多年的扶贫工作，众多的贫困户衣食住行等方面得到了一定的解决，部分能生产自足、年结有余，生活得到改善，经济收入有了很大的提升。

改革活力迸发，社会发展新启航

一、教育事业优先发展

（一）改造危房校舍

1988 年 1 月 7 日，国务院批复撤销清远县，设立清远市。原清远县划分为清城区和清郊区，隶属清远市管辖。4 月，成立清郊区教育局。1992 年，撤销清郊区设立清新县，清郊区教育局更名为清新县教育局。

1988 年，清郊区设有小学 189 所，初中 37 所，高中 4 所，在校中小学生 8.96 万人，教职工 4520 人。虽然全区已基本普及小学教育，但整体的教育教学依然相对落后。1990 年，区委、区政府为改变教育落后面貌，作出大办教育年的决定，全面改造危房校舍，并动工兴建清郊区完全中学（即现在的清新区第一中学）。至 1992 年，全县基本完成"改危"任务，实现了"一无两有"（无危房，有课室、有桌椅）。

2001 年，省、市、县老促会把清新老区小学存在的破烂危楼等问题，专题向省委、省政府报告，得到省委、省政府的支持，从 2002 年起，分三年进行革命老区行政村小学教学楼危房改造。全县改造老区小学 50 所，其中 2002 年 13 所，2003 年 11 所，2004 年 26 所。包括新建、扩建教学楼 38 幢，建筑面积 2.45 万平方米；改造维修旧教学楼 21 幢，建筑面积 1.24 万平方米；增加课室 369 间、功能室 51 间；扩大校园面积 1.14 万平方米，新建运动场 2 个 7000 平方米、篮球场 1 个 500 平方米、学校围墙 950 米、厕所 2 间；解决 2 所学校的饮用水问题；拆除危房面积 2.52 万平方米。此次清新县革命老区行政村小学改造工程共投入资金 1884 万元，其中省拨款 1020 万元（2002 年 90 万元、2003 年 330 万元、2004 年 600 万元），2002 年佛山市政府援助 236 万元，县、镇、村投入 609 万元，群众集资 19 万元。2002 年至 2004 年的老区行政村破危小学改造，有效地改善了老区的办学条件，使老区学校上了一个等级。

（二）普及九年义务教育，创建省教育强县

根据省市的部署，清新县从 1993 年开始普及初中教育，实施九年义务教育。各级党委、政府、广大干部群众积极贯彻落实《义务教育法》《中共中央关于教育体制改革的决定》和《广东省普及九年义务教育实施办法》的精神，有计划、有步骤地普及九年义务教育。在抓好校舍建设的同时，狠抓普及程度达标。经过几年努力，1996 年 9 月，清新县通过了省、市组织的"普九"评估验收，完成了基本普及九年义务教育的历史任务，普及九年义务教育的人口覆盖率达 100%，获得国家教育委员会颁发的"普及九年义务教育和扫除青壮年文盲县"铭牌。1997 年 11 月，"普九"工作又通过了省复查组的复查，各项指标符合国家教委和省的要求，获得"清远市普及九年义务教育和扫除青壮年文盲工作先进单位"称号。"普九"验收合格后，县委、县政府把巩固提高"普九"成果作为发展教育事业的重中之重来抓，建立和健全了一系列规章制度，继续强化了政府行为，普及九年义务教育的成果年年得到巩固并有所提高。县政府把每年 3 月和 9 月定为"普九"宣传活动月。

1998 年，全县在全面推进素质教育的同时，掀起"改薄、建

规、创等级"（改造薄弱学校、建设规范化学校、创等级学校）的热潮。为合理利用教育资源，全县开始调整学校布局，逐渐撤并了一批小学和初中，而4所高中实行扩招扩容，逐步扩大规模，推进高中阶段教育的发展。各中小学办学条件不断完善，教育质量稳步提高，全县教育步入健康发展的轨道。至2012年12月31日，全县78所中小学校中，国家级示范性普通高中1所，国家级重点职业技术学校1所，市一级高中2所，县一级高中1所，义务教育阶段规范化学校70所（其中省、市一级学校13所），市一级幼儿园9所，县一级幼儿园7所。通过创建等级学校活动，使学校的设备设施更加完善，教学质量得到较大的提高。

2010年，全县户籍人口高中阶段教育毛入学率达到普及高中阶段教育的目标要求，顺利通过了省"普高"评估验收。同时，清新县委、县政府启动创建省教育强县工作。至2012年，清新县已有3个省级教育强镇（太和镇、山塘镇、三坑镇），另有3个镇（太平镇、禾云镇、浸潭镇）接受了省教育强镇评估验收，占全县乡镇比例达75%；是年，清新县顺利通过省教育强县督导验收，被省政府授予"广东省教育强县"称号。

（三）修建革命传统教育基地

市、县老促会在进行老区农村小学危房改建调研中发现，不少青少年学生不甚了解革命老区的革命斗争史，进而倡导在老区中心小学建设思源室，将挖掘、整理出来的当地的革命历史在思源室内进行陈列展览，以教育和培养人们尤其是青少年学生不忘历史，从而树立社会主义核心价值观。同时，修建革命烈士纪念碑和思源亭，激励人们和学生要饮水思源，从而热爱中国共产党，热爱中华人民共和国，决心建设老区，立志成长为社会主义现代化建设人才。

2000年起，由省老促会筹集和县政府补贴部分资金，新建纪念碑4座，思源亭1个，思源室5个。2000年10月，在高田镇文洞行政村兴建文洞革命根据地纪念碑，原清远抗日同盟军大队长、北江支队司令员何俊才参加揭幕仪式；2001年7月，在秦皇镇山心行政村，兴建中国人民解放军粤桂湘边纵队秦皇山根据地纪念碑，原粤桂湘边纵队司令员兼政委梁嘉率领原纵队部分团以上干部参加揭幕仪式；2002年，重建南冲革命烈士纪念碑；2004年，维修太和镇五星行政村革命烈士纪念碑；2005年5月，在石马镇西潭小学兴建思源亭；2003年12月至2005年，在太和镇五星小学、飞来峡镇高田小学、龙颈镇南冲小学、西潭小学和太平镇中心小学建成5间思源室。

二、医疗卫生事业的发展

（一）全县医疗卫生事业的发展

1988年，清郊区建区时有镇卫生院13家，村卫生站195家，病床195张，没有县（区）属医疗卫生机构。全区卫生技术人员465人，其中初级技术职称70人，中级技术职称7人。1989年成立第一个县（区）属医疗卫生机构清郊区卫生防疫站。当时的医疗技术力量相当薄弱。

此后经过多次行政区划调整，特别是1994年位于县城的清新县人民医院试营业后，清新县不断培养和引进卫生技术人员，不断加强医疗卫生基础设施建设。同时，在各级政府的高度重视下，根据省、市有关乡镇卫生院"一无三配套"（指业务用房无危房，业务用房、专业设备、技术人员配套）建设的指示精神，结合实际情况，在1995年至1998年期间，清新县卫生局得到了社会各界的多方支持，克服困难，筹集资金4000多万元，新建、改建了乡镇卫生院业务工作用房4.85万平方米，购置了医疗设备430台（件），引进和培训高中级卫生技术人才近100人，完成了"一无三配套"建设，并加强院容院貌建设，彻底改变了建县初期基层卫生院设备简陋、技术水平低、房屋陈旧、环境差的落后面貌，为患者创造了一个先进、舒适、优雅的就医环境。其间，山塘、三坑、太平、禾云的镇卫生院更是达到了一级甲等医院的标准，并通过了市的验收。另外，1995 年起清新县根据省、市的有关要求，制定了切合实际的《清新县农村 2000 年人人享有卫生保健发展规划》，并对照目标要求逐项组织实施，通过 3 年多的努力，于 1998 年 7 月顺利通过了省的审评验收，提前实现"2000 年人人享有卫生保健"目标。

经过多年的建设，清新县的医疗卫生事业取得很大的进步。至 2005 年，全县镇卫生院撤并为 18 家，村卫生站 350 家，个体诊家 8 所，病床 556 张；有卫生技术人员 1064 人，其中高级职称 17 人，中级职称 177 人，初级职称 870 人。2003 年至 2005 年，全县农村居民参加合作医疗分别有 21.37 万人、18.28 万人、31.85 万人，覆盖率分别为 35%、31%、52.8%。

（二）老区医疗卫生事业的发展

扶持老区建设发展，改善群众生产生活条件，解决农民看病难问题，是各级党委、政府多年来一直坚持的一项重要工作。2005 年 12 月，中共中央政治局委员、广东省委书记张德江在省老促会《关于广东省老区农村医疗卫生状况的调查报告》中批示指出："解决农民看病难、看病贵的问题，包括镇卫生院建设问题，要统筹规划，分级负责，分步实施。这是一件大事，一定要认真研究。"

2005 年 9 月，经过市、县老促会及卫生部门的全面调研，清新县老区的乡镇卫生院有 13 家，但存在很多问题：有 5 家的业务用房面积未达到省规定的最低标准；设备老化残旧，其中有 136 台医疗设备超期使用；老区乡镇多处在贫困山区，生产力落后，卫生院经济收益低，医务人员福利较差，这使原有医务人员大量流失及有水平的医技人员和医科毕业生不愿进来，以致老区乡镇卫生人员缺乏，素质偏低。秦皇镇（已并入太平镇）解放前是中国人民解放军粤桂湘边纵队司令部所在地，全镇人口6000多人，因交通不便，生产生活条件较差，1978年后多数村民投靠亲友举家搬迁，剩下常住人口约2000人。镇卫生院只有3间破旧的业务用房和两个医务人员。两个医务人员是一对夫妇，男的任院长兼医生，女的当护士兼执药，被称为"夫妻卫生院"。此外，有8家老区乡镇卫生院负债较多，共达312万元，导致运转困难。

农村乡镇医疗卫生问题特别是老区乡镇医疗卫生问题较大，存在的困难较多。为此，省委、省政府于2007年就加强乡镇卫生院建设问题印发《关于乡镇卫生院管理体制改革与建设的意见》，决定从2007年开始，用五年时间把老区乡镇卫生院改建好。2007年，按照省、市的工作部署，清新县老区乡镇卫生院改建工程拉开了序幕，重点是拆改危房，建设新医疗综合大楼，改造乡镇卫生院。

由于清新县老区乡镇卫生院80%地处贫困山区，自然条件较差，且分布面广，镇村分散，区位劣势明显。全县乡镇卫生院18所，其中13家都不同程度地出现危房和缺乏业务用房。清新县根据《广东省乡镇卫生院建设标准》要求，按照"同等优惠，适当倾斜"的原则，把解决老区乡镇卫生院改建项目放在首位，并坚持因地制宜、实事求是的原则，做好整体规划，细化工作内容。县老促会与卫生局共同商议并征得县领导同意，决定把龙颈镇（南冲、石马）、太平镇（秦皇）、三坑镇、太和镇（回澜）等卫生院作为首批改建单位并立项报批，邀请设计部门制作建设图纸，精打细算，确定施工队伍和监督小组组织施工。

2009年7月3日，市老促会与市卫生局根据省对老区乡镇卫生院建设指标调整文件精神，印发《关于加快老区乡镇卫生院建设的通知》，其中清新县的山塘、龙颈、太和、三坑、太平、禾云卫生院被列入省老区乡镇卫生院改建指标内。然而，已由县卫生局和南冲卫生院筹集投入资金 50 万元，改造了 1000 多平方米的南冲卫生院住院部大楼，却没有纳入省、市补贴计划，造成债务负担；石马卫生院并入龙颈镇后成为分院，服务人口 2.5 万人，且业务用房破旧，设备不足，难以维持正常门诊，也没有列入省计划补贴之中。为此，县老促会多次向上级有关部门申报，专题请示增拨补助指标。同时，县老促会通过新闻媒体反映南冲、石马两个老区的革命历史和当地群众的诉求，争取社会关注和支持解决老区卫生院改建资金的不足。最终南冲、石马两个卫生院被列入省改建指标内。至 2009 年，全县基本完成计划内的卫生院改建任务。

2012 年，省补助全市乡镇卫生院购置设备装备资金 4700 万元，市财政补助 500 万元，共 5200 万元。其中要求以每家老区乡镇卫生院 30 万元选购设备项目报省统一采购配送，较好地解决了卫生院基本医疗设备不足的问题。

改建老区卫生院前，清远市老区乡镇卫生院医疗卫生技术人员少，且素质偏低。2007 年开始，老区乡镇医疗单位在市、县卫生部门支持下，采取措施提高医技水平：一是加强人才培训，选送卫生技术人员外出进修；二是引进人才，提高综合医技水平；三是组织在岗人员参加继续教育，更新知识，提高工作效率。经过一系列的措施，清远市老区乡镇卫生院医疗卫生人员的业务水平有了较大的提高，工作责任心明显增强。

三、农业新发展

（一）用地制度变革

为推进家庭联产承包责任制，1984 年清远县开始实施第一轮土地承包工作，承包期 15 年。1998 年初，清新县政府发出《关于认真贯彻落实〈中共中央办公厅、国务院办公厅关于进一步稳定和完善农村土地承包关系的通知〉的工作意见》，全面开展第二轮土地承包工作，承包期在 1984 年的基础上再延长 30 年，1999 年底完成。全县承包农户有 12.41 万户，承包耕地面积 34.57 万亩，全部签订承包合同，并领取土地承包经营权证。

从 2003 年 3 月 1 日起，清新县实施《中华人民共和国农村土地承包法》。根据国家要求，全县以法律的形式赋予农民长期的土地使用权，维护农村土地承包人的合法权益，有效促进全县农业、农村经济发展和社会稳定。

（二）生产结构调整

随着社会和经济的发展，清新县内农业生产结构发生较大的变化。设县前及设县初期，全县以粮食种植为主，1988 年清郊区全区粮食种植面积占耕地面积的 85%，而且有一大部分属于中低产田，农业产值较低。为促进县农业经济和社会发展，以农业增产、农民增收、农村稳定为目标，以农业和农村经济结构调整为主线，以科技创新为动力，逐步加强水利设施建设、开展林业生态建设、推进扶贫开发、加快农业产业化，调减低产值农作物种植面积、部分山地开垦种植果树、部分低洼田改造成鱼塘等，效益明显。

2009 年，清新县获得"全国粮食生产先进县"称号，建立龙颈、山塘两个国家级万亩创高产示范点，各镇也建立起 1000 亩示范点。至 2012 年，全县完成农作物播种面积 72.41 万亩。其中，粮食全年播种面积 42.86 万亩，总产 13.86 万吨，超额完成省、市下达全年粮食面积 42.3 万亩、总产 13.32 万吨的任务；花生全年种植面积 7.742 万亩，亩产 163 公斤，总产 1.26 万吨；蔬菜全年种植面积 17.92 万亩（复种），单产 1729 公斤，总产 30.98 万吨；水果全县种植面积 15.44 万亩，投产 12.09 万亩，总产 18.14 万吨（其中，冰糖桔种植面积 12.39 万亩，投产面积 10 万亩，总产 15 万吨），全县水果产值达 9.07 亿元。另外，全县生猪饲养量 63.5 万头、出栏量 39.5 万头；"三鸟"饲养量 1651.2 万只、出栏量 1208.9 万只；全县水产养殖 6 万多亩。2012 年全县农业总产值 41.8 亿元，同比增长 7.5%；农民人均年纯收入 8649 元，同比增长 14.6%。

2012 年，全县森林覆盖率 67.05%，森林面积 227.39 万亩，森林蓄积量 639.05 万立方米。全县林业总产值 17.2 亿元。其中林业第一产业（林木种苗与花卉、野生动植物养殖业等）0.4 亿元，第二产业（木竹加工业）10 亿元，第三产业（森林生态旅游业）6.8 亿元。

水产业，县政府将其作为发展"三高"农业突破口来抓，在调整农业布局过程中大力发展。其中尤以 1992 年利用世界银行贷款开挖低洼地发展渔业生产为契机，掀起一轮发展渔业生产高潮。当时，县政府向世行贷款，在山塘、太平等低洼处，开挖标准鱼塘，其中山塘的黄塘、草塘有 3520 亩。而在太平的中南、老区行政村蒲兴，山塘的金亭、老区行政村上马，农民谋业致富积极性极高，自发利用低洼田地开挖鱼塘，形成连片的鱼塘约 5000 亩，是清西最连片的商品鱼生产基地。加上之前建成、开挖的，从空中鸟瞰，鱼塘连片，片片碧波，犹如翡翠镶嵌在肥沃的清西平原上，甚是壮观。面对水产业发展的大好形势，清新积极引进名优良种，推广科学养鱼，池塘效益明显提高，渔业实现跨越式发展。

起初，清新淡水养殖的品种主要有鳙、鲢、鲩、鲮、鲤等传统的家鱼品种，效益不高。经多年的努力，清新先后引进和推广丰鲤、白鲳、鲟鱼、桂花鱼、甲鱼、观赏鱼、罗氏虾、澳洲淡水小龙虾、加州鲈、北江鲋、翘嘴、东北鲫、叉尾鲴、长江大口鲶、罗非鱼等10多个品种。由于采用科学培育、科学管理、生态养殖等办法，每亩池塘平均产值由原来的800—900元提高到9680元，效益飞跃性提升，桂花鱼养殖更成为清新渔业经济的龙头产业。

清新农业生产结构从以粮食生产为主逐渐转向多种经营，扩大经济作物的种植面积，增加水产品的养殖品种等，有效地提高了农业总产值，增加了农民的收入。

（三）农业品牌的创建

龙头企业是地区行业的标杆，能对地区行业的发展和地区经济起带动促进作用。而品牌则是衡量地区行业竞争力的重要标准。

1998年，清新县农业龙头企业有11家。多年来，政府不断加大农业龙头企业培育力度。至2005年，清新县有各级农业龙头企业70家。农业龙头企业能充分利用清新县的资源优势，创建特色品牌，走特色农业之路。

广东林中宝食用菌有限公司创建于1980年，驻地太和，是集科研、生产、深加工、销售、餐饮及生态旅游于一体的广东省新科技企业。公司推广食用菌新技术、新品种，开发食用菌深加工，研制出特色灵芝系列保健品食品200多种，每年为社会创造经济效益6800多万元；清新县绿源农副产品有限公司、清新县加多利农贸发展有限公司，利用清新县独特的小地域气候资源生产反季节蔬菜；松德丰、山弘、三益等台资企业把清新县名优特产麻竹笋进行深加工。这些农产品的生产和加工都具有鲜明的清新县特色。农业龙头企业的发展壮大，进一步推动了清新农业产业化的快速发展，尤其是拓宽了革命老区农民致富增收的渠道。

　　以名优特产麻竹笋为例。20 世纪 80 年代，清远县麻竹种植面积不断扩大，鲜笋及笋干产量持续增长。此后，随着清远招商引资优惠政策的实施和外资笋厂的进驻，以笋干为代表的清新笋品更是出口至日本并占据其大部分市场。清新笋业于 20 世纪八九十年代，迎来历史发展的黄金时期。1989 年，台资企业清远震兴农产品公司率先进驻清远，在清城沙田设厂加工笋干出口；1992 年日资企业松德丰在清新老区行政村乐园的太和洞口设厂。为满足市场的需求，外企在栽培技术以及笋干制作技术方面积极指导清新农户，发酵法笋干制作迅速取代传统熟晒法。该法所制笋干经切丝包装后，畅销于日本。20 世纪 90 年代，是清新笋业发展的最快时期。革命老区行政村骆坑、姨坑、头巾、风云，以及太平的革命老区村小秦村成为清新笋竹种植专业村。种竹采笋制干，已成当时清新众多老区农户脱贫致富的首选之业。老区骆姨坑甜笋早已驰名于海内外，其所制笋干尤受日本市场青睐，价格自然较他处高。当时骆姨坑各村农户人均笋竹 5 亩，人均年收入可达4000 元，有些竹笋大户年收入更可达数万元。购买电器、建设新楼、入城购房，当地老区农户脱贫致富，笋竹可谓功不可没。

　　除了大力发展龙头企业，清新县在农业发展过程中不断创新农业经营理念，积极培育农业品牌，大力发展无公害农产品，向绿色食品和有机食品迈进。2005 年，全县初步形成粮、竹（麻竹）、果、蔬、鸡、鹅、鸭、猪、鱼等农业基地；2006 年，林中宝灵芝孢子粉胶囊、红不让灵芝茶获得"广东省名牌产品"称号；同年，清新县获得"中国冰糖桔之乡""中国笋竹之乡""中国乌鬃鹅之乡"称号；2007 年，清新县"中国黑皮冬瓜之乡"称号获得认定，清远乌鬃鹅获得国家地理标志保护产品认定。是年，清新县获得"中国优质冰糖桔基地重点县"称号；2008 年，清新冰糖桔获得国家地理标志保护产品认定；2010 年，清源虫草鸡养殖场的虫草鸡获有机食品认证，太平镇来水窝火龙果专业合作社的火龙果获有机转换产品认证，骆坑牌清水笋和林中宝灵芝茶获省名牌产品认证，林中宝商标被国家工商行政管理总局商标局认定为"中国驰名商标"；2012 年，清新县利来果蔬种植专业合作社的竹笋、蕨菜和广东林中宝公司的香菇、秀珍菇获有机食品认证，清新县育林公司砂糖桔、蜜糖桔获得绿色食品认证，广东林中宝公司香菇产品获得"广东省名牌产品"称号。

（四）农业现代化示范区建设

2002 年初，为贯彻省委、省政府关于《创办东西两翼粤北山区农业现代化示范区》的文件精神，市委、市政府决定把清新县清西平原作为市农业现代化示范区，并委托清新县科技和农业局草拟项目建设的总体规划。2003 年 1 月 13 日，省政府委托省农业厅，批复同意清远市农业现代化示范区建设总体规划方案。清远市农业现代化示范区分为优质无公害蔬菜生产、观赏鱼繁育养殖、良种猪健康养殖 3 个功能区，是集生产、科研、试验、示范、教育培训、观光旅游于一体多功能的农业现代化基地。地点主要分布在三坑和太平，占地面积 3920 亩，规划建设期限 5 年（2003—2007 年）。

2003—2005 年，是市农业现代化示范区起步和快速建设的时期，该时期示范区实际投入 2.06 亿元。企业作为投资主体投入项目资金 1.81 亿元。项目投资主体分别为清新县绿源农副产品有限公司、清新县国际锦鲤俱乐部、广东华农温氏畜牧股份有限公司清新县分公司、广东双汇温氏食品有限公司等企业。广东省每年下拨专项资金分别为 172 万元、170 万元和 170 万元。累计建设标准化农田面积 1200 亩，其中喷灌设施 145 亩，整治鱼塘 762 亩，修建硬底化渠道 16.44 千米，修建机耕路及产业路 34.21 千米，建厂房 2.03 万平方米（主要包括双汇温氏厂房），建成文明示范村两个（太平镇扬星村委徐屋村和三坑镇大陂村委红星村）。经过三年的投入与建设，2005年示范区项目总产值7.94亿元，农产品加工销售产值6.74亿元，出口创汇30万美元，实现利税3113万元。受示范区辐射带动的乡镇9个，涉及耕地面积6620亩，种养农户4148户，成绩显著。

2006年，市农业现代化示范区争取到国家农业综合开发土地治理项目1个，农田水利基本建设项目1个，现代农业示范区1个，项目总投资1040万元。通过争取资金、企业投入、群众自筹等方式，基础设施得到很大改善，农业示范区建设日臻完善。

2007年，中央、省财政资金700万元投入国家农综开发土地治理项目和省资金300万元投入农田水利基本建设人大议案项目已全部完成，并通过市的初步验收。2008年，清远市农业现代化示范区建设项目竣工并完成农综开发年度计划项目。省农业厅和项目专家组对示范区进行考评验收，考评认为，项目的建设达到了"五高六化"要求，其中蔬菜产业功能区达到81.75分（良好），生猪产业功能区达到92.22分（优秀）。

2008年，在建设清远市农业现代化示范区的基础上，清新县制订《清远（清新）现代农业示范区建设实施方案》，打造覆盖太和、山塘、太平、三坑的清远（清新）现代农业示范区，形成了种植业、养殖业、农产品加工、观光农业等四大功能区，打造优质水稻、优质水果、优质蔬菜、优质水产、优质家禽等五大产业区，建立2个水稻、2个水产、1个养鹅、1个养猪等共6个示范基地，以基地推进四大功能区建设。并推动覆盖滨江地区的龙颈、禾云、浸潭、石潭等4个镇的特色产业带建设，形成了笋竹、水果、健康猪养殖、健康家禽养殖、反季节蔬菜五大特色产业带，建立了水果、养猪等5个示范基地，以基地推广种养技术和带动农户发展。至2012年，示范区内形成以优质水果、反季节蔬菜、优质水稻、笋竹、瘦肉型猪、清远麻鸡、清远乌鬃鹅、食用菌等为主导产业的农业生产布局，商品农业生产基地初具规模。

四、工业异军突起

（一）工业体制改革

中共十一届三中全会后，工业企业逐步进行体制改革，包括管理制度改革、产权制度改革和劳动制度改革。

1988年，清郊区开始在工业企业中实行承包制。承包过程中不断引入竞争机制、风险机制、激励机制和法律机制。通过推行经营承包责任制，使企业逐步成为自主经营、自负盈亏、自我约束、自我发展的经济实体，由过去的单纯生产型向生产经营型转变；对于有发展潜力，但经营成本过高，产品又打不开市场的企业，通过承包转让方式，将企业全部或部分资产由社会法人或包括企业职工在内的自然人承包、转让经营，实行"国有民营"。对于一些资产规模小，有市场前景和经营条件，资产大于负债的企业，采取以职工持股为主的股份合作制形式；根据市场需要，确定企业用工人数，职工定员定岗，且推行聘用制，择优录取企业员工、管理人员竞聘上岗。完善企业内部分配办法，实行按劳分配为主，效率优先、兼顾公平的多种分配方式。

（二）工业迅速发展

1. 工业产值不断上升

1988年，清郊区建区时有工业企业5424家，其中国营工业企业有滨江矿场、横石木材厂、迳口水泥厂、淀粉厂、新民制衣厂、迳口电站等26家，集体工业企业有广安染织厂和乡镇企业局辖下的独立核算企业125家，其他个体工业企业5273家。1992年撤销清郊区设立清新县后，借助毗邻珠三角的地理位置优势，依托本县丰富的自然资源、劳动力资源等，发展起建材、纺织、陶瓷、制鞋、服装、塑料、化工、机械、冶金、电子、造纸、农副产品加工等一系列工业，工业规模和产值迅速发展。

清新县 1988—2005 年工业企业数量表（单位：家）

年份	个体工业企业	集体工业企业	国有工业企业	合计
1988	5273	125	26	5424
1989	4607	131	31	4769
1990	5207	139	33	5379
1991	6488	143	35	6666
1992	3448	26	15	3489
1993	3807	72	12	3891
1994	4256	116	20	4392
1995	2246	132	28	2406
1996	2481	109	30	2620
1997	2678	117	26	2821
1998	2794	103	21	2918
1999	21	1	13	35
2000	27	7	7	41
2001	24	7	8	39
2002	28	6	8	42
2003	40	3	4	47
2004	51	2	3	56
2005	75	4	3	82

注：1999 年后是规模企业（指年总产值 500 万元以上的企业）数据。

2005 年，工业在国民经济中的比重由五年前 20.9% 提高到 30.8%，第二产业规模首次超过第一产业，工业成为拉动经济增长的主导产业。以制鞋、建材、陶瓷、电子家电、纺织服装、农副产品加工为支柱的工业体系进一步形成和发展。此后，在工业园区建设的带动下，清新县的工业发展走上快车道。

2. 发展老区资源工业

太平镇坚持以经济建设为中心，结合老区的资源优势条件，选准工业发展项目，壮大老区的集体经济。镇政府充分利用老区丰富的水力资源优势，筹资 2300 多万元建成了云雾寨、梅仔坑等 12 个水电站，打造老区集体经济支柱。如 1995 年争取省扶贫工作组的支持，帮助老区山心村解决电站的立项、贷款等问题，顺利建成了楠木电站，使山心成为拥有两个水电站的村委会，集体经济收入总值达 37 万元，排在秦皇山各村的前面。

鱼坝镇的众多老区依山傍水，拥有得天独厚的自然资源。在清新县委、县政府的强有力支持下，鱼坝镇充分利用镇内水资源丰富、溪河汇聚、水流落差大等优势，大力发展小水电工业，在老区先后建立了风云、坝仔等电站，年发电量达 350 万千瓦时，年收益 100 多万元。21 世纪初，鱼坝又通过加大招商引资力度，掀起了兴办小水电的热潮。通过努力，立石电站、秀田坑电站、元墩坑电站、对流电站、新平电站、立石二级电站等 6 个电站先后上马，总装机容量达 1975 千瓦，年总产值 300 多万元，投产后每年可为镇的税收和管理费收入增加 30 多万元。

21 世纪初，龙颈镇老区农村经济和脱贫工作取得一定的成效，原有的落后面貌发生了较大的变化，交通、通讯等基础设施得到改善，为龙颈老区的开发创造了良好的投资环境。龙颈镇政府将山区资源的开发推向社会，实行招商引资。继 2001 年成功引进老区迳口村的水电站建设后，2002 年又在老区马牯坪引进了马牯坪小水电站的开发建设，共引进开发资金 500 万元，装机容量 900 千瓦，填补了龙颈镇老区工业项目的空白。

老区镇南冲以发展经济为目标，立足本地，努力改善投资环境，积极引进外资，注重发展资源型工企业。坚持"你发财，我发展"的指导思想，确保投资者进得来，留得住，有发展，以诚招商，以商引商，实行筑巢引凤战略，提高内外资利用水平。利用资源优势，南冲镇 2001 年成功引进投资 100 万元开办钾长沙场。此后，又引入外资建立了寺洞电站、南坑电站、龙屈电站等。

自建县以来，经历届镇党委、政府努力，招商引资工作取得新突破，老区镇的工业企业有了长足发展。

3. 工业园区建设

从 2000 年至 2005 年，清新县先后启动了 8 个工业园区的建设：太和工业园、太平工业园、山塘工业园、石坎电瓷工业园、禾云工业园、浸石潭工业园、石马河洞工业园、龙颈明珠工业园。这些工业园区全部纳入市经济技术开发区的范畴。受良好的投资环境吸引，广硕鞋业、万国鞋业、双汇、温氏、联统摩托、广英水泥、忠华棉纺、美好电子、标牌陶瓷、富华管桩、森叶纸品等一批在国内都有影响的知名企业纷纷落户清新各镇。进入工业园区的企业，享受政府对"三资"企业在工业园区内有关用水、用电的优惠政策。8 个园区以区域特色经济为基础，以行业骨干企业为主体，适当集中布局，合理分工协作。

此后，工业园区建设持续扎实推进。2007 年分别位于禾云、太平、太和的云龙、太平、太和 3 个万亩产业基地全面启动。云龙产业基地主要有佛山禅城（清新）产业转移工业园，太平产业基地主要有盈富工业园、龙湾工业园、马岳工业园和花清汽配产业园，太和产业基地主要有飞水工业区和太和工业区。是年，位于禾云镇与龙颈镇交界处丘陵地带的云龙产业基地〔佛山禅城（清新）产业转移工业园〕完成征地 5000 亩，平整土地 600 亩，引进项目 13 个，合同投资金额 71 亿元。

2008 年 4 月 29 日，清远市龙湾表面处理基地（原清新县太平镇龙湾电镀定点基地）取得广东省环境保护厅（原广东省环境保护局）批复建设。基地占地总面积 1300 亩，总投资 8 亿元，其中污水处理厂及公用配套环保投入 6300 万元，按照"统一规划、统一管理、统一治污、统一减排"的要求和目标进行规划建设。计划接纳电镀企业 38 家，员工 8000 人，以从事金、银、铜、锌、镍、铬等金属、塑料电镀为主。结合生产区与生活区分离的管理新理念及清洁生产的要求，基地选址及规划、厂房设计、绿化以及污水处理等方面都符合国家有关规定，致力打造示范性环保电镀基地，创造经济与环境保护双赢。

2009 年，佛山禅城（清新）产业转移工业园获批为省级产业转移工业园。全年完成固定资产投资 16.93 亿元，和云路、清禅大道、云龙产业大道、飞鹅水厂管网扩建、110 千伏军营变电站等基础设施建设进展顺利；园区累计引进项目 58 个，合同投资金额 184.6 亿元，其中，英超陶瓷、强标陶瓷、宝仕马陶瓷等 5 个项目建成试产。

2012 年，佛山禅城（清新）产业转移工业园新增基础建设投入 1.36 亿元，供电供水供气排水路网等基础设施建设加快推进，新建成陶瓷生产线 10 条；盈富工业园的飞机起落架维修基地、欣意电缆等 4 个项目动工建设，宏力达塑料等 2 个项目建成投产；龙湾电镀基地污水处理厂一期建成运行，广兴电镀等 5 个项目动工建设，中骏上原汽车零部件等 3 个项目建成投产。3 个园区全年完成工业总产值 36.45 亿元，上缴税收 1.06 亿元。

五、旅游业蓬勃发展

清新县自然景观非常秀丽，山水如画，旅游资源十分丰富，山水自然生态、历史文化古迹、江河湖泊、溶洞奇观、民族风情、特色温泉等各类旅游资源有 60 多处，温泉、漂流、体育、生态等旅游项目较为著名。

1988 年到 1997 年的十年间，清新县旅游经济刚刚起步，年接待游客徘徊在 20 万人次左右，年旅游收入 800 万元左右。1998 年起以创建中国优秀旅游城市为目标，加大旅游业发展力度，清新县旅游经济步入快速发展时期。

1998 年，清新三坑温矿泉建设试营业，建立起温泉度假村以及足球训练基地，很快成为广东省重点旅游区之一，2000 年 12 月被评为国家 AAAA 级旅游度假区。

2000 年，在笔架山林场的革命老区行政村坑尾村和坑口村范围建立起笔架山峡谷漂流，一开张就十分火爆，黄金周高峰期，日接待人数超过 5000 人，享有"广东第一漂"之称。笔架山漂流成功后，清新县又分别在太和镇和革命老区笔架山三坑滩村开发了玄真漂流和古龙峡漂流。单古龙峡漂流，日接游客就多达 1.5 万人。清新漂流业的蓬勃发展，不但给老区人民带来众多的就业机会，还推动了附近一带餐饮、住宿、娱乐用品、土特产销售的发展，老区村民在漂流业的热潮下收益有了明显提高。

2004 年 8 月，清新县根据旅游业的迅猛发展，向广东省旅游局申报创建广东省旅游强县。

2005 年，全县开发并营业的旅游景点有 20 个，打造"中国漂流之乡""中国温泉之乡"和"广东省旅游强县"品牌。年接待游客 429 万人次，比 1997 年的 25 万人次增长 16 倍；旅游收入 15 亿元，比 1997 年增长近 18 倍。同时，旅游业的发展带动了第三产业的发展，2004 年第三产业产值超过第一产业产值，2005 年第三产业产值占全县生产总值的 32.69%，比 1997 年增长 6.99%。

2006 年 1 月，以省旅游局副局长为组长的省旅游强县验收小组到清新县验收。2 月，在全省旅游工作会议上，清新县获得全省第一个"广东省旅游强县"牌匾。至此，清新县形成四大旅游品牌，"广东省首个旅游强县""中国首批优秀旅游名县""中国温泉之乡""中国漂流之乡";五大旅游精品,清新温矿泉、太和古洞旅游风景区、玄真古洞生态旅游度假区、桃源生态旅游区、飞来峡水利枢纽风景区。

继创建广东省旅游强县获得成功后,清新县旅游事业再接再厉,2007 年创建中国旅游强县获得成功,被国家旅游局批准为"中国旅游强县"。旅游业持续兴旺,全年接待游客人数 478 万人次,实现旅游营业收入 22.08 亿元,同比增长 36.3%。

2008 年,累计接待游客 501 万人次,实现旅游营业收入 22.5 亿元。太和被评为"广东省旅游特色镇",三坑镇大陂村被评为"广东省旅游特色村",玄真古洞生态旅游度假区被评为"广东省青少年训练基地"。

2009 年,在珠坑的革命老区骆坑内,建立了清泉湾景区。景区是集度假酒店、动感山泉水城、竹林极速滑水漂流、大型水路拓展训练基地、特色餐厅、会议中心等为一体的生态旅游度假区。该景区的建立为当地老区的发展注入新活力,大大提高当地村民的经济收入。

2009 年,旅游管理工作以科学发展观为指导,以"三产并举、富民强县"为目标,以提高行业服务质量为重点,以"建设大品牌、培育大产业、开拓大市场、营造大环境"为要求,开展项目规划、行业管理和宣传促销,提升全县旅游产业综合素质。年内,获得"中国最佳文化生态旅游目的地"称号。全年接待国内外游客463 万人次,推算旅游收入 16.77 亿元,同比分别增长 18.2% 和 8%。

2010 年 2 月,在广东省旅游工作会议上,清新县被授予"广东省国民旅游休闲示范县"称号;9 月,太和镇被广东国际旅游文化节组委会办公室、中国粤菜峰会办公室评为"广东美食旅游之乡"。全年接待国内外游客 526.6 万人次,旅游总收入 20.1 亿元,分别比上年增长 13.7% 和 19%。

2011 年，全县已开放的景区（点）有 18 个，旅行社（营业部）7 家，较高档次的酒店 5 家，大型特产购物店 2 家。接待国内外游客 600.3 万人次，同比增长 13.9%；推算旅游总收入 36.02 亿元，同比增长 78.6%，稳居全省各县前列。获得"华南自驾游最佳目的地"称号，这是清新旅游获得的第十二张名片。同时，玄真古洞生态旅游度假区、太和古洞旅游风景区、古龙峡原生态旅游度假区、清新温矿泉、清新花园酒店被评为"2010 广东最值得去的地方"；红不让农科大观被国家农业部和国家旅游局授予"全国休闲农业与乡村旅游示范点"荣誉称号；玄真古洞生态旅游度假区、名将温泉运动水疗度假村获得"广东省体育旅游示范基地"称号；太和镇被国家住房和城乡建设部、国家旅游局授予"全国特色景观旅游名镇"称号。在首届广东县域旅游经济发展论坛上，清新县县域旅游综合竞争力位居"2010 广东县域旅游综合竞争力"前 10 强中的第五名。

2012 年 6 月 5 日，首届广东县域节庆经济发展论坛在清新县举办，广东县域经济研究与发展促进会授予"清新漂流文化节"为广东十大最具影响力的节庆活动并颁授了获奖纪念牌匾；6 月，由《广州日报》和《重庆时报》联合在重庆举办的"2011 选美渝粤大型旅游风光评选活动"中，清新县被评为"我最喜爱的广东目的地"，清新县古龙峡原生态旅游度假区被评为"我最喜爱的广东景区"；11 月，中国当代节庆第一届全国大会主席团把"广东清远（清新）漂流文化节"确定为全国最有代表性 50 个当代节庆之一。

六、交通运输业的发展

（一）改变全县的公路交通建设

1988 年，清郊区公路通车总里程 329 千米，公路密度每百平方千米只有 19.2 千米。大部分公路是低等级的沙土路，没有一级水泥公路。公路交通是商品经济流通的动脉，加快公路建设，改变全县公路交通的落后状况，是率先进入现代化的必要条件。建区（县）以来，区（县）委、区（县）政府坚持把公路建设摆在突出位置，遵循"民需民建、民办公助、民工建勤、多方集资"的建设方针，充分调动群众的积极性，掀起公路建设的新高潮。

清连二级公路是旧 107 国道连州凤头岭至清新迳口段的统称，全长 223.26 千米，由 S114 线（清新迳口至水足塘）、G323 线、S259 线、S346 线（连州市区至大路边凤头岭）组成，于 1990 年全线贯通。

1997 年 11 月，清连一级公路建成通车，是国道 G107 粤境的重要组成部分，同时是珠江三角洲地区与广东省中北部地区及湖南省联系的重要通道。

2004 年，全县通镇公路全面实现硬底化。

2005 年 3 月，广东省政府决定对清连一级公路进行升级、改造成清连高速公路，2006 年 4 月，广东省发改委对该项目予以核准并动工建设，于 2011 年 1 月 25 日全线贯通运营，成为许广高速公路的重要组成部分。

2006 年底，全县农村公路硬底化累计完成 700 多千米。

（二）革命老区公路建设

1. 滨江路网建设

2002 年，建设以南北走向的清连一级公路、滨江西线为主干线，东西走向的 S350 线南冲至广宁段、X370 线军营至石坎段、X368 线浸潭至桃源段、X371 线禾云至鱼坝段、X366 线石潭至白湾段等为辅线的将革命老区联系成一体的滨江路网，有效地解决了制约革命老区经济发展的交通瓶颈问题。滨江路网的建成，标志着清新革命老区交通建设步上了一个新的台阶。

在滨江路网建设中，滨江西线是主干线，是建设的一个重点工程。

原滨江西线为砂石路面，因等级低，雨季路面泥泞不堪，行车困难，严重影响了老区的经济发展。滨江西部的广大群众迫切需要一条连接彼此的硬底化道路。

滨江西线根据交通网络被命名为 X409 线。2002 年，该路段的改造问题得到省交通厅的重视，同意安排资金逐年改造。X409 线起点位于清新县浸潭镇圩接 S114 线，贯穿清新县滨江地区，通往四会市威整，全长 71.3 千米。为了进一步完善清新县的交通网络，改善滨江的投资环境，加强滨江各乡镇的联系，方便当地的生产与交通运输，清新县委、县政府决定将浸潭至太平老区秦皇段 63.2 千米按山岭重丘二级公路标准改建；太平秦皇至四会威整段 8.1 千米按山岭重丘三级公路标准改建。工程建设总投资 6000 万元。改造段沿途经浸潭、禾云、龙颈、太平 4 镇共 17 个村委会，受益人口 20 多万人。

浸潭至太平秦皇段于 2004 年 6 月正式动工建设改造，经过半年的努力，于 2004 年 12 月底建成通车；太平秦皇至四会市威整路段于 2005 年 10 月正式动工，2007 年 1 月初建成通车。至此，滨江西线全长 71.3 千米水泥路已全面贯通，有效地解决清新县西北地区老区群众行路难的问题。

如今滨江西线将革命老区的美丽风景连成一线，沙河老区桂湖的望军山风景秀丽，老区秦皇山红色景区曾是无数革命先烈战斗过的地方。这些，吸引了无数自驾游客。滨江西线的建成也带动沿线招商引资和农业综合开发，如沙田柚、砂糖桔的种植，大大推动了老区经济发展和加快脱贫致富步伐。

2. 老区镇南冲的公路建设

南冲镇注重加强基础设施的建设，努力改善投资环境，为老区镇的发展奠定了坚实的基础。1993年投资70多万元修建南冲至北市全长18千米的公路；1996年开通南冲至石坎的公路；2000年投资60多万元完成最后一条村级公路上等级建设，实现了全镇行政村通等级公路；2002年初全线开通南冲至石马水泥公路。

3. 革命老区行政村公路建设

1996年，龙颈镇政府在龙颈圩至107国道的公路实行了硬底化等级标准的基础上，又投入500多万元对龙颈圩至迳口5.5公里的公路实施硬底化改造，使通达沿线革命老区的共和、迳口、马牯坪村实现了硬底化道路的目标。2000年，龙颈镇政府争取了香港同胞的捐资和上级的支持，投入23万元维修了老区石崇村的石崇大桥，恢复了该大桥原有的通车能力。清新县交通部门和龙颈镇政府共同投入资金和水泥维修了共和村中心迳的道路，基本解决了全镇革命老区行政村行路难的问题。

世纪之交，省委、省政府加大了对贫困山区扶贫开发的力度，从政策、财力、物力、人力等方面加强扶持，省、市、县的扶贫办积极做好协调工作，各有关部门努力做好对口扶持。特别是2000年下半年，省委、省政府部署在全省范围内开展扶贫"两大会战"和上年的产业路网建设，三坑镇老区受益匪浅。据统计，2000年至2002年，三坑镇政府通过多层次、多渠道共筹集资金160多万元，完成了全长4千米、宽7米的水泥路建设；其中老区枫坑村至清四公路长2.5千米，老区雅文村至雅文桥头长1.5千米。投入70多万元完成全长8千米、宽9米的产业路路基扩宽，并铺上瓜米石；其中太平北坑经枫坑几个老区村接葵背产业路长5千米，山塘草塘至雅文村全长3千米。从而实现了三坑老区行政村村村通公路。正所谓路通财通，通过"两大会战"和产业路网建设，有力促进了老区村的经济发展。2002 年，三坑镇老区村人均纯收入达 3332 元，比 1988 年增长了 24.7%。

2005 年起，省对革命老区行政村公路硬底化工程提高补助标准，珠江三角洲以外地区革命老区从原来每千米 10 万元提高到 15 万元。清新全县有 64 条总里程 326.3 千米革命老区公路可享受此政策。当年建成革命老区行政村硬底化公路 11 条，里程 41.1 千米。

2005 年至 2010 年，清新县为改善革命老区人民群众的生产生活环境，加快老区发展步伐，就公路建设而言，镇及村就达到 403 千米，200 人以上的自然村已通公路 195 千米。

清新县龙颈镇行政村西坑村是解放战争时期的游击根据地，位于龙颈镇西北部，面积 4.7 平方千米。其中林地面积 7000 多亩，水田 750 亩，群众的经济收入以种养和林业为主。从村委会到镇政府只有一条 8.7 千米的沙土路，路面窄，弯道多，坡度大，交通十分不便，群众需要的生产、生活物资，以及出产的竹、木、水果、蔬菜等农林产品运输困难，多年来制约着群众的生产发展和生活改善。

为加快改善交通条件，西坑村党支部、村委会发动群众，积极筹集资金。2005 年村委会成立了公路硬底化改造建设领导小组，召开支部党员大会和村民代表大会，宣传党委、政府对老区公路建设的扶持政策，通过"一事一议"的方法，要求以自愿为原则，共集资 6.4 万元。同时，组成筹资小组，到广州、深圳、珠海、佛山、清远市区及清新县城等地开展筹资活动，获得乡亲支持，集资 20.5 万元。其中一黄姓民营企业家捐资近 10 万元。另外，在驻村干部帮助下，得到挂扶单位及社会支持共 11 万元，合共筹资 37.9 万元。

龙颈镇至西坑村公路硬底化改造工程，原没有纳入县公路建设改造计划。当西坑村委会筹集到公路建设启动资金呈请报告要求建设时，县公路站经请示县领导研究同意作出纳入县建设计划的决定，随后划拨30万元首期工程款，使西坑村公路硬底化改造工程于2005年11月5日如期动工。2006年11月，西坑至龙颈镇公路硬底化改造完成。

路通财通。西坑村公路实现硬底化后，运输条件的改善使群众的种养积极性大大提高，2007年全村农业布局进一步得到调整。一是利用较好的气候条件，使水田从单一种植水稻到大力发展蔬菜种植，种菜由50亩扩大到200亩；二是利用山地大力发展经济林，山林发展到3000亩，笋竹等1000亩，果树、药材等种植使村民收入增加，壮大了西坑村的集体经济，提高了群众的生活水平。

七、扶贫工作继续深化

（一）结对扶贫

1995年，清新县扶贫办对全县特困户进行调查摸底，造册登记、拟定帮扶计划，制定干部挂钩扶持贫困户方案，全面开展"百局扶百村，千干扶千户，万人齐攻坚"（简称"千干扶千户"）的结对扶贫活动。

1997年，全县组织101个县直机关3000名干部挂扶2100户绝对贫困户，又从县、镇机关中抽调151名干部组成工作队进驻44个行政村开展农村基层组织建设工作，落实县直机关扶持行政村的责任制，全县2100户绝对贫困户当年就解决了温饱，消除了绝对贫困。2001年又对年人均纯收入1500元以下的贫困户落实结对挂扶，市直扶持单位和县、镇干部3157人对全县2986户特困户进行挂钩扶持。挂扶干部深入挂扶农户了解情况，与扶持户共同商讨脱贫致富计划，并筹集扶持资金。当年全县投入资金150万元，落实生产项目3860个，扶持贫困户种植果树1794.5亩、竹597亩、瓜菜618.5亩、优质稻211亩、药材17亩，水产养殖126.5亩，饲养"三鸟"6.21万只、生猪2058头、肉狗30只、耕牛59头，支持肥料5900千克。

2009年6月25日，省召开扶贫开发"规划到户责任到人"工作电视电话会议，根据会议精神和《中共广东省委办公厅、广东省人民政府办公厅关于我省扶贫开发"规划到户责任到人"工作的实施意见》（粤办发〔2009〕20号）精神，清新县迅速把扶贫开发"双到"工作摆上重要议事日程，多次召开会议研究部署此项工作。2010年，除省、市和佛山帮扶单位整村推进帮扶49个贫困村及村内的贫困户外，清新县按照要求把干部职工挂扶到19个贫困村及面上的贫困户。县"双到"办不定期深入68个贫困村中指导各帮扶工作队制定帮扶工作方案和年度工作计划，要求对每户贫困农户都制定具体的稳定增收脱贫的帮扶措施。全县68个贫困村均已100%落实了帮扶责任单位，所有贫困户均已100%落实了帮扶责任人，"一村一策"和"一户一法一干部"的挂钩帮扶机制全面建立。此后，扶贫"双到"工作逐年深入并取得良好效果，包括众多老区在内的贫困村住房、道路、饮水、村容村貌、农田水利设施、基层组织建设及社会保障、教育等方面获得显著改善，群众的生产生活条件和自我发展能力得到大幅提高。

龙颈镇五星村是一个山多田少的革命老区行政村，下辖3个老区村庄青皮坑、崩岗坑、办坑顶。该村共有337户1500人，2009年人均年纯收入为4850元，人均年纯收入在2500元以下的贫困户有26户（其中10户属五保户，16户由检察院干警对口帮扶），是清新县68个贫困村之一。在个人"一对一"帮扶上，挂扶单位坚持长短期结合，逐步使贫困户脱贫致富。县检察院李灶阳检察长先后 7 次下到五星村和贫困户家中，为扶贫对象罗某购买了 20 只鸭苗，并承诺长大后以高于市场价购回；政工科长傅勇军花 500 元为帮扶户廖某购买鹅苗；反贪局干警孙波在了解到扶贫对象有一名不满一周岁的小孩患先天性唇腭裂，却无钱医治的情况后，主动联系有关慈善基金，为其申请到"重生行动"的免费治疗机会，顺利实施了第一期矫正手术。2010 年 9 月以来，该院积极开展节前送温暖活动，全院干警为帮扶对象送去月饼、食用油，折合资金共计近 9000 元。

2012 年 11 月底止，中国移动广东公司用了三年时间对口"双到"帮扶清新县太平镇革命老区秦皇村建设幸福家园取得了明显成效。秦皇村共有 31 个自然村村民小组，总人口 2890 人，分布在 40 个山坳中，其中贫困户 84 户 189 人；耕地 2488 亩，林地 5 万多亩；2010 年农民人均年收入 4800 多元。该公司一是成立扶贫小组，筹集政府、社会、自身等扶贫资金 1407.91 万元，选派人员驻点，以"一对一"的扶贫方式和建立"大户 + 小户""公司 + 农户"、专业合作社、专业户等四种形式，着力发展绿色蔬菜种植业、秦皇鸡养殖业、枸树土猪养殖业、黄牛养殖业等特色产业基地，发展农村经济，使村集体经济年收入达到 14 万元，村人均年收入 8757 元，全部解决了贫困户 84 户人口的脱贫问题。二是帮扶整村推进幸福安居工程示范村建设。全面整治村容村貌，整治"脏、乱、差"；31 个自然村全部铺设饮水管，解决村民饮用水安全问题；新建灌溉引水渠道 5 千米，灌溉农田 800 亩；修筑 18 个自然村主干道水泥路 26.2 千米，解决行路难问题；新建医疗室解决看病难问题。这些建设有效地改善了村民生产生活条件，增强了村民的幸福感。三是帮助秦皇村推进科技兴农。建立太平镇首个多媒体电教室和秦皇村全省信息化惠农展示窗口，引入无线视频远程视频监控系统、G3大眼睛、二维码农产品管理系统、致富宝平台等业务，促进农产品的销售。四是助力发展老区教育事业。为秦佛小学更新学校设施，建立信息平台，强化师资力量，建设教学楼、学生宿舍700平方米，购置新课桌130套，置换了学生床铺100套，购入教学用电脑11台，提高了教学质量。中国移动广东公司对口"双到"帮扶工作，让老区干部群众感到满意，被清远市授予"扶贫开发'双到'工作先进单位"称号。

（二）迁移扶贫

清新县有很多处于边远分散状态的自然村庄，包括一些革命老区，这些村庄多数分布在山区，自然条件普遍较差，山地多、耕地少、土层薄，存在地质灾害隐患，且交通不便，不具备生产条件和生活条件（简称"两不具备"），发展十分困难。为彻底解决这部分贫困村庄脱贫致富问题，政府决定对这些"两不具备"的贫困村（自然村，下同）的农户在自愿的基础上实施搬迁安置。

从2005年起，用四年时间，扶持全县86个边远分散革命老区村庄群众搬迁，彻底解决"五难"问题。当年，省、市支持150万元，重点抓好飞来峡镇高田老区行政村石颈村和龙颈镇南冲片区老区行政村镇平村等163户839人的建房搬迁安置工作。县对移民新村实行统一规划和设计，建房资金以农户自筹为主，政府给予适当补助。

此后，省、市、县继续加大"两不具备"贫困村搬迁力度：2009年，浸潭镇桃源、石潭白湾共建设2个移民新村，对居住在边远分散、生产生活条件恶劣和解决"五难"问题成本过大地区的贫困户实施搬迁移民，共搬迁安置贫困户160户。其中白湾移民新村已列为省示范村，每户给予1.45万元的补助。2011年，

463 户"两不具备"贫困村庄移民搬迁安置任务全部落实，其中建设集中安置点 5 个（分别是石潭镇白湾点、浸潭镇桃源点、龙颈镇镇平点、白石圩点和白芒大禾坑点），集中安置农户 322 户，分散搬迁安置 141 户，各级投入补助到户资金 2084 万元，投入安置新村基础设施建设资金近 1000 万元。

（三）技术扶贫

为实现脱贫致富，各级部门积极开展农村实用技术培训工作，举办种植灵芝、蔬菜、水果以及养猪、养鸡等各类型的技术培训班，大大提高了贫困户的生产能力。

1998 年，省老促会在南雄市举办白果种植管理技术培训班，笔架山、鱼坝等 8 个镇（场）部分革命老区村的干部和专业户 31 人参加学习培训。

2001 年，县老促会组织部分革命老区村的农户 24 人到佛冈学习美国青蛙养殖技术。

2002 年结合"千干扶千户"的结对扶贫工作，全县举办农业科学实用技术培训班 44 期，培训农户和扶贫骨干 8800 人次，已掌握 1 门实用技术的贫困人口有 1.33 万人，贫困户户均 0.95 人。

2005 年 8 月 30 日，广东省启动广东省百万农村青年技能培训工程。按照培训工程规划，从 2005 年到 2010 年，全省将组织 100 万农村青年参加技能培训。培训工程以欠发达地区和农村贫困户劳动力培训转移就业为重点，对年均收入 1500 元以下的农村贫困户青年劳动力实行全免费培训并推荐就业，使农村贫困家庭实现脱贫。

2009 年，输送 132 名贫困户子女入读高级技工学校，同时抓好广东省清新扶贫培训中心的汽车驾驶和汽车维修培训工作和农村实用技术培训工作，委托有关单位和农业龙头企业举办各种类型实用技术培训班，培训人数 3500 人，投入资金 25 万元，进一步提高贫困户的务工种植技能和素质。

2009 年开始，清新县由县投资创建农村劳动力就业培训基地，免费举办培训农村和革命老区六期学习班，参加培训的 2563 人全部转移就业。

（四）资金扶贫

为解决贫困户发展资金短缺的难题，清新县根据各贫困村产业发展的实际情况，2008 年首先在浸潭镇建辉村、禾云镇新塘村和山塘镇革命老区行政村西沙村建立贫困户发展互助组织，积极推进贫困户发展互助金试点工作，三个试点村累计发展入股会员 128 人，股权 297 股，发放资金 22.35 万元。同时切实抓好贫困户小额贷款贴息工作，严格按照有关规定，积极动员广大贫困户进行贷款，享受贴息。2010 年互助金试点工作扩展到 13 个村，全县先后投入 320 万元，禾云镇新塘村的冬瓜种植，浸潭镇建辉村的山羊养殖、黄田村的小白菜种植等获得启动资金。

龙颈镇的革命老区行政村五星村，根据清新县"规划到户责任到人"扶贫开发安排，该村由检察院和国税局、消防大队共同帮扶。2010 年 11 月，政府积极为该村争取到省、市扶贫资金共 25 万元，在此基础上，3 家挂扶单位又主动筹集资金 5 万元，共 30 万元。为充分运用好这笔资金，保障村集体有可靠的经济来源，11 月中旬，挂扶单位利用清远市重点企业新亚光电缆厂老板是五星村人的关系，以优惠条件与新亚光电缆厂签订注资合同，由五星村将扶贫专项基金 30 万元注资新亚光电缆厂，以后该厂每年给付五星村分红 4 万元，并在第十年后归还本金 30 万元。该项目为确保五星村集体收入脱贫打下了坚实的基础。2010 年以来，通过提供资金、介绍就业、扶助职业培训等方式，已成功帮助五星村 8 户贫困户实现了人均年收入超 2500 元。

（五）产业扶贫

2000年，清新县引进广东温氏集团、广州英吉利实业有限公司等一批国家级农业龙头企业，以"公司+基地+农户"模式带动农民致富。温氏集团在太平投资兴办年出栏量20万头商品肉猪的清新县养猪基地，带动当地600户农民养猪致富。广州英吉利实业有限公司兴办的鸸鹋养殖场，年产澳大利亚鸸鹋30万只，带动1万户农民养殖。清新县培育发展扶贫农业龙头企业4家，其中根本科技扶贫有限公司为国家级扶贫农业龙头企业，绿源农副产品有限公司、天龙食品有限公司为省级扶贫农业龙头企业，石马宏宇食品厂为县培育农业龙头企业。4家扶贫农业龙头企业带动1.86万农户发展种植反季节蔬菜、花卉和食用菌、养鸭等，农户户均年增收1500元。省扶贫办每年在贷款贴息、扶持农业龙头企业发展上给予支持。

2002年，全县农业龙头企业带动贫困户1.73万户，每户平均增收2200元。2003年带动农户1.8万户，户均增收2000元。形成一批以蔬菜、花卉、优质水果、食用菌、优质水产、清远麻鸡、乌鬃鹅、瘦肉型猪、优质稻等种养为主的农业商品生产基地和特色农业品牌。2005年，带动1万农户发展种植食用菌、反季节蔬菜、肉鸭饲养等，户均增收2000元。

2010年，全县共扶持贫困村发展集体经济项目82个，扶持贫困户发展经济项目8016个。如省国资委帮扶石坎革命老区行政村中洲村建立金银花产业基地；省广弘公司为石潭镇南楼村建立了药蔬专业合作社，投入120万元建立了300亩的中草药种植基地，带动贫困户70户；浸潭镇建辉村培育了山地羊养殖；浸潭镇黄田村建立起小白菜干品牌等等。全县产业化经营的步伐和规模进一步得到加快和壮大，有各类农业化经营组织1296个，其中市级以上农业龙头企业11个、省级农业龙头企业2个，自有和辐射带动生产基地种植面积 1045 万亩，辐射带动农户 4.92 万户，其中贫困户 0.43 万户。

（六）旅游扶贫

清新县政府出台多项促进革命老区乡村旅游发展的政策，积极发展乡村旅游扶贫产业，引导老区贫困群众参与旅游服务和与之相关的生产、流通行业，拓宽劳动力转移就业和农民增收致富渠道，带动贫困地区群众增收。

太和镇革命老区行政村五星村，下辖庙仔岗、灯盏岗、车公咀 3 个革命老区村庄，利用丰富的自然旅游资源和红色旅游资源，以及便利的交通条件，先后引入了五星漂流项目和水产、"三鸟"养殖等项目，带动了当地旅游业和观光农业的发展。2006 年以前村委会每年收入不到 2 万元，自从有了生态林、漂流、水产养殖业等项目进入后，村委会的集体经济收入增加了，2010 年总收入就达 23 万元，村民的人均年收入也增加到 4000 元。

（七）教育扶贫

愚昧与贫穷同在，文明与富裕共存。老、偏、远山区的相对贫穷与落后，社会发展与其他地区的差异，很大程度上是人的观念落后和素质的差异。清新县大部分老区地处的自然环境恶劣，除经济落后外，他们受基础教育服务的程度均低于发达地区的群众。因此教育上的扶贫比经济上的扶贫在某种意义上更具深远意义。各级政府和部门以及社会的爱心组织和热心人士，对老区的教育扶持可谓倾尽无数心血。

1991 年至 1998 年，龙颈镇政府在上级教育部门的支持下，共投入 40.8 万元，分别为西坑、迳口、炳水三地老区行政村建设校舍 1237 平方米，实现了校舍楼房化的目标。随着教育机构改革和乡村学校的撤并，为重点保障老区教育资源的合理配置，2002 年，市老区促进会对西坑小学的建设发展给予了极大的关怀，拨款30万元兴建了西坑小学300多平方米的教学楼，使西坑小学的教学设施得到进一步完善。

鱼坝镇是贫困的山区镇，有众多的革命老区村。一直以来，鱼坝镇各项公益事业都得到上级部门及社会各界热心人士的大力支持，特别是学校的校舍和校园建设、室内的设备等方面。1993年，香港教育促进会逸挥基金资助了33万港元建设鱼坝中心小学教学楼；同年11月，在香港马公章、刘宪新等一批社会热心人士纷纷解囊，及香港希望之友教育基金会、香港沙田工商联、香港展能助学基金会、香港晶苑集团等的帮助下，共筹集资金344万元，对升平小学、东风小学、鱼咀中学科技楼、黄沙小学教学楼、新塘小学教学楼、三联学校教学楼等进行改造、建设，从而大大改善了全镇的教学环境。

1998年，由省老促会副理事长牵线，香港同胞霍英东资助1.5万元，县政府资助5000元，县贸易局资助2000元，给老区镇南冲慈荫中学作奖教奖学基金。同年3月2日，南冲慈荫中学召开有省、市、县老促会及县领导、镇、村干部和师生1300人参加的颁奖大会，有120名师生获奖。

2001年，省老促会筹集资金，对革命老区"三无"（无劳动、无依靠、无法定生活保证）贫困学生给予补助，解决清新县90名"三无"贫困学生学费共4.5万元。

一、中共清新县委员会的建立

1988 年 3 月，市委组织部通知，经省委批准，范金樯任中共清远市清郊区委委员、常委、书记，肖伟荣、邓师镜任中共清远市清郊区委委员、常委、副书记，潘国培、阮灶新、徐觉荣任中共清远市清郊区委委员、常委。6 月，中共清远市清郊区委员会在太和洞原清远干部疗养院（今区一中）举行挂牌仪式。1990 年 4 月 7 日至 10 日，召开清郊区第一届党员代表大会，选举产生中共清郊区第一届委员会。1992 年 6 月，中共清远市清郊区委员会更名为中共清新县委员会。

至 2005 年，清新县委下辖清新县纪律检查委员会、清新县委办公室、清新县委组织部、清新县委宣传部、清新县委统一战线工作部、清新县委对台湾工作办公室等 17 个工作机构。

在各镇，各届党委会由镇党代会选举产生，由 5 至 14 名委员组成，设书记一人，副书记 2 人到 5 人，任期三年，2002 年起改为五年。

二、中共清新县代表大会的召开

1990 年 4 月 7 日到 10 日，在清城剧场，召开了清郊区第一次党员代表大会。出席大会的应到代表 240 人，实到代表 239 人。

大会审议并通过由区委书记范金樯代表区委作的题为《加强党的建设，密切联系群众，为开拓文明富庶清郊区而努力奋斗》的报告；审议并通过《严肃党的纪律，进一步搞好党风建设》的报告。大会选举产生中共清远市清郊区委第一届委员 25 人，候补委员 4 人；选举产生中共清郊区纪律检查委员会委员 14 人。

至 2012 年，清新县一共召开了六次县党员代表大会。而镇党员代表大会则三年召开一次，由镇党委书记作报告，总结三年的工作情况，提出今后三年的工作任务，选举产生新一届党委和纪委。1990 年 1 月到 2012 年 12 月，各镇先后召开八次党代会。

三、基层党组织概况

1988 年，全清郊区有基层党委 18 个，党总支部 18 个，党支部 442 个，党员 9000 人。2005 年，全县有基层党委会 13 个，总支部委员会 21 个，支部委员会 610 个，党员 1.83 万人。至 2012 年，清新县下辖 8 个镇，199 个村（居）委会，党组织基本以镇、村、社区、县直机关单位、非公经济组织、社会组织为单位设置，县委辖下有 586 个基层党组织，其中基层党（工）委 13 个，党总支部 25 个，党支部 548 个；有党员 17873 人，其中农民党员 9821人，占 54.95%；女党员 3602 人，占 20.15%；少数民族党员 76人，占 0.43%；35 岁以下 3704 人，占 20.72%，60 岁以上 6303人，占 35.27%；高中以上学历 9174 人，占 51.33%，大学专科以上学历 5216 人，占 29.18%。

四、发展党员

发展党员工作是党的建设一项经常性重要工作，是党的建设新的伟大工程的一项基础工程，是党员队伍建设的重要组成部分。

1988 年至 2001 年底，全县共发展新党员 5007 人。

2005 年，清新县制定了《清新县 2005 年度发展党员工作计划》和《关于进一步加强新形势下农村发展党员工作的意见》（草案），落实发展党员工作报告制度，全年共发展新党员 358 人，其中 35 岁以下 245 人，占发展党员总数的 68.44%；女党员 102 人，占 28.49%；高中以上文化程度 228 人，占 63.69%。

2006 年，全县共发展新党员 326 人，其中 35 岁以下 232 人，占发展党员总数的 71.17%；女党员 92 人，占 28.22%；高中以上文化程度 233 人，占 71.47%；入党积极分子 545 人。

2007 年，全县共发展新党员 457 人，其中 35 岁以下 284 人，占发展党员总数的 62%；女党员 105 人，占 23%；高中以上文化程度 280 人，占 61%；在建制村中发展党员 227 人，占 50%。

2008 年，全县共发展新党员 389 人，其中男性 284 人，女性 105 人；35 岁以下的 253 人；高中以上文化程度的 254 人；在农村中发展党员 235 人。

2009 年，全县共发展新党员 418 人，其中男性 297 人，女性 121 人；35 岁以下的 279 人；高中以上文化程度的 285 人；在农村中发展党员 244 人。

2010 年，全县共发展新党员 463 人。

2011 年，全县共发展新党员 472 人，其中农村发展党员 298 人，男性 339 人，女性 133 人；35 岁以下的 305 人；高中以上文化程度的 320 人。

2012 年，出台《清新县农村党员提质工程实施意见》，推行入党申请人和发展对象自述答辩制度、书面测评制度。全年发展党员 503 人，其中农村 332 人，分别比上年增加 31 人和 34 人；男性 357 人，女性 146 人；35 岁以下 332 人；高中以上文化程度 341 人。

第八章

新时代，新跨越

第一节 社会发展迎巨变

一、教育发展步入新阶段

中共十八大于 2012 年 11 月 8 日在北京召开。这次大会，是中国共产党在全面建设小康社会的关键时期和深化改革开放、加快转变经济发展方式的攻坚时期召开的一次十分重要的会议，对全国各族人民继续全面建成小康社会、加快推进社会主义现代化、开创中国特色社会主义事业新局面具有重大而深远的意义。

撤县设区，给清新带来了难得的发展机遇和有利条件。为深入贯彻落实党的十八大精神，踏卜清新区发展新征程，清新区全力加快经济发展，扩大招商引资，突出保障改善民生，打造宜居城乡，促进社会和谐，全力开创各项事业新局面。

社会的发展，归根结底离不开人才的培养、民众素质的提高。这些，皆与教育的发展息息相关。十八大以来，清新区继续加大对教育的投入，加快教育现代化建设，切实提高教育教学质量。

2014 年，全区 163 所中小学校（含教学点）均已接入基础教育专网并开通使用，同时通过清新移动联合验收小组的验收，实现"校校通"，促进全区教育信息化的发展。在此基础上，清新区教育局在 2015 年全力推进"班班通"工程建设，新增计算机及多媒体设备、建设电子阅览室等。2016 年，全区中小学校普通教室"班班通"设备达 2065 套，全区公办中小学校"班班通"

覆盖率达到 100%。同时，清新区教育局为全区中小学教师配备办公电脑，为推进教育现代化工作提供了良好的设备技术支持，并通过多种培训渠道对教师进行培训，大力提升中小学教师对信息化技术设备设施的使用水平和应用能力。

2015 年，清新区创建成为全国义务教育发展基本均衡县（区）。区教育局完成 2015 年国家义务教育质量监测工作，被教育部基础教育质量监测中心授予国家义务教育质量监测"县级优秀组织单位"称号。石潭镇创教育强镇通过省督导评估验收，被省教育厅授予"广东省教育强镇"称号。至此，清新区实现"广东省教育强镇"全覆盖。

2016 年，清新区教育局启动教育现代化先进区创建工作，在多个革命老区行政村设立了众多的分教点，如三坑镇雅文小学及其湴塘分教点、禾云镇鱼咀小学新塘分教点等。随着这些学校（教学点）被清远市教育局复查认定为清远市义务教育标准化学校，清新区实现了义务教育学校和教学点标准化建设全覆盖。

2017 年，全区中小学校在实现了"校校通""班班通"的基础上，建立云教育资源平台，按照项目阶段性实施目标，完成了教师平台使用培训，广大教师充分利用该平台进行资源共享，有效促进教研教学。同时，积极推进教育资源向乡镇和农村下移，义务教育标准化学校率达 100%，普通高中"改薄"全面完成，实现了普通高中优质学位全覆盖，教育质量也年年攀升。

二、医疗卫生新发展

（一）三级农村医疗体系的建设

进入新世纪，随着社会经济的不断发展，人民群众对医疗卫生保健的要求越来越高，如何保障人民群众公平地得到基本医疗保健的问题，越显突出。清新区按照医疗卫生机构设置规划、合理调配卫生资源，健全和完善了县（区）、镇、村三级农村医疗卫生体系和网络。其中，区人民医院（前身是县人民医院）主要承担全县急危重病人以及突发重大疾病、传染病的救治任务；镇卫生院承担整个镇的医疗救治、预防保健和乡村卫生站管理等职能；卫生分院主要从事常见病、多发病的诊疗业务和预防保健工作；乡村卫生站是三级医疗卫生保健的最基层"网底"，主要承担广大乡村群众最基本的疾病防治、保健及农村公共卫生、妇幼保健宣传教育等任务。另外，重大传染病和突发公共卫生事件应急机制也逐步完善，以区疾病预防控制中心为龙头的公共卫生应急体系建设不断规范，各项应急机制随时处于较好的预警状态，疫情报告制度健全，疫情网络直报正常运作。

在三级农村医疗卫生体系的建设过程中，清新区对革命老区的医疗建设投入也不断加大。

2013—2017 年清新区财政对革命老区卫生院建设投入情况

（单位：万元）

年份	项目					合计
	2013	2014	2015	2016	2017	
房屋建设	204.76	740.5	427.25	35	135	1542.51
设备配套	90.9	0	46	381.9	401.6	920.4
人员经费	506	0	28.46	2182.09	3967.88	6684.43
其他	439	355.47	98.8	3463.14	1324.48	5680.89
合计	1240.66	1095.97	600.51	6062.13	5828.96	14828.23

2016 年，三坑、山塘、太和、禾云、龙颈、太平、笔架等老区卫生院及卫生分院的升级改造基本完成。截至 2016 年底，清新区已建设标准化村卫生站 143 个，极大提高了群众的幸福感。据统计，单太平镇卫生院的门诊年就诊人数从 2012 年的 16.7 万人

次提升为 2016 年的 18.12 万人次，极大地满足了附近居民的看病需求。

至 2017 年，清新区共有医疗卫生机构 383 个（所），其中区级医疗卫生机构 4 个，分别是区人民医院（加挂了清远市第二人民医院牌子）、区中医院（公益二类事业单位）、区疾病预防控制中心（区慢性病防治站、公益一类事业单位）、区妇幼保健计划生育服务中心（为公益一类事业单位）。基层卫生院 16 家，均为公益一类事业单位。其中，太平镇卫生院始建于 1958 年 8 月，是一级甲等医院、爱婴医院，负责该镇的医疗卫生、疾病预防控制和卫生监督等工作。村卫生站 261 个，其中 179 个纳入了镇村卫生服务一体化管理。民营、个体诊所、医务室等社会医疗机构 102 个。

（二）建设乡镇中医馆

2012 年以来，清新区陆续在老区乡镇卫生院建设中医馆，由省拨款、花都帮扶和区财政投入筹建，在清新区 8 个乡镇建设 15 家中医馆。其中，在已建成的三坑中医馆内，还配备了高科技智能中药房，跟传统的中药百子柜不同，这个中药房根据医生开具的药方，在电脑上输入剂量，就能智能定量配制。而配制出来的中药是颗粒状的，百姓只要一冲水就能喝了，既方便了大众，又提高了效率。

这些中医馆的建成，除了让百姓在家门口就能接受中医治疗，缓解看病难等问题，也促使了城乡中医，乃至整个医疗服务网络的完善，让老区乡镇医疗更好地服务群众。

（三）加强人才建设

在人才建设方面，各镇也会定期举办计生专干培训，为新老计生专干充电。此外，还有部分乡镇卫生院也与广州医院存在合作帮扶关系，定期交流学习，促进人才建设，提高自身医疗水平。

据统计，2016 年清新区共组织举办和参加上级举办的各类短期培训班共 37 期，培训人员 5308 人次；分期分批组织了 42 名卫生技术人员到二级以上医院进修学习。

此外，在清新区人民医院，针对护士节等节点，医院也会定期组织学习交流，举办相关比赛等，提升护士们的医护技能。为了传播社会正能量，2017 年，清新区还开展了十大最美医生、十大最美护士评选活动，这也极大地鼓舞了全区医护人员，让他们更热爱医护岗位。

由于三级农村医疗体系的完善，乡镇中医馆的建设以及医疗人才的培养，清新区增强了医院诊疗能力，提升了医疗服务水平，完善了乡镇医疗设施，让乡镇居民不用坐车到市区就能看病，大大满足了乡镇群众家门前就医的需求。

三、工业持续发展

（一）工业园区建设持续推进

2013 年，按照清新中心城区"一心两翼"的发展定位和建设工业新城的总体要求，完善园区功能区块划分及产业空间布局，统筹整合有效的土地资源，加快推进佛山禅城（清新）产业转移工业园扩园工作，优化整合太平镇盈富、马岳工业园和龙湾电镀基地，使各镇的园区基础配套设施建设进一步完善，产业集聚发展能力进一步提升。

2014 年，佛山禅城（清新）产业转移工业园投入 1.2 亿元，启动了滨江水厂一级泵站和倚云路、禾峰路、富康路等主路网建设，完成保障房综合楼、邻里服务中心一期、110 千伏珠坑至英超陶瓷十二回路出线电缆沟工程（英超至顺昌公司南段）；新引入浴室柜联盟 8 家企业，总投资 7.53 亿元；先导公司高纯稀有材料生产和研发建设项目，完成铟、镓、锗车间的设备安装并投产一条生产线；强标、宝仕马、港龙、汇翔等9家陶瓷企业进行二期增资扩产建设。同时，清新区利用广清对口帮扶的机会，加强与花都区在产业方面的对接和合作，在太平镇盈富工业园附近调出88.6公顷用地由花都、清新两地共建汽配产业园。

2015年，清新区投入建设资金1.93亿元，加快推进佛山禅城（清新）产业转移工业园、盈富工业园、龙湾电镀基地等工业集中区的路网、供水、供电等基础设施建设；同时，清西产业集聚区获得省经信委批复，享受省级产业转移工业园优惠扶持政策。花都汽配产业分离器借力广清帮扶，园区规划设计、土地调规工作全面完成，"一横一纵"道路建设正式启动，新签招商项目16个，引进劳卡家具、金钟汽配、振宇机械、浩德纳米科技等工业项目；清远抽水蓄能电站首台机组投产发电，110千伏珠坑变电站3号主变扩建工程投入运营，110千伏平湾输变电工程基本完成；龙湾电镀基地有18家企业进驻，2015年纳税3000多万元。

2016年，清新区新引进粤江整车、敏实集团等2个投资超50亿元项目，清远抽水蓄能电站、飞机起落架维修等11个项目全面建成投（试）产，汽车零配件、新材料等产业集群加快形成。

2017年，清新区继续以招商引资为纲，通过进一步创新招商引资，不断改进招商模式、创新招商手段、优化投资环境，继成功引进敏实集团产业项目后，又陆续引进广东省南方彩色制版、金钟汽配、致鸿物流器材、清远海贝科技、泰宝等6个工业项目，引导清远市新金山陶瓷有限公司等6家建陶企业进行技术改造，不断引领园区产业升级，优化园区产业结构。

（二）继续扶持老区发展资源工业

清远市委、市政府按照本地区主体功能的要求，统筹规划，合理布局，加大扶持老区发展资源工业。清远市和清新县政府利用老区秦皇甘竹顶水力资源优势，引进建设清远抽水蓄能电站，总投资 40 多亿元。

清远抽水蓄能电站（简称清蓄站）是南方电网继广州抽水蓄能电站、惠州抽水蓄能电站之后建立的第三座蓄能水电厂。清蓄站从 2006 年 2 月开始启动前期工作，2009 年 2 月通过国务院总理办公会议批准，2010 年 6 月主体工程开工，2016 年 8 月投产发电。

在电站建设过程中，取得上下水库蓄水一次成功、上下游水道充水一次成功、三大高压设备充电一次成功、4 台机组考核试运行一次成功、4 台机组满载同时甩负荷试验一次成功、动水关球阀一次成功，这 6 个 "一次" 和国内自主研发的自动化监控系统等多项技术管理应用都属于国内抽水蓄能电站首次。

2012 年 4 月，清远蓄能发电有限公司（简称清蓄公司）成立，负责经营清远抽水蓄能电站的投资与管理。为了让老区人民 "搬得出、稳得住、能发展"，清蓄公司在电站建设过程中除了按照国家的相关政策做好移民的生产、生活安置外，清蓄公司党委还与太平镇党委共建，清蓄公司综合党支部与移民所在的龙湾党支部共建。同时清蓄公司还实行电站用工同等条件老区移民优先、每年安排 10 万资金支持清新区扶贫事业、2 万元助学金购书或学习用品赠送老区移民所在地学校等。在各方的共同努力下，在电站全面投产的同时，完成了征地移民安置的专项验收，实现了移民 "搬得出、稳得住、能发展" 的目标。

清蓄站是以高标准设计建造的一个抽水蓄能电站，装有 4 台 32 万千瓦可逆式水力发电机组，总容量为 128 万千瓦。每年可节约标煤 9.58 万吨，减少因燃煤发电而产生的粉尘排放 38.8 万吨，减少温室气体排放 1801.09 吨。清蓄站成为国家电网、南方电网以及其他发电集团的标杆。

四、特色旅游新活力

清新区旅游事业的不断壮大，除了继续打造"亲情温泉、激情漂流、体育休闲、生态旅游"等四大特色品牌外，还向纵深发展，积极发展乡村旅游和民宿经济。

2015年9月23日上午，清新区在清新笔架山旅游度假区召开乡村旅游新闻发布会，正式发布清新区委、区政府《关于加快发展休闲农业与乡村旅游的意见》以及《清远市清新区民宿管理办法（试行）》等对乡村旅游支持的新政策，新政着重强调对民宿经济的开发和扶持，以"农综改＋乡村旅游"打造清新乡村旅游升级。发布会详解清新区内五大民宿度假区：秦皇山养生谷国际民宿度假区、桃花湖国际民宿度假区、龙颈古村落民宿度假区、石湖生态民宿度假区和白湾民宿度假区良好的自然和人文资源，并成功与6个清新民宿项目现场签约。

至2017年，已开业的民宿有8家，分别是太和古洞有居民宿、二十一度山居、笔架山毛坪村山外壹号民宿、桃花1号民宿、龙颈镇大坳村清新人家、石马村咱家民宿、三坑镇九牛洞民宿、浸潭镇六甲洞下迳村民宿；正在试业的民宿有1家，是浸潭镇塘坑村民宿；正在建设的有7家，分别是太平镇三一村民宿、龙颈镇静巷原舍民宿、禾云镇西社毛仕居清新人家和长江村民宿、浸潭镇虎尾村民宿和隐世桃花源民宿、石潭镇联滘水西村清新人家；完成规划设计的有2家，分别是三坑镇安庆围清新人家、浸潭镇西溪子民宿。另外，清新区还大力支持乡村旅游项目建设，主动协调解决项目建设过程中碰到的用地、用水、用电、通讯、道路建设等问题。目前，三坑九牛洞、安庆兴农乐、清远国际花博园、龙颈石岗梦幻诗歌景区、浸潭下迳小华山风景区、石潭水西村初心农庄等6个乡村旅游点已建成开业。

在乡村游的大潮趋势下，清新老区乡村抓住机遇，发展特色旅游，乡民的收益明显提高，乡村的面貌焕然一新。

农村综合改革以来，太平镇不断整合土地，发展农村种植业。2015年，太平已种有火龙果3000多亩。8月12日，太平镇举办了首届火龙果产业文化节，现场让旅游观光团及市民品尝火龙果、观光种植基地、体验采摘乐趣。太平镇以革命老区行政村北坑村的首届火龙果产业文化节及农家乐文化推介会为契机，大力发展老区北坑村、天良村等村民小组成为火龙果"一乡一品"专业村，以火龙果作为龙头特色水果，同时以休闲旅游为引线，打造食、玩、住一体的乡村游片区。

三坑镇的革命老区行政村枫坑村是省定贫困村，下辖22个村民小组。近年来，该村通过转型发展，把特色种养＋农副产品深加工作为支柱产业，采取"农综改＋贫困户＋专业合作社＋基地＋电商＋乡村旅游"的发展模式，逐渐走稳脱贫路。2017年，枫坑村进入了脱贫巩固期，该村根据三坑镇打造美丽田园的规划，连片推进5个村民小组参与建设，发展乡村旅游，以此带动该村产业经济发展。

清新特色旅游蓬勃发展，2017年继续投入3500万元支持各镇发展乡村旅游，并投入8024.1万元抓好103个村的美丽乡村创建工作，通过"五个一"活动和建设污水处理系统，乡村环境大变样。一个个乡村亮点，正在汇成清新发展美丽经济、惠及民生的生动实践。大力发展全域旅游，推进乡村旅游发展向工业、农业、科技、体育及城镇开发建设领域衍生拓展，清新乡村旅游品质正在实现整体升级。

五、交通巨变

2012年12月撤销清新县设立清新区后，清新区不断新建和改建公路，使区内公路里程不断增长，规格不断提升，交通网络日趋完善。至 2017 年，全区公路通车里程达 2826 千米，其中高速公路 71.5 千米，一级公路 38.3 千米，二级公路 329.2 千米，三级公路 252.1 千米，四级公路 2137.6 千米。高等级公路有 107 国道、清四一级公路（S354 线）、S350 线、S348 线、清连二级公路、清连高速公路等贯通全区，还有连接清连高速和广清高速的"高接高"工程，以及两条在建的东西向横贯清新区的高速公路：南部的汕湛高速和北部的汕昆高速。汽车站有清远市城北客运车站，有发往广州、佛山等珠三角城市，也有发往湖南、四川、广西等省，以及发往市、区内各镇等方向的班车。水路有北江航道与珠江水系相连，货轮可直达广州及港澳地区，是珠三角连结粤北山区的主要物流配送通道。另外，清新区距广州白云国际机场 40 千米，距广乐高速 10 多千米，距武广高铁清远站 20 千米，广州轻轨 9 号线规划至清远市区。这将为清新带来便利。

革命老区农村公路建设也取得巨大的成就。2008—2018 年，太和、三坑、山塘、太平、龙颈、禾云、笔架林场，加上原来归属清新的飞来峡，8 个镇场合计完成 652 条线路。清新区革命老区农村公路建设里程共 1120 千米，其中农村公路窄路拓宽建设项目 54.9 千米，农村公路硬底化项目 1065.13 千米。其中太和镇线路 47 条，路线长度为 74.05 千米；三坑镇线路 87 条，路线长度为 147.9 千米；山塘镇线路 68 条，路线长度为 114.795 千米；太平镇线路为 144 条，路线长度为 242.079 千米；龙颈镇线路为 136 条，路线长度为 239.659 千米；禾云镇线路为 145 条，路线长度为 246.448 千米；笔架林场线路为 12 条，路线长度为 20.35 千米。革命老区农村交通的巨变，不但方便了村民的生产和生活，更为老区农村经济的发展铺平了道路。

六、信息新时代，电商助发展

2013 年 8 月，清新区在清远市率先启动青年网上创业行动，建成清远市首个青年网上创业服务中心和青年网上创业园，并获得"广东青年网商联盟粤北创业中心"称号。以清新区户籍农村青年、城镇待业青年、进城务工青年和大学毕业生等群体为重点，通过"培训＋孵化＋培育"的模式，培育从事网上创业的青年，借助"互联网＋"挖掘"三农"优势资源价值，助力实施乡村振兴战略。并且从 2013 年起至 2017 年连续四年区财政每年安排 200 万元，成立青年网上创业基金，并统筹财政专项资金、全民创业等资金资源，主要用于青年网上创业培训、表彰先进、小额担保贷款基金、小额贷款贴息、创业工作经费和网上创业服务中心、创业园、网店协会的日常运作。

2015 年，清新区采取"政府引导、市场运作"的方式，由企业投资建成清远市首家农村电子商务产业园——清远市清新区农村电子商务产业园，并获批全市唯一一家"2015 年度广东省众创空间试点单位"。园内设智能仓储、物流和品牌项目展示区，电商办公、培训、会议和洽谈区，以及休闲娱乐、餐饮和公寓区，并为入驻企业提供人才培训、创业孵化、品牌策划、电商运营、数据分析等一站式的电商配套服务，以此吸引珠三角企业到清新区落户发展，逐步建立相对完整的"互联网＋农业"产业生态。至 2017 年，该产业园电子商务上行交易额达到 4.2 亿元。

除电商产业园外，清新区还建成了寻乡记创新谷和清新民宿创客空间等"双创"平台，可以同时为 1000 人提供商务办公等各类服务，其中农产品电商冷链物流加工基地规模位居全市前列，冷库库容达到 3 万立方米，一次可储存各类产品超 8000 吨。另外，区还组织开发了农产品追溯系统、分销平台等多个应用系统，为青年网上创业提供了信息支持。

清新区电商产业近年来迅速发展，农村电商产业已从自我成长转到了反哺农业的发展阶段。在电商企业的带动下，清新区"一乡一品"工作快速推进，金门香瓜、清西火龙果、清新柠檬、清新芦笋等一批传统农产品通过互联网走向了全国市场，产品的知名度显著提高，并探索出"特色农产品＋体验旅游＋电子商务"三位一体的协同营销方式，带动当地农产品销售价格提高了30%以上，推动当地主要农产品快速进入规模化和标准化发展之路。

清新区作为农村淘宝全国第一批试点县，2013年时以电子商务为主业的企业为零，仅涉及有电子商务经营范围的企业也只有2家。至2017年，清新区的农村电商从业者超过700人，从广州、深圳、杭州等互联网发展先进地区返乡的150多名创业人员，在清新区创立了89家电商企业。清新区成为全市农村电商聚集地，清新区及落户企业相继获得了"国家农村产业融合发展试点县""国家农民工等人员返乡创业试点县""广东省清新区互联网＋农业小镇建设""省级众创空间试点单位""广东省农村电子商务示范基地""省青年创业示范园区""省级农村电子商务示范企业"等荣誉称号。

第二节 精准扶贫奔富康

一、力促就业,自力更生

清新区建档立卡贫困户中有劳动能力贫困户 4041 户 1.41 万人。为解决当前的就业难和招工难问题,增加居民经济收入,特别是促使贫困户脱贫致富,清新区积极开展农村劳动力转移就业和失业人员再就业等工作,效果显著。

清新区 2013—2017 年城乡就业和再就业统计表

项目年份	农村劳动力转移就业（人）	城镇新增就业（人）	失业人员再就业（人）	就业困难人员实现就业（人）	城镇登记失业率（％）
2013	13000	10938	2515	182	2.3
2014	8621	10464	2202	477	2.1
2015	8615	9520	2204	296	2.3
2016	7678	7680	2205	225	2.34
2017	5747	7202	2096	175	2.37

二、产业扶贫

（一）种养扶贫

2015 年,清新区老区贫困村根据当地传统优势产业,通过大户带动、成立农民专业合作社等形式，为农户提供技能培训、进行统购统销、统一推广、宣传、包装和注册商标，从而实现规模化、产业化发展，进而走上脱贫致富的康庄大道。

作为省定贫困村的三坑镇革命老区行政村枫坑村，近年来在村领头人的带领下转型发展，把"特色种养＋农副产品深加工"作为支柱产业模式，采取"农综改＋贫困户＋专业合作社＋基地＋电商＋乡村旅游"的发展模式，整合了连片土地达1000多亩，20多片土地种有各种经济作物，重点对种子、肉牛、桑叶、西瓜、香瓜等种养项目加以扶持和引导，支持扩大种养规模和品种。据估算，该村番薯、花生、豆角、桑叶、水果每年产值达3000多万元，肉牛、"三鸟"产值达1400多万元。该村还新建了90多亩的枫红基地和40多亩的枫顺基地两个扶贫产业基地，通过大棚主要种植桑果、山苏、草菇、香瓜、玉米等，每年保底收益达50万元。同时，该村还加快落实农产品深加工项目，利用旧村委会原址与清新区供销社合作，拟建1000平方米的加工厂，生产加工红薯干、菜干等。数据显示，2017年，该村集体收入已达10万元，村民年均收入达1.4万元，实现了预脱贫。

太平镇革命老区行政村北坑村，是第二批省定扶贫村。北坑村委会下辖20个自然村，26个村民小组，耕地面积4900亩。2013年，在市农业局派驻扶贫工作组的帮助下，深入进行精准扶贫和开展农村综合改革，取得了显著的成效。

按照市"三个重心下移"的要求，成立北坑村党总支部，各村民小组建立党支部，成立村民理事会和村小组经济合作社，实行村事村办。如革命老区村庄福兴村成立了理事会后，经多次召开村民会议，成功整合耕地290多亩。土地整合后引进了3个外商承包发展花木、微生物食用菌类生产和水果种植，极大地提高了村民的土地收益。同时，北坑村因地制宜，发展农业主导产业，发展特色种养。至 2015 年，已成立 7 个农民专业合作社，主抓特色现代农业经济发展，建设 3 个种养基地：一是 2500 亩火龙果种植基地。二是 300 间微生物食用菌种植基地。三是养殖基地，主要是养鸡、养猪、养羊。

2015 年，北坑村集体经济收入达 11.5 万元，村民人均收入达 9707 元，扶贫户及扶贫低保户人均收入达 8598 元。

（二）光伏扶贫

清新区充分利用光热资源，在全区范围内开展光伏发电产业扶贫工程。

2015 年，通过积极与佛山市扶贫办及帮扶单位沟通联系，引进汉能集团在清新区贫困村开展光伏扶贫工程。9 月 25 日，汉能光伏扶贫项目在禾云镇桂岭村和东社村正式启动，佛山帮扶 18 万元在桂岭村和东社村委屋顶安装太阳能光伏发电系统，每年发电总量可达 2.2 万千瓦时，将为桂岭、东社两村增加村集体收入共计近 2 万元。

笔架山林场行政村坑口村，是典型的革命老区贫困村，下辖蝉眉坑、企坑、根竹坪、新田、水盆坑、禾坪、坑口、杨桃窿 8 个老区村庄。坑口村山多地少无水田，坡陡、地薄，难以发展有规模的种养产业。2017 年，扶贫工作队积极争取，清远市技师学院同意将 3000 多平方米的数控模具工程系教学大楼空置楼顶无偿提供给坑口村作为扶贫项目——光伏发电建设使用。在这过程中，市委组织部、市科技局和市技师学院 3 家帮扶单位及其驻村扶贫工作队及时调整工作思路，精准施策、盘活资源，推动光伏扶贫发电站快速建设。从 7 月 29 日清新区笔架山林场坑口村光伏扶贫发电站与南控电力集团签订《分布式光伏发电项目销售协议》，到 9 月底正式并网发电，不足两个月的时间工程竣工并投产收益。经测算，光伏发电站建设装机容量达 300kWp，总投资 255 万元，可以持续 25 年获取收益，预计每年收益达 45 万元左右。在签订合同时，明确南控电力集团须确保系统发电功率在 80% 以上，真正具备了"造血扶贫"功能。光伏扶贫发电站的建成投产增加了坑口村各村民小组的收入，让老区坑口村踏上了一条精准脱贫之路。

龙颈镇河洞片区是革命老区，位于清新区的中部，在 2004 年由骆坑、大坑、古坑、凤塱、长岗等 5 个村委合并而成，共 43 个村民小组。河洞的村委干部除积极配合清新区和龙颈镇组织的清远鸡、食用菌保底扶贫项目之外，还将扶贫资金 60 万元投入光伏扶贫项目。其中，河洞村委会办公楼顶光伏发电项目，预计年收益约 7 万元。

此外，浸潭镇塘坑村、太平马岳村等不少村子也在帮扶单位的支持下加入到光伏发电脱贫的行列中，通过开发太阳能资源连续 25 年产生的稳定收益，实现了扶贫开发和新能源利用、节能减排相结合。

（三）电商扶贫

清新区借助"互联网＋"充分挖掘电商优势，探索以电子商务为重点的农产品流通信息化建设。通过开展网上创业行动、引进农村淘宝项目，建立村级淘宝服务站和建立农村电子商务产业园等，加大宣传力度，大力开展电子商务培训，为农民注入现代销售新理念。通过电子商务平台，使边远山区也能更广泛、更充分地对接更广阔的市场，将清新丰富优质的农产品通过网络渠道推销出去，减少了流通环节，提高了农民收益，有效地解决了农产品难卖的问题。如石潭镇石湖村建立村级淘宝网店，通过网上销售石湖"一点红"特色番薯近 2 万斤，销售均价从原来每斤 2 元提升至 4 元。此外，还设立微信公众号、微店解决农产品销售难问题。比如"喜爱南蒲"微信公众号销售太平镇南蒲村土特产，微店"精准扶贫，爱心土货"上架销售太平镇革命老区行政村蒲兴村贫困户种养的玉米、清远鸡等产品。

三、教育扶贫

（一）建立烈士后裔助学长效机制

1995年至2006年，市财政每年均按省老促会要求安排全市等额配套发放烈士后裔助学金，发放对象仅限于就读中专和大专以上的学生，中专每年750元、大专以上1300元。

2007年清远市委、市政府提高了助学金的标准，高中的每人每年资助2000元，中专的4000元，大专以上的5000元。凡符合烈士直系后裔、家庭经济有困难的在校读高中以上学生，由本人或家属申报，所在学校证明，村委会张榜公布，县老促会、县民政局、县扶贫办审核后报市老促会，市老促会与市民政局、市扶贫办会审，审批结果报市财政局支付助学金。

建立烈士后裔助学的长效机制，做好助学金的发放工作，有利于推动老区青少年求学读书热潮，促进老区人才的培养和发展。清城区、清新县、连州市等地多名烈士后裔学生受资助后就读于市成人中专学校，分别考入广州大学、广州工商学院、广东海洋大学、广东外语外贸大学、广东金融学院等，且有的获得"广东中华文化基金会"助学金，有的被大学列为中共党员入党积极分子培养，有的毕业后攻读硕士研究生。

清新区2007—2016年读书有困难烈士后裔补助人数统计表

（单位：人）

年份	大学	中专	高中	合计
2007	6	4	13	23
2008	7	4	13	24

（续表）

年份	大学	中专	高中	合计
2009	8	3	10	21
2010	14	3	13	30
2011	15	2	8	25
2012	14	5	8	27
2013	18	9	7	34
2014	22	5	3	30
2015	16	4	5	25
2016	9	3	9	21
合计	129	42	89	260

（二）联办老区人才培训基地

老区经济社会发展缓慢，一个重要因素是老区人口文化素质偏低，人才缺乏，不适应现代经济社会发展的要求。

2000年开始，市老促会与清新县职业技术学校联合开展"情系老区、智力扶贫"活动，共同建立老区人才培训基地。按照国家职业技术教育的政策和人才市场的需求，开办培训班，为老区经济社会发展培养人才。双方商定，清新职校每年招收老区贫困学生进入学校学习、培训，凡是初中毕业的老区学生均可报考；优先录取军烈属子女；对来自老区的家庭经济困难的学生实行减半收费或免收学费；发挥现有办学优势，在办好农、渔、化工、机械、电脑、电工、财会等9个专业的同时，增设新型机械加工、模具设计、数控车床等专业，以增强学生的专业针对性和适应性；扶贫班学制一年至三年，学生入学时与校方签订就业合同，确保学生毕业后由校方安排、推荐就业。而市老促会则每年协助职校做好老区招生工作，在经济上投入资金支持职校建设和基地学生培训，以及每学年对 100 名品学兼优的老区学生发放奖学金。2001 年至 2016 年，市老促会与清新区（县）职业技术学校联办老区人才培训基地累计投入资金 80 多万元，其中发放奖学金额共31.43 万元。

自联办老区人才培训基地至 2016 年的 17 年间，共招收包括清新区（县）、英德市、连州市、连山县、阳山县等老区贫困户学生 4000 多人，已推荐、安排毕业生就业的 3500 多人，大多数工资每月 2000 元以上，达到了"招收一人，培养就业一人，脱贫一户"的目的。同时，还为本地和外地企业输送了人才，赢得了厂家的赞誉和社会好评。

（三）资助学段全覆盖

清新区认真贯彻省市文件精神，落实好学生资助政策，确保资助学段全覆盖。其中，2017 年全区共资助 4879 名幼儿 487.9 万元；有 1.41 万人次享受了农村义务教育阶段困难学生生活费补助，补助资金共计 291.52 万元；有 3566 人次享受住宿生生活费补助，按照每生每学年 600 元标准给予补助，共发放补助资金106.98 万元，均以兑换成饭票形式发放给学生；全区 5 所普通高中共有 5498 人次享受了普通高中国家助学金，每人补助金额为1000 元/学期，资助金额 549.8 万元；区职校 2017 年下达资金1087 万元，享受免学费学生 4800 多人；中职助学金下达补助资金 81.2 万元，共资助学生 406 人；区设立了广东省家庭经济困难大学新生资助专项资金 30 万元，用于资助考入普通本科高校、高职高专院校的来自本区生源的家庭经济困难大学本、专科新生，共资助大学新生 7 人，资助金额 3.5 万元；全面开展生源地助学贷款工作，为家庭经济困难的大学生解决燃眉之急，符合条件并办理生源地信用助学贷款 362 人，贷款金额 282 万元。同时，认真开展精准扶贫教育资助的相关工作，精准扶贫教育资助生活费补助共发放 5882 人次，资助金额 913.8 万元。

（四）Qing 基金革命老区扶困助学

Qing 基金全称"清远市农商银行公益基金会"，由清远农商银行出资人民币 1000 万元作为初始资金，经广东省清远市民政局批准于 2013 年 10 月 10 日成立，是清远市首家非公募基金会。

2017 年，Qing 基金响应清远市老促会"反哺老区，助学圆梦"主题教育扶贫活动，结合"圆梦·智慧起航"项目理念，在清新区第三中学启动革命老区扶困助学项目。助学项目包括革命老区贫困学生每人每年 2000 元的助学金，以及优秀学生奖励机制，向每个年级成绩优秀的 5 名学生发放 1000 元奖励资金。2017 年首批共资助了 80 名家庭经济困难的革命老区学生，为贫困家庭学生解决了部分生活学习费用。

四、社会扶贫

2014 年 5 月 28 日，清新区正式设立广东省首个大病关爱基金。每年由财政安排 400 万元资金进行托底，倡议党政机关、事业单位等干部职工捐款 100 元，倡议工厂、企业、社会组织参与募捐募集运作资金，所筹资金全部用于救助本区大病困难家庭。从 2014 年 4 月启动至 2017 年，清新区慈善会大病关爱基金接收救助申请 1900 多份，已关爱救助大病困难患者（家庭）867 人，救助金额约 2071.16 万元。另外，通过城乡困难群众基本医疗救助制度，救助大病困难患者 209 人。

此外，清新区有 5 个镇共成立 8 个由乡贤和经济能人发起的以扶贫济困为目的的慈善公益组织。同时，各级帮扶单位和驻村干部发挥各自联系资源的优势，引进香港慈善会、碧桂园集团、创维集团以及一些爱心人士到清新区开展助医助学等结对帮扶活动。

五、金融扶贫

2013 年，清新区开展省级扶贫互助金试点村，村民通过互助社，无须固定资产抵押，最高可以贷款 5 万元。2015 年，清新区先后出台《清新区开展农村金融改革创新综合试点工作实施方案》和《清新区扶贫互助金实施方案》等政策文件，大力支持金融扶贫工作。通过建立扶贫互助金、实施"政银保"创新农村信贷模式，为农业发展提供金融支持，破解贫困户资金短缺问题。

党组织的新发展

一、中共清新区第七次代表大会的召开

2016 年 10 月 19 日至 20 日，为期两天的中国共产党清远市清新区第七次代表大会胜利召开。会议审议通过了中共清远市清新区第六届委员会工作报告和区纪律检查委员会工作报告，选举产生了新一届中共清远市清新区委员会委员 60 人、候补委员 13 人，和中共清远市清新区纪律检查委员会委员 21 人，以及清新区出席市第七次党代会的代表 48 人。

大会高度评价了六届清新区委的工作。大会认为，过去五年，在省委、市委的正确领导下，六届区委团结带领全区广大党员干部群众，深入贯彻党的十八大和十八届三中、四中、五中全会及习近平总书记系列重要讲话精神，围绕"四个全面"战略布局，紧紧把握撤县设区历史机遇，以经济建设为中心，持续推进产业升级、城市建设和各项民生事业，使各方面工作取得明显进展，并朝着全面建成小康社会目标迈出了坚实步伐。

大会一致同意报告提出的今后五年清新全区工作的指导思想、奋斗目标。今后五年，全区要高举中国特色社会主义伟大旗帜，以邓小平理论、"三个代表"重要思想和科学发展观为指导，深入贯彻落实习近平总书记系列重要讲话精神以及省、市决策部署，按照"五位一体"总体布局和"四个全面"战略布局，大力践行

五大发展理念，以建设清远市中心城区为发展定位，以创新驱动、改革推动为主战略，更加注重理念引领、稳中求进、量质并重，在结构性改革、产业发展、新型城镇化、补民生短板上全力攻坚，加快振兴发展，努力建设经济繁荣、百姓富裕、生态优美、社会和谐、政治清明的清远新城区，确保率先融入珠三角、率先全面建成小康社会，让全区人民过上更加美好、更有品质的幸福生活。到2020年，全区生产总值年均增长13.5%，创新驱动能力显著增强，生态环境持续优化，居民收入增长和经济发展同步，民生保障水平居全市前列。

大会号召，清新全区各级党组织、全体共产党员和广大群众，要紧密团结在以习近平同志为核心的党中央周围，深入贯彻习近平总书记系列重要讲话精神，深入实施"四个全面"战略，践行新理念，担当新使命，攻坚破难，奋勇争先，为加快建设清远新城区，实现率先融入珠三角、率先全面建成小康社会，开创清新更加幸福美好的明天而努力奋斗。

二、党组织概况

截至2017年，清新区有中国共产党的基层组织2371个（党委11个、总支部211个、支部2149个），其中乡镇党组织2086个（党委8个、总支部189个、支部1889个），非公有制企业党组织72个（党委1个、总支部2个、支部69个），社会组织党组织25个（总支部1个、支部24个）。全区有党员1.92万人，其中"两新"组织党员747人。

三、基层组织建设

（一）村级基层组织建设

2013年，中共清远市清新区委组织部制定《关于建立完善村级基层党组织的指导意见》和《清远市清新区关于培育和发展村民理事会的指导意见》，在村党支部书记人选上实行村民小组长、本村能人、片区干部"三优先"，制定村民理事会示范章程、党政公共服务站职责目录、服务流程、代办员职责等，推行群众事务代办制；完善村党支部工作职责、生活制度、集体领导制度、党内表决制度等，形成"村党支部提议、村民理事会商议、村民会议或户代表决议"的议事决策机制；制定示范点建设意见，建立 80 个村级组织示范点。年内，全区建立村党政公共服务站 171 个，党总支部 179 个，村民小组党支部 1612 个，村民理事会 2960 个，村务监督委员会 179 个，农村经济联社 191 个，经济合作社 3500 个。

2015 年，清新区制定《清远市清新区村（社区）党组织书记备案管理暂行办法》，调配村（社区）、村民小组党组织书记 235 人；建立村级党组织书记后备干部库，在 76 个村（社区）党组织、182 个村民小组党组织中，分别按照 1 : 2 和 1 : 1 的比例，确定后备干部 320 人。以区委党校为主阵地，举办三期村民小组支部书记、村民理事会理事长培训示范班；继续办好村干部学历大专班，2015 年在读村干部 118 名。年内，清新区全面完成"三个重心下移"工作，建立村级党支部 1715 个（其中单独建立 1156 个，联合建立 559 个）、村级服务站和经济合作联社 179 个，做到应建尽建并规范运作；全区 3502 个村民小组全部成立理事会、经济合作社和村务监督委员会，初步形成以村级党组织为核心，基层自治组织、农村经济组织相结合的组织体系，在化解矛盾、改善村容村貌和发展经济等方面发挥较好的作用，提升农村组织化水平。

2017 年，清新区把"加强农村党的基层组织建设，促进农民增收致富"列为书记项目。按照"好人" + "能人"的标准，完成全区 1728 个村民小组党支部换届选举，引导 3504 个村民小组建立以村民理事会、经济合作社和村务监督委员会为主的治理架构；建立 8 个农村党员实用技术培训基地，为农村党员提供实用技能培训理论学习平台和实践学习平台；重点在全区建设 8 个基层党组织标准化示范村（每镇一个）和创建 32 个农村基层党建示范点（每镇两个行政村两个村民小组），增强辐射带动能力，整体提升全区基层党建工作水平。

（二）"两新"组织党建

"两新"组织，是指新经济组织和新社会组织的简称。2013 年，清新区建立"两新"组织党建信息平台，成立由 37 个部门在内的区"两新"党建联席会议，明确职责，建立定期会议制度，为"两新"组织和员工解决实际问题 110 个；完善运作机制，按照"十有""六好"标准，制定"两新"组织党组织规范化建设的意见，建立 12 个区级示范点。全年组建"两新"组织党组织 93 个，覆盖"两新"组织 297 家，派出党建指导员 297 人，实现"两新"组织党组织和党的工作覆盖率 100%。

2014 年，抓好"两新"党组织教育实践活动，实行区领导和区"两新"党建工作联席会议成员单位挂点联系制度，收集整理众多的建议和意见，并落实解决 108 条；开展"两新"组织党群志愿服务，在全市率先成立 1300 多人的党团志愿服务队，围绕"创文"等活动，开展各类大型志愿服务活动 32 场次；按照"十有""六好"的要求，建成 12 个"两新"组织党建示范点，建成佛山禅城（清新）产业转移工业园"两新"组织党群服务中心。

2015 年，全区建立党组织的"两新"组织通过单建和联建、组建和健全工会组织 167 个、共青团组织 103 个、妇女组织 197 个，全区 271 家已建立党组织的"两新"组织实现党群组织 100% 覆盖。

2016 年，清新区扩大党群组织覆盖面，建成农村电子商务产业园等 7 个"两新"组织党支部；深化云龙工业园党群服务中心建设，在服务中心组织开展安全生产知识培训班等各类培训班，切实提高党员职工综合素质；成立区个私协会党总支部，向区个私各党组织派驻第一书记和党建指导员 20 多人，投入 20 万元建设区个私协会党群服务中心，夯实非公党建组织化"3 + N + 1"模式基础；发挥作用，区"两新"组织党团志愿服务队共开展志愿活动 325 场，8000 多人次参加。

2017 年，建成清新区和谐志愿服务协会等 3 个"两新"组织党支部；组织近 90 名"两新"党组织书记（负责人）举办党建工作业务培训班；结合"创文"工作，开展各类"两新"组织志愿主题实践活动；清远市农村电子商务产业园党支部借助互联网创出党员教育管理"4 + 工作法"新模式。

（三）服务型党组织创建

2015 年，清新区成立综合政务服务中心，升级改造"两个服务平台"（即实体办事大厅和网上办事大厅），推动片区党政公共服务站建设，着力完善群众事务代办制，片区党政公共服务站全年为群众代办事项 5.59 万宗；在机关单位，开展"三进三促三服务"主题活动，着力提高机关党员干部的服务水平；在镇村，以农村基层服务型党组织示范点"三级联创"活动为抓手，打造太平镇、太和万寿村、石潭联窖水西村等示范点 12 个。

2016 年，清新区推进三坑镇党委等 17 个镇、村（社区）村民小组创建服务型党组织示范点建设。区委组织部沿清四公路选择 15 个镇、村组示范点，整合组织、宣传等部门资源，深入挖掘当地优良文化传统，打造成包含党史知识、村务党务公开、基层文化等丰富内涵的党建文化走廊。如太平镇门口岗村，通过建立健全党支部、理事会，发挥核心作用，在村前公园、清代建筑祠堂，建设党建文化长廊、乡村记忆馆、传统文化长廊，宣传党建文化、农耕文化、风土人情等。

（四）整顿软弱涣散党组织

基层党组织功能的发挥直接关系党的执政基础，深刻影响党组织的凝聚力和战斗力。部分基层党组织对抓好党建工作的重要性领会不深，工作缺乏主动性、预见性、针对性，个别基层党组织书记对党建业务不熟悉，找不准抓基层组织建设的切入点和着力点，不注重组织生活制度的规范落实，党管党员的力度在一定程度上有所削弱。为强化基层党组织的政治引领和服务群众功能，更好地发挥基层党组织战斗堡垒作用和党员干部先锋模范作用，清新区大力开展软弱涣散党组织整顿工作。

2013年，区、镇两级专项工作领导小组，分门别类制定整治方案，对全区7个后进村和1个问题突出村派驻工作组，全年投入资金312万元，调整村"两委"干部2人，扶持发展经济项目8个，解决群众热点、难点问题12个，为后进村和问题突出村办好事、实事32件。

2014年，全区派出干部83人，组成24个整顿工作组，重点抓好24个软弱涣散党组织的整顿工作。共调整党组织书记6人，清理村级财务账目7个，投入资金632万元解决群众关心的热点难点问题56个，投入资金453万元发展经济项目8个，完成22个软弱涣散党组织和2个问题突出村的整顿转化工作。全区选派202名副科实职党员干部担任村、社区第一书记，其中区直单位选派76名，镇选派126名党员干部，为农村基层解决实际问题748个。

2015年，清新区按照10%的比例排查软弱涣散村（社区）党组织，5%的比例排查软弱涣散村民小组党组织，对接信访、政法、纪检部门，落实"三对接三查找"要求，排查出31个村

（社区）党组织和76个村民小组党组织，建立区、镇两级台账，采取"一村一策"的方式，通过区领导挂点、选派第一书记驻村、镇领导班子成员及工作组包村等办法开展集中整顿，成效显著。全区投入资金398万元，解决民生问题134件、班子问题17件，整顿村务问题26件，化解矛盾纠纷69件。到2015年底，经市、区考核验收，全部完成或基本完成整顿。

2016年，清新区把整顿软弱涣散村（社区）党组织工作列入全区述评考重要内容，建立台账。全区11个软弱涣散村（社区）党组织分别由区委3名正副书记和8个镇委书记牵头挂点整顿，从区机关、事业单位中选派优秀党员干部11人担任第一书记驻点整顿，实行"一村一策"整顿。如太平镇马塘村，针对群众反映服务意识差问题，加强对"两委"班子的教育引导，通过多方筹集资金，村干部现场推进，完成3千米自来水水管的铺设和8个村民小组的装表入户，解决群众食水难问题。

2017年，清新区继续实行建立区、镇两级整顿软弱涣散村（社区）党组织工作台账，实行书记挂点、第一书记驻点制度，开展"一村一策"整顿，结合精准扶贫和村级换届选举，加大整顿工作在基层党建述评考中的权重，通过听取汇报、询问交流、实地核查和查看资料等方式强化整顿工作督查，全区11个软弱涣散党组织解决问题32个，为民办好事实事28件，全面完成整顿转化工作。

四、发展党员

清新区委组织部始终坚持将发展党员工作作为组织工作的一项重要内容来抓，定期研究和经常检查了解发展党员工作。全区各级党组织都能按照"坚持标准，保证质量，改善结构，慎重发展"的工作方针，认真贯彻《中国共产党发展党员工作细则（试行)》，在做好发展党员规划的基础上，注重抓住发展壮大入党积极分子队伍这个关键环节，重视和指导团组织做好推优工作，严格标准，成熟一个发展一个。同时，实施党员提质工程，按照"控制总量、优化结构、提高质量、发挥作用"的总要求，重点在确定入党积极分子和发展对象环节引入自述答辩和群众测评机制，通过竞争择优。

2013年，全区发展新党员313人，其中农村发展235人；男性215人，女性98人；35岁以下198人；高中以上文化程度210人。

2014年，全区发展党员261人，完成年度计划100%，其中女性66人，占25.29%；35岁及以下158人，占60.54%；大专及以上学历113人，占43.3%；农牧渔民120人，占45.98%。

2015年，全区发展党员305人，其中女性54人，占17.7%；大专以上学历80人，占26.2%；35岁以下152人，占49.8%；在农村发展党员234人，占76.7%；在"两新"组织发展党员34人，占11.2%。全区按照应建尽建要求共建立村级党支部1715个，其中单独建立1156个，联合建立559个。

2016年，清新区重点在农村发展党员，落实发展党员竞争择优机制。全年发展党员282人，其中农村230人，占81.6%；35岁以下182人，占64.5%；女性63人，占22.3%；大专以上学历142人，占50.4%。

2017年，清新区向各基层党组织发放《入党教材》530本、《中国共产党发展党员工作流程图》2450张，将发展党员的重点放在农村和"两新"组织，着力优化党员结构，全区确定入党积极分子1736人，确定发展对象385人，发展党员305人。

城乡一体化，打造宜居城市

2003 年以来，以创文、创卫、创模为契机，清新区积极推进新型城镇化建设，加快城乡一体化。

一、推进城乡基础设施一体化

始终把完善城乡基础设施体系建设作为推进城乡一体化的重要内容，主动对接融入大市区的方略，加快促进城乡对接融合，整体推进城乡现代化建设；实施城市干道、镇村公路建设改造工程和绿道网的规划建设工作，全区行政村公路通达率和硬化率均达 100%，基本形成对接广州、清远市区和连接城乡的现代综合交通网络；实施农村饮水安全工程，实现镇镇通自来水；实施创建省级文明城市和城乡环境综合治理工程，切实提高城乡的承载能力。

二、推进城乡公共服务一体化

大力实施民生工程，构建城乡一体的公共服务体系，推进城乡公共服务均衡发展，包括构建城乡一体的充分就业体系。设立创业风险资金和创业专项资金，实施全民创业工程，鼓励城乡群众创业致富，以创业带动就业。构建城乡一体的均衡教育体系，坚持教育优先发展，大力实施城市名校整合带动农村学校行动计划。构建城乡一体的医疗卫生服务体系，实施县级医院整合带动镇卫生院、镇卫生院指导村卫生室行动计划，建立城乡优秀医疗卫生技术人员合理流动机制，加强完成镇（场）卫生院和村（社区）卫生室标准化建设，促进城乡医疗服务资源均衡配置。构建城乡一体的社会保障体系，大力实施社会保险全覆盖工程，积极推进城乡基本养老、基本医疗、最低生活保障等社会保障制度并轨运行。构建城乡一体的公共文化服务体系，广播电视村村通、文化资源共享等公共文化惠民工程，加大建设村（社区）数字互动影院工作的步伐，努力实现镇镇有综合文化活动站、村村有文化活动室的社会需求。构建城乡一体的平安保障服务体系。

三、扎实推进中心城区的扩容提质工程

大力发展公用事业，不断完善中心城区基础设施和公共服务配套设施，提升城市功能，加快中心城区的扩容提质。

完善中心城区路网建设，修建环城东路、中山南路、工业大道（城西大道至环城路）、新城西路、环城西延线等市政道路；对飞来湖与湖西路交叉路口、清和大道与城西大道交叉路口、中山南路与新宁路交叉路口、清新大道与新宁路交叉路口、清新大道与新城路交叉路口、中山南路与新城路交叉路口、明霞大道与笔架路交叉路口、中山路与明霞大道交叉路口、环城路与清新大道交叉路口和环城路与中山路交叉路口等中心城区主干道路口进行升级改造；对明霞片区和府前片区 26 条内街背巷进行修建路面排水设施，实现雨污分流、铺设沥青路面、安装 LED 路灯、增设绿化及休闲设施等升级改造工程。

开展中心建成区的雨污分流管网建设、窑星污水处理厂及配网建设、飞来湖北岸（美林段）和二渡河北岸污水管网建设；在新八片村建设垃圾中转站，占地面积 3000 平方米，设计处理中转垃圾为 200 吨/日；在城区主次干道人流密集处、小区道路出入口

及城中村等位置科学合理增设港湾式密闭垃圾收集桶，并配备专业装运车每天定时清运。

改造建设观景台体育公园、二渡河南岸体育公园、松林体育公园、体育馆西侧体育公园、清泉体育公园、玄真体育公园、财政局东侧体育公园、双汇体育公园、清新公园体育公园等9个社区体育公园和1个公共停车场（玄真公园停车场）；推进和完善道路绿化工程和绿道网建设，打通城乡生态廊道。改善清新城乡生态环境，提升人民生活品质。

实施数字化城市管理系统建设。通过该系统建设提高城市管理水平，加快常态化的城市管理向数字化管理转变的进程，实现清新主城区15平方千米城市管理的科学化、精细化和现代化。

美丽乡村建设

一、全面推进全区美丽乡村建设

党的十八大报告提出："努力建设美丽中国，实现中华民族永续发展。"第一次提出了"美丽中国"的全新概念，强调必须树立尊重自然、顺应自然、保护自然的生态文明理念，明确提出了包括生态文明建设在内的"五位一体"社会主义建设总布局。在2013年中央一号文件中，第一次提出了要建设美丽乡村的奋斗目标，进一步加强农村生态建设、环境保护和综合整治工作。

近几年，清新区为推进新农村建设，启动了美丽乡村工程建设，大力推进美丽乡村建设和农村人居环境综合整治工作，成绩斐然。

2013年，根据清新区美丽乡村建设实施方案，该年清新区要完成清连高速沿线10个试点村庄的规划整治，其中完成8个村的村庄整治建设工作，包括交通干线可视范围内村庄房屋外墙装饰、垃圾屋建设、给水工程、道路建设、绿化小公园建设、绿化建设、排水建设、污水处理设施建设等建设项目的村庄整治工作。这8个村具体为石潭、浸潭、禾云、龙颈4镇分别按要求各完成2个美丽乡村建设，同时启动太平镇美丽小镇的建设。

2013年至2016年，全区共对163个美丽乡村进行了高标准规划和设计，且已全部高质量完成建设。在开展美丽乡村创建工作中，共开展整治项目 1558 个，拆除危旧泥砖房和毛坯房 2032 间，清拆面积 12.5 万平方米；共建成乡村小公园 142 个，完成村庄道路硬底化 6.46 万米，安装路灯 2827 盏，铺设排污水渠 7.2 万米，建设文化室 137 间，体育活动场所 163 个，累计投入 1.3 亿元。

2016 年至 2017 年，清新区整合筹集各类资金 1.64 亿元（其中市、区级奖补资金 1.3 亿元，村集体筹集资金 1253.61 万元，农民集资或社会捐赠 2063.4 万元），全域推动美丽乡村建设工作。先后实施整治项目 2565 个，累计拆除危旧泥砖房 2320 间，改造危房 54 间，建成污水处理系统 252 个，建设杂物房或禽畜房 1137 间，完成房屋外墙整饰 1611 间，建成乡村小公园 193 个；完成村庄道路硬底化 20.89 万米，安装路灯 5470 盏，铺设排污管道 15.49 万米，建设文化活动场所 174 间、体育活动场所 229 个、公厕 182 间，村容村貌及农村人居环境发生了翻天覆地的变化。目前，全区累计创建美丽乡村 229 个，其中创建整洁村 194 个，示范村 29 个，特色村 6 个。

二、革命老区美丽乡村建设

自 2013 年开始启动美丽乡村建设工作以来，部分革命老区农村也发生了深刻变化，实现了空间布局不断优化、人居环境明显改善、公共服务设施逐步完善，老区农民的生活水平进一步提高。

（一）老区行政村北坑村

清新区太平镇革命老区行政村北坑村，是第二批省定扶贫村。2013 年开始，除了用好各级财政扶持资金外，还充分发挥行业扶贫、社会帮扶、市农业局帮扶以及群众自筹资金的作用，两年内共投入资金 942 万元，建成标准化卫生站 60 平方米，扩宽村道硬底化 1 条 7.5 千米，新建村道硬底化 3.3 千米，安装村委会至各村小路灯 110 盏；投入 264 万元，进行高标准农田水利建设；投入 65 万元，发展主导产业；投入 10 万元，对北坑村进行排涝整治加固；加建村委会办公楼 70 平方米；开展贫困户种养技能培训 2 期；投入住房改造资金 213 万元。到 2015 年，北坑村进行新农村美丽乡村建设的自然村有 7 个。

（二）老区村庄盘龙围

清远市清新区龙颈镇立坑行政村盘龙围村，开基建村已有 200 多年历史。盘龙围在解放战争时期为党领导的粤赣湘边纵队连江支队马奔部联络站及常驻地之一，中华人民共和国成立后被人民政府认定为革命老区村庄。

盘龙围地处山区属八山一水一分田之地，村中贫穷落后面貌一直无法改变，改革开放 30 多年来年轻一代又一代只好选择背井离乡出外谋生，造成空心村留守村。在 2014 年，盘龙围在上级政府的指导下成立了村党支部及村理事会，村党支部大力发动群众，在 2015 年下半年完成了全村集体及各村民小组共 1000 多亩山地的确权并完成集中流转。土地集中流转后成立油茶种植专业合作社，开展千亩油茶种植项目，投产后年产值达 500 多万元。盘龙围村农综改工作初见成效，使村民得以有机会脱贫奔小康。

2016 年，盘龙围的村党支部及村理事会组织村户代表到英德及惠州等地的先进村参观学习，在参观学习过程中村户代表达成共识：别人能搞好美丽乡村，盘龙围也能做到。在 2017 年，盘龙围村民筹资 300 多万元，完成旧村三清三拆三整治工作，共拆除村破旧危房 1000 多平方米；村民经商议一致同意按"四不补"（即青苗不补、让地不补、拆旧不补、出工不补）推进村中创建美丽示范村建设，村中完成巷道硬底化、村容景观化、周边公园化；建成 600 多平方米四合大院盘龙围文化活动中心，建成环村水泥路及标准篮球场。盘龙围，一个生态优美的小山村正乘乡村振兴东风华丽重生。

（三）老区村庄水流崀村

龙颈镇南冲片区白芒行政村水流崀村，是革命老区村庄。以前水流崀村周边的道路没有进行硬底化，村中小巷也都是泥泞小道，村子的环境卫生堪忧。在村里的一众热心乡贤以及政府的支持下，先后扩建了村前水塘、修建了道路和路灯、建成了篮球场。解决了水电、道路等基础设施后，乘着近几年美丽乡村建设的东风，梁金新等一众乡贤也开始了村子文化氛围和慈善事业的建设。2017 年，村子的道路、鱼塘、篮球场、路灯等，已经基本完成建设，村子里的祠堂也重新翻新，还在祠堂隔壁新建一个文化室。建设美丽乡村，除了有更好的乡村环境，也渐渐形成更文明的乡风，村子的发展也更全面。

（四）老区村庄西头村

革命老区村庄太和镇万寿村委会西头村，曾是一个落后村，经过 2016 年一年的发展一跃成为全镇的明星村。现在的西头村道路干净整洁，各条巷道都安装了路灯，文化室、篮球场等娱乐设施也一应俱全。而就在一年前，村里还是烂泥路，大家很少出门活动。

2016 年年初，村长黎永健数次召集村民开会，商讨村中建设规划。在他的努力下，村民一致同意将本村的涉农资金 5 万多元整合起来，用作项目建设启动资金。要搞村建，仅靠村里 5 万多元的涉农资金显然是不够的。开会当天，村民们纷纷捐资，当天就筹集了 3 万多元的建设资金。尽管村民们纷纷筹资，但搞村建仍是困难重重。为拆除旧屋，村长和理事会逐户上门做工作。为了筹资更是东奔西跑，积极联系外出乡贤捐资，最终，共筹集资金 23 万元用作项目建设。

经过一年的建设，村子的旧貌早已换了新颜，村民的素质比以前高了很多，邻里之间也更和谐。

2016 年 12 月底，清远市组织市直有关部门对全市第一批美丽乡村创建工作进行联合现场审核验收。通过第一批市级验收的美丽乡村 412 个（包括整洁村 266 个、示范村 121 个、特色村 24 个、生态村 1 个），其中清新区 30 个。在这 30 个美丽乡村中，有 4 个是清新区革命老区行政村所属的自然村。这 4 个自然村中，整洁村有 3 个，分别是太和镇万寿村委会西头村、太和镇新洲村委会汶塘村、太和镇五星村委会三村；特色村 1 个，是太平镇天良村委会三一村。

2017 年，清新区 8 个村子被确定为 2016—2017 年度清远市文明村，分别是：清新太平镇天良村委会天下村、太平镇天良村委会三一村、龙颈镇军营村委会大坳村、龙颈镇河洞村委会凤塑村、禾云镇桂岭村大路围十队、浸潭镇六甲洞村委会虎尾村、浸潭镇六甲洞村委会下迳村、浸潭镇五一村委会寨背村。其中，太平镇天良村委会天下村、太平镇天良村委会三一村和龙颈镇河洞村委会凤塑村皆隶属于革命老区行政村。

这些村子各有特色，在建设美丽乡村过程中都不忘加入文明的元素，让创文的触角进一步延伸到乡村，加强乡村精神文明建设，为美丽乡村建设注入内涵，让文明之风吹拂到清新大地。

附　录

附录一

光辉史迹，永垂不朽

一、革命活动旧址

庙仔岗农会旧址

庙仔岗农会旧址，位于清远市清新区太和镇五星行政村庙仔岗村。

1924 年冬，石板乡农民协会正式宣布成立。这是清远县的第一个农会。1925 年初，先在县城公开建立了清远县农民协会筹备处，以指导和组织全县的农民运动。1925 年赖松柏从广州农讲所学习结束返回家乡后，先后发动家人及庙仔岗、灯盏岗、车公咀的农民，成立庙仔岗农会。此后，太平、回澜、山塘、三坑、高田、珠坑、河洞纷纷成立农会。1926 年初，清远县农民协会（简称县农会）正式成立，黄俊廉任执行委员长，赖松柏、刘清任执行委员。到 1926 年初，清远县有县农会，3 个区农会，122 个乡农会，会员 9587 名。其中，庙仔岗农会是 3 个区农会之一。在一年多的时间里，清远县确立了县、区、乡三级农会，农运蓬勃发展。

庙仔岗村是清远县的革命老区，大革命时期农运中心和全面抗日战争时期中共清远地方组织领导的第九中队游击根据地，秦皇山指挥部重要前哨交通点，也是清远县农民自卫军的创始人和领导人赖松柏烈士、抗日英雄赖德林的出生地。1941 年 2 月，中共北江特委第二期党训班在庙仔岗举办。1975 年 5 月，清远县政府在庙仔岗村建立革命烈士纪念碑。

该址是自然村落，占地 2 万平方米。

抗战后期中共清远县委旧址

抗战后期中共清远县委旧址，位于清远市清新区龙颈镇石马圩东一街 13 号。

全面抗日战争爆发后，中国共产党即领导清远人民进行抗日战争，发展党的组织，壮大革命力量。1942 年，中共粤北省委遭受国民党顽固派破坏，清远党组织奉命暂停活动。1943 年，日寇妄图打通粤汉线，中共北江特委决定提前恢复清远党组织活动，派何俊才任县特派员（后任县委书记），以石马中心学校教师的公开身份作掩护。县委机关设在石马圩的石马小学。当时全县有共产党员约 30 人，大部分安排在各中小学教书，开展抗日救亡活动。在农村有高田乡文洞、龙塘乡上黄塘、回澜乡庙仔岗、附城乡石板、石马乡马围等建有党组织，领导人民进行革命斗争，同时还派遣部分党员打入国民党县政府、"三青团"、妇女委员会内部，开展抗日统一战线工作。1944 年日寇两次进攻粤北，同年冬，清远县沦陷，县委先后搬到白庙和庙仔岗村，继续组织清远人民进行抗日斗争，并成立清远抗日同盟军，打击日寇、汉奸，保卫家乡。

原石马小学为民国时期建筑，中华人民共和国成立后因办学需要，将原建筑拆除并在原址上新建了一幢两层平房。2003 年，中共清新县委、清新县人民政府在原旧址立抗战后期中共清远县委旧址一碑。后因学校撤并，2004 年在清新县老区促进会的努力下，在旧址旁建有思源亭，内立有石马镇革命历史简介一碑，并设有思源室（现作为石马圩幼儿园课室）。现保存状况一般。

廖氏宗祠——连江支队秦皇山领导机关驻地旧址

廖氏宗祠——连江支队秦皇山领导机关驻地旧址位于清远市清新区太平镇秦皇行政村大坪村。

粤桂湘边纵队连江支队第三团，是解放战争时期在边纵党委和支队司令领导下的一支人民武装队伍。1946年8月，苏陶等12人从广宁、四会返回清远后，开始在秦皇山区建立根据地。到1949年解放清远为止，三年多时间内，队伍从12人发展到800多人，并成立了连江支队第三团，活动范围以秦皇山区为中心，向东开辟笔架山区，挺进附城，向南进军回岐而扩至清远、四会、三水、花县的边界广大地区，向北发展到龙颈、沙河控制滨江地区，向西至广宁江屯。在此期间，秦皇山大坪村成为粤桂湘边纵队及其连江支队、连支三团的常驻地，廖氏宗祠是其领导机关驻地。1949年，清远县城快解放时，粤桂湘边纵队司令部迁往秦皇大坪村廖氏祠堂，代替原来秦皇山心村的钟氏祠堂成为粤桂湘边纵队新的司令部直至清远县城解放。

廖氏宗祠始建于清代中后期。坐东南向西北，原为二进一井，面阔9.4米，总进深11.23米。祠堂大门上镶嵌"廖氏宗祠"匾额，祠堂正门走廊有麻石柱支撑，中间由4根方形石柱支撑着梁架，石柱下为麻石柱础。硬山顶，抬梁式结构。后来被国民党军队烧毁，1995年重建时改为一进单间。

廖氏宗祠——连江支队秦皇山领导机关驻地旧址，于2011年被清新县人民政府公布为县不可移动文物点。

粤桂湘边纵队秦皇山根据地伤兵站旧址

粤桂湘边纵队秦皇山根据地伤兵站旧址位于清远市清新区太

平镇山心行政村上王村的山岭，离村委会 1.8 千米，西北方向。

1946 年 8 月，广（宁）四（会）清（远）边区队派出一支由苏陶任中队长兼指导员的 12 人的独立中队回到广四清边区的秦皇山活动。其后，冯光率主力部队到达。独立中队以山心为中心，向秦皇山、威整、石马和江屯地区开展对敌斗争，开拓了以秦皇山为中心的游击根据地。由于战斗频繁，部队伤员不断。一些轻伤者，由卫生员进行简单的治疗和医护，大病重伤的伤员，则由今秦皇山心上王村山岭设立的伤兵站救护。在游击战争的环境下，医务人员和药械都严重缺乏，由于部队重视医疗救护工作，加上广大群众配合帮助，战士们有患病和负伤的，一般都可以很快治愈归队。因山心的伤兵站位于山坳中，比较隐蔽，因此也是当地群众躲避战乱、屯粮之地。

旧址靠近村庄，有土路通往，由于平时人迹少，现杂草较多，山道崎岖。旧址保存状况一般，有部分山洞坍塌，部分场所被用于开采石料，遭到破坏。

竹山排兵工厂旧址

竹山排兵工厂旧址位于清远市清新区太平镇秦皇村委会西南方向 5.3 千米处的竹山排。

为确保后勤，1947 年开始，连支三团决定由陈九、兴炎物色一些有修理枪支技术的铁匠，分别在秦皇和南冲的一些山间坑冲设立枪械修理厂。位于秦皇的竹山排兵工厂是其中规模比较大的一处枪械修理厂，能修理轻机枪和 20 响快掣驳壳枪及其他枪支，解决了部分军械所需。

当时搭建的山厂已坍塌，现仅剩部分石脚基础，建筑旧址面积约 100 平方米。

白芒兵工厂旧址

白芒兵工厂旧址位于清远市清新区龙颈镇白芒行政村榕树寨村的平岗顶、成合村和太平坑村。

解放战争时期，粤桂湘边纵队连江支队主要在广（宁）清（远）四（会）边界一带活动。而白芒刚好位于广宁和清远的交界处。1947 年 12 月，游击队在白芒榕树寨村的平岗顶（山岗）设立了一间枪支修理厂，专门为部队修理枪支，后来发展成为研制炸药、土雷的简陋工厂，由熟悉军用器械技术的铁匠梁观舟和陈苟负责。1948 年 3 月，游击队在白芒成合村内开设了第二间小型兵工厂，由该村的潘娇和广宁赤坑的谢煜等同志负责。后来为了安全，兵工厂转移到附近山上临时搭建的山厂（擂茶尾山厂）继续生产。1948 年 5 月，游击队在白芒太平坑村增设了一间配制炸药、雷管的兵工厂，由广宁江屯人黄金生、黄友兄弟负责。这些简陋的兵工厂，为南冲、龙颈、石马、秦皇，以至整个广四清边的部队提供了不少炸药、土雷。游击队战士梁观舟、梁娇二人在研制土雷、炸药时，意外发生爆炸，献出了年轻的生命。中华人民共和国成立后，两位战士被追认为烈士，并由当地政府在白芒小学旁建立纪念碑。

经历数十年的历史变迁，原建筑已荡然无存，四周杂草丛生。

三圣宫——粤桂湘边纵队广四清联区政府和南冲民主乡政府旧址

三圣宫——粤桂湘边纵队广四清联区政府和南冲民主乡政府旧址位于清远市清新区龙颈镇回新行政村江腰村。

解放战争中后期，随着游击区的不断扩大，大量的行政工作、群众工作、支前工作、民事处理都需要加强组织和领导。1948 年 1 月，根据粤桂湘边纵队司令部的部署，在清远南冲三圣宫学校成立了广（宁）四（会）清（远）联区政务委员会（简称联区政府），主任冯华，副主任江东，秘书长钱青。接着成立了 10 个民主乡政府，人口约 10 万，其中在清远的有南冲、山心、秦皇 3个。1948 年 2 月 10 日，由冯华、江东主持，召集了 150 多人在三圣宫学校举行代表会议，商讨成立南冲民主乡政府。乡长由黄启华担任，副乡长梁正彧（一说是黄瑞），民兵队长黄木桂，妇女主任李丽珍，办公地点就设在三圣宫学校。乡政府的主要任务是组织和发动群众，开展反"三征"和"二五减租"运动，维护治安，排解民事纠纷，组织民兵参加部队战斗，支援部队运输，有的乡政府同时还拥有武工队，担负筹粮、收枪、扩兵和除奸任务。

三圣宫是一间庙宇，供奉北帝、关帝和观音娘娘，民国时期兼作学校使用，中华人民共和国成立后被拆除，建筑构件被运到庙江头村用于建设学校。20 世纪 90 年代，当地村民集资在三圣宫原址重建了庙宇。现三圣宫仅一单间，内有神像。头门有"三圣宫"三字，周围杂草丛生，已残破，建筑面积为 48 平方米，保存状况较差。

笔架山伤兵站旧址

笔架山伤兵站遗址位于清远市清新区太和镇笔架山坑尾行政村坑尾村的坑尾塘。

1948 年初，黄日带领武工队开辟了笔架山根据地。由于游击队战斗频繁、伤员增多，每个连队虽都设有卫生员，但只能解决轻伤员，对于大病重伤不能随队转移的同志，连支三团在笔架山坑尾等地的深山里设立了伤兵站，收容伤病员，安置治疗。当时的医护人员克服各种困难，缺乏西药和医疗器械，就千方百计上山找草药代替，土棉蒸制过后代替药棉，用破旧衣服及布料消毒后做绷带，截肢没有手术器械就用锯子代替。医护人员对待伤病员如同亲人，细心为他们清洗伤口、敷药、喂食、洗衣服，有时甚至冒着生命危险，冲破敌封锁，想尽办法解决伤病员所需的粮食、药物，使伤病员尽快治愈归队。

伤兵站是泥屋，因年久失修及自然侵蚀，房屋已严重损毁，现只剩下一堵泥墙。

连江支队第三团筹粮小分队驻地旧址

连江支队第三团筹粮小分队驻地旧址位于清远市清新区禾云镇桂湖行政村天塘山古庙及担川坳村。

担川坳是桂湖行政村的一个自然村，四面环山，东通桂湖，南接建中村，西接石坎，北靠天塘山。天塘山海拔 1089 米，山道崎岖，山顶有一古庙。

1948 年初，为巩固新开辟的平原区和笔架山区，更有效地控制滨江河及清远附城，并逐步形成对县城的包围，连支三团决定从三个方向向外围扩展，其中，廖四武工队负责开辟龙颈和沙河地区。这支武工队从石马的南田活动到龙颈的流狮洞一带，而后发展到沙河乡的桂湖。在沙河乡，武工队进驻天塘山古庙，开辟革命根据地，逐步向山下的担川坳等村渗透，发展地下党组织，策反敌人。同时开展筹集粮食和枪支弹药工作。筹粮小分队在担川坳筹粮筹枪活动得到村民大力支持。1948 年春至 1949 年冬，筹粮小分队共筹集粮食 1.22 万斤，七九式步枪 4 支。

古庙于改革开放后重修，现保存尚好，建筑面积为 200 平方米，头门刻"大仙殿"，平脊，人字山墙，硬山顶，两进一天井。部队在担川坳居住过的泥土房屋、祠堂，多已残破。

起振钟公祠——粤桂湘边纵队司令部旧址

起振钟公祠——粤桂湘边纵队司令部旧址位于清远市清新区

太平镇山心行政村山三村。

1948 年 10 月，粤桂湘边纵队司令部主力从广宁转移到清远秦皇山区游击根据地，起振钟公祠成为当时的司令部驻地，主要用于当时游击队的收发电报、情报以及人员住宿所用。在边区人民群众的支持下，部队逐渐发展壮大，游击区域从秦皇、南冲迅速向滨江及清东、清西平原地区扩展，粉碎了国民党反动派的多次"清剿"，狠狠地打击了国民党的反动势力。

1949 年 3 月 19 日，粤桂湘边区工委军委在清远县秦皇山的山心村召开干部会议，制定行动方案，决定集中使用兵力，有计划地展开军事斗争，歼灭敌人，提高军威，从战斗中扩大主力。1949 年 10 月 13 日，边纵司令员兼政委梁嘉亲自率领连支三团，配合中国人民解放军第二野战军第十四军四十师解放了清远县城。

宗祠始建于清代中后期，1912 年重修，1987 年再次重修。坐东北向西南，三间二进布局，通面阔 12.26 米，通进深 14.79 米，占地面积约 181 平方米。悬山顶，青砖墙。头门为花岗石门框，门额石阳刻"起振钟公祠"，墙檐彩绘人物、花鸟、诗词壁画。内设屏门，上堂两侧悬挂中国人民解放军粤桂湘边纵队的照片和文字简介。现保存良好。

起振钟公祠——粤桂湘边纵队司令部旧址于 2011 年被清新县人民政府公布为县不可移动文物点。

郭屋老山石屋——连支三团常驻地旧址

郭屋老山石屋——连支三团常驻地旧址位于清远市清新区太平镇郭屋行政村老山村。

解放战争时期，粤桂湘边纵队连江支队第三团常驻老山村指挥战斗，宿营整训，伤兵休养。而此石岩洞是苏陶部队驻营地。部队常于此指挥战斗、休养伤员，队员最多时驻有 20 多人。20

世纪六七十年代时，时任清远县县长梁常等老领导同志和老游击队员曾到这里追忆革命先辈们当年的艰苦斗争和英勇事迹。

石屋为一石岩洞，高 1.6 米，宽 3 米，长 15 米。当地称为"石屋"。现保存尚好。

郭屋纸厂炮楼——连支三团指挥、驻地旧址

郭屋纸厂炮楼——连支三团指挥、驻地旧址位于清远市清新区太平镇郭屋行政村纸厂村。

秦皇山郭屋纸厂村是连支三团的常驻地。连支三团的苏陶曾在此炮楼指挥多次阻击战，也是部队宿营整训、伤兵休养、后勤补充地。现在当地还保存有解放战争时期的战壕 1000 平方米。20世纪六七十年代时，时任清远县县长梁常等领导和游击队员曾到这里追忆革命先辈们当年的艰苦斗争和英勇事迹。

炮楼为三层土木结构，每层有射击孔，共 13 个。建筑面积为 80 平方米。采用传统的舂墙技术建设而成，厚实坚固。但久历风雨的侵蚀，现已残破。

粉洞大岽顶炮楼——广怀区队马奔部交通站

粉洞大岽顶炮楼——广怀区队马奔部交通站位于清远市清新区龙颈镇粉洞行政村大岽顶村。

南冲地处清远滨江区的南侧，西靠广宁老区，南连秦皇山，北与阳山相邻。控制南冲可以与广宁老区，与秦皇山区联成一片，可以出击龙颈、禾云滨江各地，可以控制迳口水陆咽喉，威胁清远县城的国民党反动派。广（宁）怀（集）区队的一部由马奔率领，于 1946 年 12 月从阳山太平、清远桃源进入清远南冲、石坎一带。在此之前，周明、蔡雄、冯光部队及熊亦轩、廖四武工队在此活动，有一定群众基础。

马奔部到南冲后，积极发动当地群众参加革命。大崀顶村民张景遂、张什、潘木等长期协助游击队做了大量工作，为部队提供敌特活动情况，开展革命武装斗争，巩固南冲民主政权，为建立农会、民兵、妇女、青年等组织扩大新区，作出了努力和积极的贡献。其时，游击部队时常出入大崀顶村，并将村中炮楼作为临时的落脚点。

炮楼始建于清代，夯土墙，悬山顶，木瓦结构。墙体厚度0.5米，楼高10米，共三层，二、三层四面各有4个射击窗孔。建筑面积为275平方米。现保存状况较差。

石坳头炮楼——广四清边反"清剿"斗争秦皇山战斗旧址

石坳头炮楼——广四清边反"清剿"斗争秦皇山战斗旧址，位于清远市清新区太平镇秦皇村委会西北2千米处。

1947年底，国民党粤北"清剿区"司令官叶肇组织清远、英德、广宁、四会四县共1000多兵力，向广（宁）四（会）清（远）边的秦皇山区和文洞山区开展了一次大规模的进攻。

1948年1月1日，国民党清远县新任县长廖琪亲自出马，采用碉堡联防，远道奔袭的战术，倾巢而出，分兵三路"进剿"广（宁）清（远）边区游击区。敌人一路直指秦皇山心，一路插入南冲的白石，一路派太平乡联防中队长赖沃进入秦皇山梅仔坑，在要道石坳头筑炮楼（碉堡），企图控制秦皇山区。广清边区队以粉碎石坳头碉堡作为反"清剿"的突破口。1月24日晚，武工队员赖虾公以探父为名，劝得赖沃率部投诚，缴来长短枪20支，并把在建的碉堡拆毁。不久，清远县长廖琪又派县保警中队长周志煜率队再次强迫群众修建石坳头碉堡。2月1日，广四清边区队及民兵对石坳头碉堡半夜包围，拂晓进攻，击毙了敌保警中队长周志煜，俘小队长梁汝森等以下25人，缴机枪1挺、长短枪19

支，再次将碉堡夷为平地。此时，马奔率部袭击进犯南冲白石之敌保警队，将其击溃。此役小队长苏巨牺牲。侵入山心的反动团队见形势不妙，乃不战而退。这一仗，廖琪的"进剿"以失败告终，秦皇山游击区进一步巩固起来。

原炮楼建筑有两处，分别在入秦皇村道路的两边山坳上，解放战争时期已被拆除毁坏，现四周杂草林木丛生。

沙连村"红军洞"

沙连村"红军洞"位于清远市清新区龙颈镇镇平行政村沙连村大水坑山。

这是一个可供十来人容身的岩洞。岩洞位置隐蔽，一般情况下不容易被人发现，与村庄之间有小路连通，进可攻，退可守。1948年1月，粤桂湘边纵队连江支队梁国英、廖四率领滨江武工队在此活动。其间，为了预防敌人的突袭，经常在此岩洞住宿。老游击队员黄北回忆："我在此洞住宿记不起有多少次，总的来说为了安全，预防敌人突然袭击，游击队员经常在岩里住宿，白天隐蔽山林小路，晚上下山开展送信、筹粮、锄奸等革命活动。"因为不能生火煮饭，饭食和饮用水由沙连村民协助解决。群众称此岩洞为"红军洞"，一直沿袭到现在。

该址是位于半山腰处的一洞穴，周围林木茂盛，群山环绕，保存尚好，甚少人前来。

风门坳战壕旧址

风门坳战壕旧址位于清远市清新区太平镇车公洞行政村船溪村风门坳。

风门坳是解放战争时期三坑枫坑进入车公洞的必经之地。1949年6月5日（一说七八月间），清远县长陈德用孤注一掷，调集保四师和保警大队、地方武装共 800 多人进攻秦皇山根据地。部队在边纵司令员兼政委梁嘉的指挥下，为把敌人引出秦皇山，以实现在外围作战，边纵独立团与连支三团、英（德）清（远）阳（山）边区人民解放大队一起开出三坑平原。当时，国民党保警十二团从县城向三坑方向进发，保警十一团则企图绕道山心从船底窝出三坑。6 月 7 日战斗打响，首先是边纵独立团和连支三团与敌保警第十二团激战于枫坑村。敌人以密集的炮火射击，组织多次冲锋，均被边纵独立团和连支三团红鹰连击退。当天，英清阳边区人民解放大队埋伏在秦皇山口与三坑枫坑交界的风门坳，顽强阻击了企图绕道山心、车公洞的敌保警第十一团。战斗从下午 5 时打到晚上 9 时，致使敌保警十二团无法前进。后来，边纵独立团和连支三团在英清阳边区人民解放大队的掩护下，全部安全撤退到威整羊角山边的麻涌。此时，敌保警十二团前往风门坳合围夹击，守坳部队相继撤出阵地，到麻涌与边纵独立团和连支三团会合。在夜战中，敌保警十一、十二两个团均误认为对方为"共军"，混战了一夜，敌双方共毙伤 40 多人。

经数十年的自然侵蚀以及生产活动的破坏，今旧址四周树林丛生，仅剩少部分战壕保存。

二、革命人物故居

赖松柏故居

赖松柏故居，位于清远市清新区太和镇五星行政村庙仔岗村。

赖松柏，出生于庙仔岗村，1925 年 1 月被选送参加第三届广州农民运动讲习所学习。其间，加入了中国共产党。在农讲所学习结束后，赖松柏回到家乡积极组织农会。1926 年 6 月，清远县农会成立，他担任执行委员和县农民自卫军常备大队大队长，多次带队打败反动民团的围攻与反扑。1927年四一二反革命政变后，清远党组织奉命应变、转移，组成"清远县非常时期特别委员会"，赖松柏任特委委员；4月下旬，叶文龙、赖松柏奉命率280名清远农军骨干与北江各县农军集结韶关，组成北江工农自卫军北上，赖松柏任第三大队副大队长。8月1日，赖松柏参加了南昌起义，并在二十军三师六团先任连指导员，后任中队长。1927年10月15日，赖松柏被选为中共广东省委委员（清远籍第一个省委委员），并回清远组建清远工农革命军独立团，被任命为团长。12月，发动清远暴动，一度占领清远县城。1928年4月13日，赖松柏再次被选为中共广东省委委员。当年的春夏间，赖松柏在广州瘦狗岭石场以打石工作掩护秘密活动时，被叛徒出卖，为避免更多同志被捕，赖松柏主动站出来让叛徒指认而被捕，从而帮助3位战友脱险。不久，赖松柏被国民党反动派枪杀于广州南石头监狱，牺牲时年仅27岁。

赖松柏故居始建于清道光元年（1821年），为赖松柏祖父赖四公所建，大革命时期曾被反动民团放火焚烧，全面抗日战争爆发后又遭日寇破坏，残破不堪。中华人民共和国成立后，在广东省人民政府叶剑英省长和省政府北江区专员公署专员何俊才的关心支持和督办下，于1952年9月修缮并对外开放。当时纳入了省级保护单位，委托当地管理，每年省、区、县慰问团来慰问时都给予一定的维护修缮和管理费用，后由于多方面原因，"文化大革命"后逐年减少。

赖松柏故居位于庙仔岗村赖氏祖屋前排，坐北向南，原为三间两廊，泥石灰砂墙体杉木结构瓦屋，占地110平方米。历经战乱及岁月变迁，现只留下一"井"房间，占地20平方米，墙脚墙身均保留着原始结构，为杉木瓦屋顶。

三、革命纪念场所

何洪烈士墓

何洪烈士墓位于清远市清新区太平镇山心行政村黄扶坳村。

何洪（？—1948年），南海人（一说番禺人），粤桂湘边纵队连江支队三团小队长。1948年，何洪在清远南冲白芒战斗中负了重伤，在运送后方治疗途中，于白芒牺牲，村民将其埋葬在山心黄扶坳村。

何洪烈士墓现为一泥坟，面积约30平方米，杂草较多，山路崎岖难走。每逢清明，附近的村民都自发前往祭拜，缅怀烈士。

葛菜革命烈士纪念墓

葛菜革命烈士纪念墓坐落于清远市清新区龙颈镇镇平行政村新屋村。

墓地埋葬着两位烈士的英灵。一位名叫温沃华，广东台山人，曾是红四方面军指挥员，1946年在葛菜病故。另一位名叫陈财（才），连支三团战士，葛菜跃进村人。1948年在小秦战斗中，为了掩护战友突击，不幸遇地雷壮烈牺牲，年仅20岁。

为纪念温沃华、陈财烈士，政府于1953年1月在葛菜新屋村的山坡上修建了一座纪念碑，占地面积16平方米，碑身为方形，无碑文，高2.5米。2004年3月，当地村委会与温沃华家属将纪念碑改建成纪念墓，占地30平方米，墓碑高1.2米，刻有碑文。目前保护较好。

白芒革命烈士纪念碑

白芒革命烈士纪念碑位于清远市清新区龙颈镇白芒行政村白

芒小学旁。

龙颈镇南冲片区（原为南冲镇）是革命老区，解放战争期间，是中共领导的革命武装（不同时期番号不同）在清远活动的主要区域之一。其间，南冲人民参加革命的有460多人，其中参加粤桂湘边纵队及其连江支队的有360多人，为部队筹粮送信、交通联络、护理伤病员等堡垒户人员100多人，还有民兵200多名维持地方治安和配合部队参加战斗10多次。

1947年12月，游击队在白芒平岗顶设立枪支修理厂。1948年3月，游击队在白芒成合村内开设了第二间小型兵工厂，由该村的潘娇和广宁赤坑的谢煜等同志负责。后来为了安全，兵工厂转移到附近山上临时搭建的山厂（擂茶尾山厂）继续生产。1948年5月，游击队在白芒太平坑村增设了一间配制炸药、雷管的兵工厂，由广宁江屯人黄金生、黄友兄弟负责。这些简陋的兵工厂，为南冲、龙颈、石马、秦皇，以至整个广（宁）四（会）清（远）边区的部队提供了不少炸药、土雷。其间，游击队战士梁观舟、梁娇两人在研制土雷、炸药时，意外发生爆炸，献出了年轻的生命。

1953年1月，当地人民在白芒小学宿舍旁边修建了一座纪念碑，占地面积16平方米，碑身为方形，高2.5米，无碑文，以纪念梁观舟、梁娇和其他在白芒战斗牺牲的何洪、崔绍等烈士。现保存状况一般。每年都有老游击战士和中、小学生前来祭拜，同时也是当地中、小学生的爱国主义教育基地。

南冲革命烈士纪念碑

南冲革命烈士纪念碑，位于清远市清新区龙颈镇南冲圩南冲小学。

龙颈镇南冲片区（原为南冲镇）是革命老区，是粤桂湘边纵队的发源地之一，地处清远滨江区的南侧，西靠广宁老区，南连秦皇山，北与阳山相邻。1948 年 1 月，粤桂湘边纵队在清远南冲三圣宫学校成立了广（宁）四（会）清（远）联区政务委员会（简称联区政府），接着成立了 10 个民主乡政府，其中在清远的有南冲、山心、秦皇 3 个。其间，南冲人民参加革命的有 460 多人，多人为革命事业献出宝贵的生命。1948 年 2 月，连江支队三团小队长苏巨带领小分队突袭国民党驻白石据点。战斗中，苏巨为掩护战友撤退而被国民党猛烈的火力围困，最后光荣牺牲。

1953 年，为纪念苏巨及其他在南冲白石战斗牺牲的烈士（共17 人），在南冲白石庙建了一座碑身高 19 米的纪念碑。1969 年，将其迁至南冲敬老院楼侧并重新刻写碑文。2002 年，再次迁至南冲小学运动场边重建。重建后的纪念碑占地 125.5 平方米（不含绿化），碑身为方形、高 21 米。纪念碑成为当地的爱国主义教育基地。每年有游客和中、小学生前来祭拜，同时也是当地中、小学生的爱国主义教育基地。

南冲革命烈士纪念碑于 2011 年被清新县人民政府公布为县不可移动文物点。

邓带安烈士纪念碑

邓带安烈士纪念碑位于清远市清新区三坑镇雅文行政村大围村。

邓带安，清新三坑雅文村人，1915 年出生，1937 年加入中国共产党。抗日战争期间在粤北地区从事抗日救亡工作，从事过地下党的工作，参加过革命武装斗争。1946 年 11 月参加广东省委举办的领导骨干训练班。1949 年 1 月，邓带安被委任为粤桂湘边纵队连江支队三团下属武工队队长。

1949 年 6 月，邓带安带领 10 多名队员到三坑南山岗坳（今三坑泥围村）发动人民群众和筹集军备粮食。由于有个名叫汤恭的山塘土豪告密，国民党反动派趁黑夜包围南山。邓带安发现敌军兵力太强，决定和队员向后山转移。全部队员撤离到后山后，发现装有党的机密文件和队员名单的公文包遗落在村里。邓带安即带领两名队员回村中搜寻公文包，找回公文包即向后山转移，当走到麻仔堀的山沟时，被敌人围追上来。邓带安当机立断把公文包交给两名队员，并嘱咐一定要安全地回到部队。自己随后作掩护，把敌人引到另一方向的山沟里。敌人人多势众，很快就包围了邓带安。战斗中，邓带安不幸中弹，壮烈牺牲。

1964 年，在三坑雅文大围村旁边建立邓带安烈士墓，并立纪念碑。

邓带安烈士纪念碑原占地面积 12 平方米，2019 年 11 月进行了修葺，周围建立围栏，重修后建筑面积为 110 平方米。碑高 5 米，底座高 1.25 米，宽 1.25 米。正面碑刻有"邓带安烈士永垂不朽"字样，现保存良好。每年有中、小学生前来祭拜，同时也是当地中、小学生的爱国主义教育基地。

邓带安烈士纪念碑于 2011 年被清新县人民政府公布为县不可移动文物点。

钟惠民烈士纪念碑

钟惠民烈士纪念碑，位于清远市清新区禾云镇建中行政村铁坑四村铁坑冲山脚下。

钟惠民，又名俊时，太平秦皇山心人，1927 年出生，1946 年参加粤桂湘纵队连江支队，属第三团战士。1948 年 3 月，钟惠民随廖四武工队在龙颈、沙河地区活动，发动群众反"三征"、减租减息、清匪反霸、维持治安，成立民兵和农会组织，扩大武装队伍。1949 年 5 月 3 日，反动武装上百人包围铁坑村，向铁坑村乱枪扫射。钟惠民为掩护部队安全向村后的军山撤退转移，只身英勇阻敌，身负重伤昏迷，被敌人搜捕后壮烈牺牲，年仅22岁。

1964年，清远县人民武装部为纪念钟惠民于铁坑村铁坑冲山脚下建立纪念碑。2019年11月，当地政府进行重修。

纪念碑坐西北向东南，基座高0.5米，长1.5米，宽1.5米，碑身高3.8米，建筑面积为110平方米。碑下埋有烈士尸骨和其遗物银哨子。近50年来，每年清明节前后，当地中小学生和人民群众到场扫墓纪念，成为当地革命传统的教育基地。

钟惠民烈士纪念碑于2011年被清新县人民政府公布为县不可移动文物点。

桃源烈士纪念碑

桃源烈士纪念碑位于清远市清新区浸潭镇桃源圩培侨小学背后山坡上。

浸潭镇桃源片区（原桃源镇）在解放战争期间，是中共领导的革命武装在清远活动的区域之一。1948年11月，粤桂湘边纵队连江支队第三团副班长梁章火被部队派往桃源执行任务。梁章火到达桃源后，国民党反动武装闻风追截。战斗中，梁章火不幸壮烈牺牲。1950年1月6日，中国人民解放军粤赣湘边纵队北江第一支队团政治处主任、副团长方觉魂带领一个连到达桃源，与桃源的地方武装力量，组成三个加强排，分三路出击，围剿国民党驻蕉坑的残部。在战斗中，卫生员欧贤、机枪副射手郑广厦、战士冯荣滔壮烈牺牲。

1972年12月，为纪念梁章火、欧贤、郑广厦、冯荣滔四位烈士，在培侨小学背后山坡上建立纪念碑。2000年重修，保存较完好。

纪念碑坐北向南，边长4.34米，碑身及纪念碑座基用水泥砌筑并贴陶瓷片,纪念碑上方有"革命烈士永垂不朽"八个大字,下方刻有烈士芳名。每年有当地学校组织学生前来祭拜,同时也是当地中、小学生的爱国主义教育基地。

桃源烈士纪念碑于 2011 年被清新县人民政府公布为县不可移动文物点。

庙仔岗烈士纪念碑

庙仔岗烈士纪念碑位于清远市清新区太和镇五星行政村庙仔岗村。

太和镇五星行政村庙仔岗村是革命老区,大革命时期是清远农民运动的发源地之一,抗日战争和解放战争期间,是中共领导的革命武装在清远活动的主要区域之一。

1975 年 4 月 1 日,当地干部群众为缅怀革命先烈,表彰革命烈士功绩,建成庙仔岗烈士纪念碑,并将部分烈士遗骨葬于碑后。庙仔岗革命烈士墓为合葬墓,安放着多名有名和无名的烈士骸骨。有名烈士分别为大革命时期和土地革命战争时期牺牲的 11 人,赖松柏、赖河清、苏森、黄社状、李泽、方初、林义、朱炳、袁添、朱七仔、林荣;抗日战争时期牺牲的 9 人,赖德林、赖树林、赖金有、赖锦坤、赖镜河、廖北流、邓如淼、朱九、黄钊;解放战争时期牺牲的 6 人,赖荣新、谭振荣、张玲、方虾、郑水贤、黄振平。这些烈士分别在不同时间,不同地点、不同战役中牺牲。

纪念碑于 2011 年 3 月进行重修,碑高 10 米,占地 1374 平方米,为混凝土建筑,碑的正面镌刻"革命烈士永垂不朽"。碑座平面呈方形,正中央镶嵌重修后立的《庙仔岗革命烈士纪念碑志》碑刻,碑座下有宽阔的平台、护栏。现保存良好。庙仔岗烈士纪念碑也是清新县的爱国主义教育基地。每年清明节前后,有附近中小学师生前往拜祭。

庙仔岗烈士纪念碑，于 1995 年被清新县人民政府公布为县级文物保护单位，于 1995 年被中共清远市清新县委宣传部公布为县级爱国主义教育基地，于 2012 年 7 月被中共清远市委员会公布为清远市党史教育基地。

中国人民解放军粤桂湘边纵队秦皇山根据地纪念碑

中国人民解放军粤桂湘边纵队秦皇山根据地纪念碑位于清远市清新区太平镇山心村委会后的小山岗。

秦皇山区是粤桂湘边纵队开展游击战争活动的中心地区。1945 年 5 月，原珠江抗日游击纵队政委梁嘉、副司令员谢斌、政治部主任刘向东等受命率领的西挺大队到达四会、广宁，与当地人民起义武装队伍会合后，经过反复的艰苦斗争，胜利击退敌人进攻，队伍不断发展壮大，开辟了广（宁）四（会）、广（宁）清（远）、广（宁）怀（集）边等游击根据地，使粤桂湘边区联成一片，粤桂湘边纵队成为解放战争时期华南战场 7 个纵队之一。终于在 1949 年冬，配合南下野战部队解放了整个边区，胜利实现了"饮马西江，扬旗五岭"的战略目标。

在三年解放战争中，边区军民紧密团结，浴血奋战，共进行较大的战斗数百次，取得了辉煌战果，并培养锻炼了大批干部。在战争中有 2000 多名指战员光荣牺牲，其中有纵队副政委、广西工委书记钱兴，连江支队司令员冯光，纵队直属二团团长张明等。

秦皇山区是粤桂湘边纵队、连江支队和连支三团的常驻地。秦皇山区人民群众在解放战争年代，不畏艰险，积极支持部队，踊跃参军参战，有的还献出了热血和生命，为夺取解放战争的胜利作出了很大的贡献。

纪念碑于 2001 年 1 月动工建设，8 月竣工。建筑面积 80 平方米，碑高 9.1 米。纪念碑坐西南向东北，用水泥洗石米砌筑碑身及纪念碑座基，有碑文。正面刻着"中国人民解放军粤桂湘边纵队秦皇山根据地纪念碑"及碑文，碑顶有五角星。每年有游客和中、小学生前来祭拜。

中国人民解放军粤桂湘边纵队秦皇山根据地纪念碑于 2004 年被中共清远市清新县委宣传部公布为县级爱国主义教育基地，于 2011 年被清新县人民政府公布为县不可移动文物点，于 2019 年被中共清远市委员会公布为第二批清远市中共党史教育基地。

秦皇山革命根据地纪念馆

秦皇山革命根据地纪念馆位于清远市清新区太平镇山心村委会旁。

解放战争时期，粤桂湘边纵队在秦皇山区开展游击战争活动，秦皇山区是连江支队三团的常驻地。秦皇山区军民紧密团结，浴血奋战，取得了辉煌战果，并培养锻炼了大批干部。粤桂湘边纵队共有钱兴、冯光、张明等 2000 多名指战员在对敌斗争中光荣牺牲。秦皇山区人民群众不畏艰险，积极支持部队，踊跃参军参战，甚至献出了宝贵的生命，为解放事业作出了很大贡献。因此，秦皇山革命根据地纪念馆铭刻着粤桂湘边纵队、秦皇山根据地游击队和秦皇山区人民为解放事业不怕牺牲、英勇奋斗的革命斗争精神，是激励后人奋进的生动教材，是弘扬革命传统、培育爱国精神的重要载体。

太平镇为挖掘历史资料，讲好秦皇山本地英雄先烈的故事，讲好发生在秦皇山的革命故事，以身边事教育身边人，加强对秦皇山革命根据地史迹的保护与开发利用工作，自 2018 年 8 月起，在秦皇老区 4 个村和市区两级组织部、史志办、老促会等部门大力支持和协助下，太平镇委派专人走访老区，采访老游击队员、烈士家属等，广泛征集有关秦皇山历史的革命物件，还到肇庆广宁、清远连南等地博物馆参观学习，研究粤桂湘边纵队历史、连江支队史。经过近一年的努力，秦皇山革命根据地纪念馆终于建成。

秦皇山革命根据地纪念馆建筑面积约 200 平方米，馆内通过文字、照片、实物等介绍秦皇山革命历史。主要有秦皇山革命历史、参与革命游击队员介绍、秦皇山战斗故事等 10 个板块内容，展现革命先辈们的英勇事迹。

秦皇山革命根据地纪念馆于 2019 年被中共清远市委员会公布为第二批清远市中共党史教育基地。

附录二 革命人物，彪炳青史

一、部分革命烈士传略

韦启瑞

韦启瑞（1900—1927 年）是大革命时期广东农运的先驱，是清远县农民运动革命工作的启蒙人和奠基人，是清远县第一个共产党组织的领导人。

韦启瑞，壮族，又名韦元，字灵五，1900 年 8 月出生于广西邕宁县蒲庙乡联村团统坡的一个壮族农民家庭。1920 年起在广东省立第一中学就读期间接受进步思想，参加学生运动。1923 年 6 月加入中国共产主义青年团。1924 年 7 月参加广州农民运动讲习所第一期学习，结业后在广州从事农民运动工作，12 月加入中国共产党，同月到清远县负责农民运动工作，组建清远县党小组并担任组长。韦启瑞在清远期间，与宋华、赖彦芳一起，以石板农会为基点，逐步推广至庙仔岗、上黄塘等清东、清西、滨江各地，全面掀起清远农运的高潮。同时，大力培养当地优秀农民，吸收其中的先进分子参加中国共产党。1925 年 1 月韦启瑞兼任共青团清远县特别支部书记。至 1925 年 5 月，先后发展农民骨干钟耀初、钟耀龙、刘妹、刘清、钟耀生、陈达常、温锦成、赖松柏、赖全、黄俊廉、黄翼云等 11 人为中国共产党党员，连同原党小组成员共 14 人，经上级批准，成立中国共产党清远县第一支部，韦启瑞任支部书记。

1926 年 1 月，韦启瑞任广东省农民协会西江办事处主任，5 月当选广东省农民协会执行委员，领导西江各县的农民运动。适逢西江发生地主残害农民事件，省农会特派韦启瑞以国民党省党部代表的名义，到肇庆处理"高要惨案"，后被任命为省农会西江办事处主任。1927 年 4 月 14 日，参加省农协紧急会议后从广州赶回肇庆部署应变，当晚被国民党反动军警逮捕，数天后在江门县英勇就义。时年 27 岁。中华人民共和国成立后，广西壮族自治区民政厅追认为革命烈士。

周其鉴

周其鉴（1893—1928 年）是中国共产党的优秀党员，大革命时期广东农运的领袖之一。

他于 1893 年 4 月 6 日出生在广宁县寺前辅（今南街红星）新楼村的一个穷秀才家里。1918 年秋，周其鉴到广州考入广东甲种工业学校染织科就读。1919 年满怀爱国激情投身五四运动，从此踏上革命征途。1921 年加入中国共产党，参与并领导广东早期的学运和青运。1922 年参与组建成立了广东第一个社会主义青年团。1924 年创立广宁县农民协会，担任执行委员会委员长，组建中共广宁支部并担任书记。1925 年组织农民武装自卫军，领导广宁减租运动，参与广东第一次农民代表大会的筹备和组织工作，任广东农民协会执行委员、常务委员。1926 年任广州农民运动讲习所第六期教员，中共西江地区执行委员会书记，广东省农民协会西江办事处主任，倡办北江农军学校。1927 年参加南昌起义和广州起义，北江巡视员。

1927 年 10 月，他当选为中共广东省委候补委员。12 月，到清远领导和组织农民武装，成立以赖松柏为团长的清远县工农革命军独立团，并调集花县农军，于 1927 年 12 月 3 日攻打清远县城，占领县署，迫使国民党县长陈守仁缴印投降。1928 年 1 月 22 日，周其鉴在清远县葫芦岭活动，在农会骨干余锦华家中，被反动地主告密，不幸被捕。1 月 26 日被敌人杀害于清远县城西门岗，遇害时年仅 35 岁。

叶文龙

叶文龙（1900—1928 年）是中共清远县委员会第一任书记，是清远人崇敬和怀念的革命英雄。

叶文龙是海南省文昌市铺前镇田良尾村人。祖父和父亲在封建社会都在四川为官，是位官宦子弟。幼年时父亲就为他专聘家庭教师，受到良好的教育。1911 年辛亥革命推翻清王朝统治，随父返回故乡。后来父亲受聘为琼崖中学（现琼台师范学校）国文教员，随父读书，成绩优异。1922 年夏，叶文龙从琼崖中学考进上海沪江大学攻读政治经济系。1924 年夏，他加入中国共产党。8 月下旬在上海成立琼崖新青年社。

1925 年秋，考进上海国立自治学院。同年秋，转学南京国立东南大学攻读经济系。

五卅运动中，叶文龙当沪学联会闽广宣传代表。运动后，以上海琼崖新青年社代表返粤，在中华全国总工会任干事，与此同时，兼任广东区委委员、秘书，还任苏联顾问鲍罗廷的翻译，协助中共广东区委书记陈延年工作。

1926 年 4 月，以广东农运特派员身份，被派往北江搞农运，奉命来到清远接替韦启瑞的工作，组建清远地区第一个县级党组织——清远县委员会，叶文龙任县委书记，肩负起领导农民武装斗争，反击地方豪绅猖狂进攻的重任。他一到清远就立即召集党、团员扩大会议和各区乡农会会议，分析斗争形势，传达党的指示。为了加强农民武装力量，他指示各区乡农协扩大吸收青年会员参加农民自卫军的同时，组织训练农军骨干。11 月 25 日，清远县民团局派民团到清城麻田寺牛行挑衅，强硬要求将原来经批准由农会收取作经费的麻寺田牛行租税，改由民团收取。其无理要求遭到拒绝后，民团开枪镇压和恐吓农军与群众，农军奋起还击。牛行事件发生后，叶文龙组织清远农军连续取得反击为非作歹的反动民团斗争的胜利，保护了农会和农民的利益。

1927 年 4 月 12 日，蒋介石叛变革命，广州 4 月 15 日也开始"清党"。广州大屠杀后，反动民团以 3000 元赏缉叶文龙，他毫无畏惧，仍领导北江农民武装北上。4 月 18 日，清远农军和农协干部集中县城开会，传达省委指示。20 日下午农军 280 人集中县城，占领县电讯机关，破坏敌通讯。当晚叶文龙带领农军北上，22 日到达韶关。

1927 年 5 月 1 日，叶文龙率工农自卫军从韶关出发，进入湖南郴州，修整 3 天后继续北上，于 5 月 14 日到达耒阳，并在此进行整编训练。5 月 21 日长沙驻军三十五军三十三团团长许克祥叛变，发动"马日事件"，屠杀共产党人，北上受阻。6 月 3 日，率农军离开耒阳转到资兴十八都驻扎。8 日，中央派两同志到十八都号召工农自卫军去武汉，叶文龙遵照中央指示，于 6 月 15 日抵武汉。工农自卫军被收编为革命军。这时叶文龙改任湖北省农民讲习所教务长。

1927 年 7 月 15 日，汪精卫叛变革命，党组织调文龙回上海中央宣传部工作（当时党中央驻上海），为中宣部负责人之一。同年 12 月被中央委派回广州参加广州暴动，回到香港时，广州暴动已失败，便留香港工作。

1928 年 2 月，叶文龙与刘清奉命从香港潜回北江指导工作。

他俩化装成商人，乘火车到清远横石，雇一条小船沿江而下，不幸在清远白庙被清远反动民团逮捕，解回县城杀害，时年 28 岁。

赖松柏

赖松柏（1901—1928 年）是清远县农运的三大领袖之一，曾两任中共广东省委委员。

1901 年，赖松柏出生于清远县回澜五星庙仔岗村一农民家庭。1924 年，国共实现合作，广东呈现出生机勃勃的革命形势。1925 年 1 月，赖松柏被选送到第三届广州农讲所学习，由于表现突出，被光荣地吸收为中共党员。

农讲所毕业归来，他发动庙仔岗、灯盏岗、车公咀 3 村农民建立了农会组织，进而推动到整个六区（包括太平、回澜、山塘、山坑、陂头等乡）都普及农会机构。是年，清远县农会成立，同时还组建了一支 1200 多人的农民自卫军。赖松柏被选为县农会执行委员，并兼任县农民自卫军常备大队长。

1926 年 11 月，反动民团头子刘东、潘伯良等，纠集民团武装及浔江土匪共 300 多人，疯狂围攻黄獍座农军苏森小队。县农会闻讯后，即令赖松柏带领石板、太平两支农军驰援。赖松柏率队于次日赶到现场，激战多时攻不溃民团，于是亲率 18 名勇士冒死冲入重围，与围内坚守的苏森小队会合一起，开展内外夹攻军事行动，终于击退了民团，解救了被困的农军兄弟。

是年 12 月，刘东、潘伯良、梁佩伦等反动头目又纠集浔江、三水等地的土匪数百人，对石板、上黄塘、庙仔岗等农运基地烧杀掳掠。赖松柏先是在庙仔岗率当地农军抗击民团围攻，由于敌众我寡，不得不转移到太平圩鏖战，民团上千人包围太平圩，火攻农军炮楼。赖松柏指挥农军奋战三天三夜，最后冲出了敌人的包围圈。双方重新集结兵力，拟在山塘决战，情势十分紧张。国民党清远县长见此，便赶往山塘召集双方代表开会进行调停。反动民团冷不防对正在撤防转移中的农军发起突袭，导致农军伤亡200余人。酿成了震惊全县的"山塘惨案"。赖松柏临危不慌，沉着应战，率队保护代表脱险，并引导农军主力杀出了重围。

中共广东省委获悉清远事件后，马上通过省农会向省政府交涉。省府令南韶连警备司令陈嘉佑处置。陈嘉佑派周之矢团长率一个营前来清远镇压民团，赖松柏率农军配合作战，全歼其残部。反动民团头子潘伯良只身逃脱。经此一战，清远的革命局势遂趋稳定。

在1927年4月中下旬至10月初这五个多月里，赖松柏遵照党的指示，参与组织清远农军北上武汉，武汉国民政府叛变后又率清远农军赶到江西参加南昌起义。随后清远农军编入叶挺部队，赖松柏任中队长，率部随起义军转战赣闽粤各地，参加多次浴血战斗。起义失败后，赖松柏奉命转移到香港。是年10月15日，中共广东省委在香港召开会议，改组了省委。赖松柏被选为省委委员。11月初，周其鉴等向赖松柏传达了省委关于组织清远农民暴动的指示。

赖松柏回到清远后，很快地组建了一支200多人的清远工农革命军独立团，由他担任团长。12月3日，清远独立团与前来支援的花县农军兵分两路攻打清远县城。赖松柏率农军夺取东门、北门和西门，当场击毙反动分子朱平，缴获不少枪支弹药。又派出农军突击队攻入县府，迫使国民党县长陈守仁交印投降。该次暴动，震惊省城，牵制了敌人的力量，对即将举行的广州起义起到配合作用。

广州起义后，白色恐怖笼罩城乡，革命转入低潮。赖松柏于1928年初转移到香港，找到党组织后又潜回内地秘密活动。同年4月，广东省委在香港召开扩大会议，并改组了省委，赖松柏虽未出席会议，仍继续当选为省委委员。当时赖松柏遭敌人追捕，和一些同志到广州沙河瘦狗岭石场，以打石为掩护，伺机再组织暴动。不幸被叛徒发现，引国民党军警前来抓捕。在这生死关头，赖松柏首先考虑的是战友们的安全。他主动暴露自己而引开敌人，赖松柏被捕后关押在广州监狱，不久英勇就义，年仅 27 岁。

刘清

刘清（1900—1928 年）是清远县农民运动的三大领袖之一，1900 年出生于清远县附城石板村一农民家庭。

1924 年冬石板村建立起清远县第一个农民协会，指引农民走向解放翻身的革命道路。刘清积极参加农会工作，到各地宣讲农会宗旨和章程，唤醒贫苦农民起来组织农会，参加农会，开展反封建斗争。在此期间，刘清得到中共广东区委来清远工作的农运特派员韦启瑞的启发教育，对革命的认识不断提高。1925 年 1 月刘清被发展为中共党员，是清远县本地第一个入党者。1925 年 4 月，刘清被党组织推荐，到广州第四届农民运动讲习所学习。由于滇、桂军阀在广州发动叛乱，农讲所于 1925 年 6 月暂停上课，各地学员回原籍开展农运工作，刘清回县后在党组织的领导下，参加农运宣传队，分头到全县各地宣传时事形势，组织农会，开展"二五"减租等活动。他广泛介绍在广州参加各项政治运动的亲身经历和见闻，宣传全国农民运动的革命形势，有力地推动了本地农民运动向纵深发展。同时，他在清远号召群众，响应政府号召，支援平定"刘、杨叛乱"；以后又成立县罢工团，声讨抗议帝国主义制造"五卅惨案"和"沙基惨案"。农讲所复课后，刘清随即回广州继续学习。

1925 年 9 月，刘清于农讲所毕业回县，即全力投入县农民协会的筹建工作，后任县农协党支部书记，成为清远县农运领导成员之一。

蒋介石于 1927 年 4 月 12 日发动反革命政变后，全国革命形势紧张，县农军奉命集结北上，刘清为县"非常时期特别委员会"委员，受命在县农军撤出后留守地方，应变待命。他肩负重任，不畏艰险，领导各乡农会骨干积极转入地下斗争，抗击地方反动分子的报复和镇压，保护农会会员及农民的安全，同时伺机联络和继续发展地方革命力量，潜伏活动，坚守待机。

广州起义前夕，上级布置各地农民暴动，省委候补委员周其鉴、省委委员赖松柏等人回县组织暴动。刘清和其他留守人员积极响应配合，他亲赴花县带来花县的农军部队 160 人回县，配合全县农军武装组成清远县工农革命独立团，由赖松柏任团长，刘清、宋华任攻城指挥员，率领起义军秘密抵达清远县城郊。

1927 年 12 月 3 日，清远县农民举行武装暴动。在中共中央省委候补委员周其鉴领导下，工农革命军团长赖松柏指挥战斗，兵分多路从 4 个城门攻打县城，刘清率附城和石板农军冲入县城南门，沿主要官道南门大街迅速占据了城内学宫和书院等中心要地。在各路进城农军的配合下，刘清率领突击小队，猛扑国民党县政府，迅速占领了县署，迫使当时的国民党县长陈守仁带所属官员向农军投降。这次清远暴动，壮大了革命声势，在战略上有力地配合了广州起义。刘清在清远暴动中，孤身勇闯，直捣敌巢，生俘县长，缴获县印，威震敌胆，为革命事业立下了功勋，反动派对他又怕又恨，大革命失败后他成了清远国民党当局列名悬赏缉捕的主要人物之一。

广州起义失败后，国民党在全广东省实行白色恐怖。刘清与叶文龙在执行秘密任务时，在白庙附近不幸被捕。在狱中，刘清面对敌人的严刑逼供毫无惧色，拒不吐露党的机密。反动派无计可施，又怕革命群众暴动将其营救，便匆忙把他押赴县城西门岗刑场，将其杀害。

刘清牺牲后，反动派要进一步株连其家属，其老父和弟弟均逃亡在外，烈士遗骸由革命群众以房亲名义就地殓葬。解放后人民政府根据群众意愿迁葬烈士回石板村，并建立烈士墓碑，记载事迹，使其流芳百世，以教育后代。

邓如淼

邓如淼（1912—1942年）在1941年至1942年任中共清远县委书记，是革命的"黄牛仔"。

邓如淼是广东连县保安镇水口村人，于1912年出生于知识分子家庭。1927年，就读于广州仲恺农工学校，多次听过何香凝校长的演讲，阅读进步书刊和革命理论，倾向革命。1930年毕业后，回到家乡，受聘于连县乡村师范和县立女子高等学校任教。1933年起，先后在广州中山大学农学会、广东省蚕业改良局容桂分区和岭南大学蚕丝系搞科研实验工作。

全面抗战爆发后，邓如淼参与组织中国劳农协会，参加中华民众教育促进社，并在连阳、佛冈等地开办民众夜校。当时他采用《群众读本》为夜校课本，选进步报刊的文章作为教材宣传抗日、传播革命思想，深受群众欢迎。1938年夏，邓如淼加入中国共产党。1939年春，中共连阳特支改组为连（县）、连（山）、阳（山）、乳（源）四属工委，邓如淼任工委宣传部长，被派往韶关参加中共广东省委主办的党员干部训练班学习。结业后，他积极开展抗日救亡运动，组织民众夜校读书会、剧团、下乡宣传队等多种群众组织形式，开展革命活动。1940年冬，邓如淼为躲避国民党当局搜捕，而转移到清远工作。1941年2月，任中共清远县委书记兼组织部长，以经营山货铺为名掩护县委工作。在负责县委工作期间，走遍了县内各地，联系所有地下党成员和积极分子，有计划地开展工作。由于长期操劳过度，身体日趋虚弱。1942 年端午节前后，在外地执行任务后，回到家中突患急病，来不及救治，不幸殉职。

清远人民解放后为纪念他，在革命老区庙仔岗建立革命烈士纪念碑，并在碑文刻有邓如淼烈士的名字。

赖德林

赖德林（1909—1945 年）是清远县第一支抗日武装的创建人。1909 年出生于清远县回澜五星庙仔岗村一农民家庭。1925 年，16 岁的赖德林参加农会，并参加农民自卫军常备队。

1927 年赖德林跟随叶文龙、赖松柏带领的北江工农自卫军北上途中，因长沙发生"马日事变"而受阻，工农自卫军驻在耒阳待命。总部派赖德林等 7 人到衡阳购买粮食，他们在完成购粮任务的同时还打探到敌人要围攻北上的工农自卫军的消息。赖德林马上带领 5 人连夜赶回耒阳报信，粮食则由谭平亚扮作商人随后雇船运回部队。部队得讯后，立即从耒阳退入山区，避开了敌人的围攻。

8 月 1 日，赖德林等来自清远的工农武装，参加了南昌起义。4 日，起义部队撤出南昌，赖德林随军南下，先后经临川、广昌到瑞金、会昌。在会昌城外的山头攻击战中，赖德林怀着为战友报仇的怒火，首先冲上山头，缴获敌人的机枪，与随后冲上来的战友一起，全歼守敌 1 个排。赖松柏部受到表扬，赖德林也因此火线入党。起义部队在从潮汕地区向东江进军途中，部队又一次遭到敌人的重兵夹击，赖德林解救了被围困的战友，自己却被敌人包围。因寡不敌众，不幸被俘，他利用夜间逃脱，回到汕头，由党组织设在汕头的办事处将他送到香港。

1927 年 12 月，赖德林从香港回到广州，参加广州起义。然后潜回到清远，加入赖松柏的队伍。在小秦战斗中，他手臂受伤，农军队伍被冲散，赖德林辗转去了香港。不久他又随赖松柏等人回到广州，在沙河瘦狗岭石场做工隐蔽。赖松柏被捕后，赖德林从广州逃往南海西樵，1936年回到老家庙仔岗村。

1939年冬，清远进行党组织恢复活动，与党失散多年的赖德林终于取得同党组织的联系。此后，他遵照党的指示，积极投入抗日救亡工作。

1941年赖德林协助中共北江特委在庙仔岗成功举办了一期党员干部培训班。1944年6月，清远县委领导机关迁到庙仔岗村，赖德林在县委的直接领导下，把附近的群众发动起来，组织起20多人的抗日游击队，加上英德九龙的地下党员罗发的抗日独立小队，共有100多人，这支抗日游击队对外称为"第七战区第二挺进纵队第三大队第九中队"，赖德林任中队长。

1945年春，在清远县委的领导下，赖德林等带领游击队伏击日伪军，不费一枪一弹，生擒第四大队大队长何秋及随从14人，缴获短枪5支，冲锋枪1支，步枪13支。5月13日傍晚，九中队和二大队五中队联合攻打盘踞清城的日寇，但因大雨过后泥泞路滑，行走困难，到达清城时错过了最佳战斗时机，赖德林建议：进入虎穴，机会难逢，速战速决。按计划投入战斗后，何俊才、赖德林带领第九中队战士神速直抵南门街敌军据点，日军仓促应战，赖德林率领战士用密集火力对敌猛烈扫射，击毙日军1个曹长和士兵数名。战斗中赖德林重伤倒地，何俊才和两位战友冒着弹雨将他救出来。因流血过多，赖德林在社田村经抢救无效，光荣牺牲，时年仅36岁。

黎定中

黎定中（1907—1946年），是广东省南海县狮山乡黎边村人，

1907 年出生，原名黎镇华，又名锡麟，定中是其参加革命工作时的名字，而白头黎则是清远群众称呼他的绰号。

黎定中青少年时在家乡读书，后考入广州岭南大学。1926 年在岭大读书时，关心时事形势，在革命思潮的影响下，积极参加学生运动，投身到反帝反封建的革命潮流中。1927 年因参加广州起义而逃避上海，在当地被捕。当时上海交通大学校长黎照寰是他的族叔，闻讯为之奔走疏通才得以保释。

全面抗战爆发后，黎定中于广州沦陷后奉命疏散到粤北，从事抗日救亡工作，并参加中国共产党。1940 年，北江特委任命他为中共清花工委组织委员，和工委书记谢永宽一起，负责恢复和开辟在抗日前沿的清远县革命活动。他们风尘仆仆，在清远县城内外到处秘密查访，要寻找大革命时期的农运骨干，以打开缺口，建立立足点。

根据上级的安排，他们首先联系上大革命时期清远县农会执行委员长黄俊廉，在其家乡建立农村活动点。通过黄俊廉的引路，又来到大革命时期农运中心之一的回澜庙仔岗，探访曾参加南昌起义的农军干部赖德林和其他农会骨干。同时又到当年农运中心之一的石板乡和县内滨江山区的龙颈和文洞山区等地活动，重新燃起革命火种。

后来，经过组织的审查和上级的批准，恢复了部分大革命时期党员的组织关系，加强了党地方骨干力量和扩展了在农村的工作面。庙仔岗和文洞山区成为北特在清远农村可靠的阵地，多次在此开办党训班等活动，以后庙仔岗又成为建立党领导的清远人民抗日武装——第九中队的基地，农军干部赖德林是中队长；文洞山区成为东纵西北支队的驻地。这些革命据点，在开展人民抗日武装斗争中起了很大的作用。

1940 年六、七月间，因情况有变调动工作，他奉命将清远地下党的组织关系和情况交与新接任的副特派员李福海接管。他先离开清城到文洞山区任小学教师，不久就调到英德县去，继续以教师身份为掩护从事地下党工作和抗日救亡活动。"粤北省委事件"发生后，组织活动停止，他被转移到英德其他地方任教，隐蔽待时。

1944年下半年，北江特委按照中共广东省临委的指示，全面恢复地下党的活动，并积极准备开展敌后抗日武装斗争。"家长"黄松坚（黄松坚外号"家长"）派黎定中与麦冠常、王式培等10名共产党员干部，到珠纵南三大队学习军事游击战术。结束训练后，黎定中被派到第二中队任指导员，活动于番禺、南海等沦陷区一带，与日寇开展游击战斗。

1945年七、八月间，抗战胜利前夕，珠纵南三大队奉命北上粤赣湘边，迎接党中央派来的"二王"部队。国民党对东纵、珠纵抗日游击队十分恐惧。这时，日军已投降，为独占胜利果实，他们集中兵力对北上的部队进行拦阻堵截。11月，部队进入始兴瑶山途中，黎定中在战斗中负伤，留在群众家中隐蔽治疗，被沿途搜索的反动派俘获，关押在韶关警察看守所，后解往连县监狱。

黎定中原已负伤，在解押途中带病乘船和行走，创伤得不到医治，到监狱时已奄奄一息。1946年春节后，在反动派的虐待与折磨下，黎定中不幸病逝于连县国民党的监狱中。

冯光

冯光（1920—1949年），又名沥祺、义理、石生、何达生，1920年出生于清远县汤塘复兴村。他9岁丧父，接着母亲改嫁，妹妹被卖，自己只得跟随同父异母的哥哥生活，勉强读了三四年书。由于童年失去了父母的关爱，又受到家庭和社会的歧视，生活困苦。少年的冯光便经历艰苦环境的磨练，从小养成倔强的性格，立志要改变这不平的世道。

1939 年，他在家乡参加了共产党领导的滘江青年抗日先锋队，积极参与抗日救亡活动，并于同年秋加入中国共产党。1940 年夏，冯光被调到中共领导的广州市区游击第二支队，活动于珠江三角洲。翌年，在西海老区保卫战中，他和一些战友坚守路尾围炮楼。日军多次进攻都未得逞，便用大炮把三层的炮楼轰掉两层。冯光和战友从三楼跌至一楼，苏醒后又立即爬起来迎击日军的进攻，终于胜利地保卫了西海。冯光在战斗中表现出色，被提升为小队长。1941 年 10 月，冯光奉命带领一个小分队去龙湾接受国民党军一个中队的起义。岂料情况有变，遭敌突袭，冯光两腿中弹负伤。他忍受着剧痛，以超人的毅力爬回司令部驻地。他坚韧不拔的精神，受到司令部通报表彰，成为大家学习的榜样。冯光伤愈后，留在支队司令部任手枪队长。

1944 年 4 月，他带领手枪队惩治了禺南沥滘卫金允、卫金润等"十老虎"和专事奸淫掳掠的土匪流氓"五豺狼"。6 月，他处决了番禺新造国民党区长，又智歼七乡联防大队长黎贯。一系列的战斗锻炼，冯光增长了军事指挥才干，被任命为中队长。1944 年 7 月 24 日，冯光率领 7 个战士在番禺植地庄坚守阵地，与包围该村的 500 多个日军展开战斗。依靠冯光的胆略和 7 个战士的团结、勇敢、机智，毙伤日军 70 多人，终于打退日军 10 多次进攻，保卫了植地庄。这就是全面抗战时期闻名珠江三角洲的"植地庄八勇士"。植地庄战斗结束后，冯光被调到广东民众抗日游击队珠江纵队独立第三大队任大队长。

1945 年 5 月，由梁嘉、谢斌、刘向东等组建中共西江地委，同时建立广（宁）四（会）清（远）武装区队，冯光任区队长，周明任政委。冯光和周明带领区队武装，经过近一年的时间，从站稳脚根到逐步发展壮大，开辟了广四清边抗日游击根据地。

1946年，根据国共两党签订的《双十协定》，华南游击队部分北撤山东烟台，而冯光被留在粤西坚持游击斗争。

1948年2月，中共粤桂湘边工委组建连江、绥河两个支队，冯光任连江支队司令员，周明任政委。冯光、周明率领连江支队活动于连江两岸及湘南地区，发动了多个地区人民武装起义，组建了阳山人民抗征自救队、英（德）乳（源）阳（山）曲（江）抗征大队、东陂人民抗征队和连（县）宜（章）临（县）人民抗征大队，革命烈火燃遍连江两岸和湘南地区。

冯光和周明率领连江支队和支队属下的各起义部队，征战连江两岸，建立了许多革命根据地。国民党反动派对冯光、周明领导的连江支队，怕得要死，恨得要命。

1949年1月22日，国民党阳山县长李谨彪亲自率领阳山县警队、连县保安营及地方反动武装400多人，分两路向游击队驻地罗汉塘袭击，妄图将连江支队主力一举消灭。冯光亲自指挥反击。战士在司令员的带领下越战越勇，从天亮一直战斗到下午4时，打退李谨彪的多次进攻。正处于敌疲我打的情况下，冯光抓住时机端起机枪向敌群猛烈扫射，毙敌营长以下10多人。在反击战即将取得胜利的时候，冯光司令员不幸中弹，壮烈牺牲，时年29岁。

赖虾公

赖虾公（1929—1949年），又名赖柱石，是一个英勇善战，胆略过人，屡立战功的战斗英雄。1929年出生于清远县太平龙湾村的一个农民家庭。1947年10月参加秦皇山游击队——广四清区队。

赖虾公在部队的革命大熔炉里迅速成长，他对战友亲，对敌狠，遇事果断，作战勇敢。在短短的革命历程中，参加过大小战斗不下数十回，常常冲锋在前，掩护在后，深入地区除恶锄奸十多次，次次出色地完成任务。

1948年1月24日晚，部队攻打石坳头炮楼，赖虾公以探父为名，掩护游击队突入梅仔坑联防队驻地，并劝其父太平乡联防中队长赖沃率部投诚，缴长短枪20多支，并把在建的炮楼拆毁。1949年1月1日，赖虾公提出化装偷袭，不伤一人，不费一弹，成功智取车头坝敌碉堡。上级表扬他为智勇双全的同志并奖励手表一只。后赖虾公被任命为手枪班突击组长。1949年5月，他化装成农民，独自前往笔架山口田心村，擒拿作恶多端的联防中队长禤十，并押回黄腾峡。他率领手枪突击队员，多次执行部队命令，机智勇敢地在敌人眼皮底下，惩奸除恶，如活捉下田心保长赖社桂，警告大地主麦振拔，惩办田螺湾横水渡奸细撑渡佬和国民党催征人员，以及枪毙继任联城乡联防队长陈土金等。

1949年8月，赖虾公在袭击白庙街联防队战斗中光荣牺牲，这位年仅20岁，参加部队不到两年，屡立战功的游击队战士，未能亲见五星红旗升起，便壮烈牺牲在白庙街上。1949年10月22日，连支三团全体同志在清城学宫举行三团烈士追悼大会，政委兼团长苏陶在挽联上写下"生前揸枪打牛骨，死后挥刀斩阎罗"，以对烈士的革命豪情致以深切的敬意。

二、清新籍烈士英名录

大革命和土地革命战争时期			
姓名	籍贯	牺牲前职务（单位）	牺牲时间地点原因
赖松柏	回澜五星庙仔岗村	清远工农革命军独立团团长，中共广东省委委员	1928年广州被捕遭杀害

（续表）

大革命和土地革命战争时期			
姓名	籍贯	牺牲前职务（单位）	牺牲时间地点原因
林二	回澜五星车公咀村	农军战士	1926 年 8 月 3 日在太平作战牺牲
朱炳	回澜五星车公咀村	农军战士	1927 年 4 月在太平被捕遭杀害
苏森	太和周田苏围村	农军中队长	1935 年在清远被捕解广州杀害
黄社状	太和周田迳口村	农军战士	1926 年在汕头作战牺牲
李泽	太和周田鹿仔岗村	农军战士	1926 年在鹿仔岗战斗牺牲
方初	回澜燕星燕子岗村	农军战士	1927 年 11 月在江西南昌作战时牺牲
袁添	回澜新洲汶塘村	农军战士	1929 年在英德连江罗格战斗牺牲
朱七仔	回澜低地大围村	农军战士	1929 年在曲江大坑口作战牺牲
汤月科	山塘新兴	农军战士	1927 年在湖北武昌作战牺牲
黄丽生	山塘花岗大园村	农军战士	1928 年 7 月 15 日在广州黄花岗被杀害
黄水生	山塘花岗	农军战士	1929 年在湖南作战牺牲
钟子尽	太平小秦二队	农军战士	1933 年在清远石板坑作战牺牲
胡天华	太平马岳长布围村	农团宣传员	在三坑被捕，在广州遭杀害
周文波	太平马岳	农军战士	1926 年 9 月在汕头作战牺牲
钟息	太平小秦	农军筹粮员	1931 年在太平庙岗作战牺牲

（续表）

大革命和土地革命战争时期			
姓名	籍贯	牺牲前职务（单位）	牺牲时间地点原因
郭金广	高田坳头沙一村	农军分队长	1927 年在广州北郊作战牺牲
张师勤	石马凤塱大围	农军战士	1928 年在石马板潭口作战牺牲
张师高	石马凤塱	农军战士	1926 年在石马作战牺牲
张罗带	石马凤塱	农军战士	1927 年在石马河洞作战牺牲
白金荣	龙颈水东南山村	广州东山火柴厂工人	1927 年 12 月参加广州起义时牺牲
禤逢吉	龙颈石崇上高村	中山大学学生	1925 年 6 月 23 日在广州"沙基惨案"牺牲
唐明鉴	龙颈黄坑	广州东山火柴厂工人	1927 年 12 月参加广州起义时作战牺牲
陈田	龙颈共和	广州东山火柴厂工人	1927 年 12 月参加广州起义时作战牺牲
白景辉	龙颈水东村	广州藤器工会组长	1927 年 12 月参加广州起义时作战牺牲
黎波	朱坑石岗大围	龙颈农民协会委员	1927 年在车头坝被杀害
抗日战争时期			
姓名	籍贯	牺牲前职务（单位）	牺牲时间地点原因
赖德林	回澜五星庙仔岗	清远抗日武装"九中"中队长	1945 年 5 月在清城与日寇作战牺牲
赖树林	回澜五星庙仔岗	西北支队排长	1945 年 9 月 7 日在南雄作战牺牲
赖金友	回澜五星庙仔岗	西北支队班长	1945 年 8 月 13 日在南雄作战牺牲

（续表）

抗日战争时期			
姓名	籍贯	牺牲前职务（单位）	牺牲时间地点原因
赖镜河	回澜五星庙仔岗	西北支队通讯员	1945 年 9 月 7 日在南雄作战牺牲
赖锦坤	回澜五星庙仔岗	西北支队战士	1945 年 9 月 7 日在南雄作战牺牲
赖荣新	回澜五星庙仔岗	北江支队班长	1945 年在翁源作战牺牲
廖北流	回澜五星丁盏岗	西北支队通讯员	1945 年 9 月 7 日在南雄作战牺牲
潘波	太平大楼二队	西北支队战士	1944 年 8 月在笔架山被匪军杀害
朱九	太平大楼南便队	西北支队小队长	1945 年在黄腾峡战斗牺牲
张树林	高田大队新龙村	西北支队战士	1945 年在南雄作战牺牲
马模	石马塘坑村	西北支队战士	1945 年在始兴作战牺牲
解放战争时期			
姓名	籍贯	牺牲前职务（单位）	牺牲时间地点原因
朱九	太平镇大楼	北江支队小队长	1945 年 10 月在清远黄腾峡作战中牺牲
马模	龙颈镇塘坑	连江支队战士	1945 年在始兴县作战牺牲
梁成佐	龙颈镇回新	连江支队战士	1946 年 2 月在清远监狱被杀
梁正志	龙颈镇回新	连江支队筹粮队队长	1946 年 3 月在清远监狱被杀
方虾	回澜燕星	北江支队战士	1946 年 5 月在英德作战牺牲
黄火佳	龙颈镇南冲	游击队交通员	1946 年在南冲被捕杀害
莫挺	龙颈镇南冲	连江支队交通员	1946 年在四会作战中牺牲

（续表）

解放战争时期			
姓名	籍贯	牺牲前职务（单位）	牺牲时间地点原因
谭振荣	太和镇新洲	连江支队三团武工队组长	1947 年 11 月在回澜被杀害
伍冬朝	三坑镇鸡凤	清远县游击队战士	1947 年在清远作战牺牲
丘培兰	龙颈镇粉洞	连江支队三团炊事员	1947 年在石坎被捕杀害
冯木英	太平镇山心	连江支队三团武工队员	1947 年在石坎被捕杀害
冯金	太平镇秦皇	连江支队三团战士	1947 年在秦皇山作战牺牲
刘成真	龙颈镇石坎	连江支队三团联络员	1947 年在石坎被捕杀害
何金水	龙颈镇石坎	连江支队三团筹粮员	1947 年在石坎被捕杀害
何火	龙颈镇南冲	连江支队三团联络员	1947 年在石坎被捕杀害
邵北养	龙颈镇佛市	连江支队三团交通员	1948 年在石坎作战中牺牲
郭文	太平镇大楼	东江一支队副班长	1948 年 8 月在东莞作战牺牲
潘大九	太平镇大楼	连江支队三团副班长	1948 年 8 月在高田作战牺牲
古金仔	太平镇郭屋	连江支队三团战士	1948 年 8 月在四会被捕杀害
郭广泉	太平镇大楼	连江支队三团战士	1948 年 9 月在太平作战牺牲
陈彬	太平镇沙塘	连江支队三团战士	1948 年 9 月在清远水楼作战牺牲
郭森荣	太平镇大楼	连江支队三团战士	1948 年 9 月在太平北坑作战牺牲
韦禧	龙颈镇河洞	连江支队三团班长	1948 年 10 月在广宁作战牺牲
黄明	龙颈镇骆坑	连江支队三团交通员	1948 年 10 月在清远骆坑作战牺牲
梁永	石潭镇白湾	连江支队三团手枪组组长	1948 年 11 月在石马作战牺牲

（续表）

解放战争时期			
姓名	籍贯	牺牲前职务（单位）	牺牲时间地点原因
黄建杨	太平镇秦建	连江支队三团战士	1948年11月在桃源焦坑作战牺牲
黄振平	太和镇万群	连江支队三团武工组组长	1948年在回澜作战牺牲
张玲	山塘镇低地	连江支队三团战士	1948年在石角作战牺牲
钟棠	山塘	连江支队三团班长	1948年在河洞作战牺牲
梁章火	龙颈镇白芒	连江支队三团副排长	1948年在桃源作战牺牲
莫水	龙颈镇回新	连江支队三团战士	1948年在石潭作战牺牲
黄祥光	浸潭镇桃源焦坑	连江支队三团战士	1948年在广宁作战牺牲
莫金	龙颈镇白芒	连江支队三团战士	1948年在清远县城被杀害
钟锦霞	太平镇山心	连江支队三团武工队员	1948年在太平被捕杀害
黄先	太平镇龙湾	连江支队三团战士	1948年在河洞花鸠作战牺牲
梁文利	龙颈镇回新	连江支队二团战士	1948年在浸潭作战牺牲
陈才	龙颈镇南冲	连江支队三团战士	1948年在秦皇作战牺牲
江伯木	龙颈镇寺洞	连江支队三团交通员	1948年在南冲被捕杀害
江北林	龙颈镇寺洞	连江支队三团交通员	1948年在南冲被捕杀害
江陈佑	龙颈镇寺洞	连江支队三团交通员	1948年在南冲被捕杀害
黄辉	龙颈镇竹洞	连江支队三团战士	1948年在南塔顶作战牺牲
江绍会	浸潭镇桃源焦坑	连江支队二团战士	1948年在湖南临武作战牺牲
冯荣滔	龙颈镇头巾滩	连江支队三团战士	1949年在桃源作战牺牲
赖镜波	龙颈镇珠坑圩	连江支队三团战士	1949年在英德作战牺牲
梁荣	龙颈镇白芒	连江支队三团战士	1949年1月在石马作战牺牲

（续表）

解放战争时期			
姓名	籍贯	牺牲前职务（单位）	牺牲时间地点原因
赖灶	龙颈镇佛市	连江支队三团通讯员	1949 年 4 月在清远茶坑被敌杀害
钟惠民	太平镇山心	连江支队三团战士	1949 年 5 月在沙河铁坑作战牺牲
冯棠	太平镇大南	连江支队三团战士	1949 年 5 月在阳山七拱作战牺牲
郑水贤	太和镇井塘	连江支队三团战士	1949 年 5 月在四会威整作战牺牲
江汝新	笔架三坑滩	连江支队三团班长	1949 年 5 月在附城作战牺牲
张观炘	龙颈镇石马迳口	连江支队爆破组组长	1949 年 5 月在姨坑口作战牺牲
赖树	龙颈镇佛市	连江支队三团交通员	1949 年 5 月在石坎筹粮被捕杀害
邓带安	三坑镇雅文	连江支队三团中队长	1949 年 6 月在清远泥围被敌杀害
黄葵	龙颈镇头巾滩	连江支队三团战士	1949 年 7 月在西门岗被敌杀害
江锦河	龙颈镇珠坑水深村	连江支队三团战士	1949 年 7 月在大姨坑被捕杀害
赖虾公	太平镇龙湾	连江支队三团手枪突击队组长	1949 年 8 月在白庙作战牺牲
黄炳辉	龙颈镇珠坑车头	连江支队三团战士	1949 年 8 月在广宁作战牺牲
钟惠民	太平镇	连江支队三团通讯员	1949 年在禾云铁坑作战牺牲
陈金水	太平镇秦皇	连江支队三团战士	1949 年在秦皇作战牺牲

（续表）

解放战争时期			
姓名	籍贯	牺牲前职务（单位）	牺牲时间地点原因
钟锡	太平镇秦皇	连江支队三团战士	1949 年在秦皇作战牺牲
钟乃	太平镇秦皇	连江支队三团战士	1949 年在秦皇山心作战牺牲
欧伟文	太平镇	连江支队三团战士	1949 年在秦皇作战牺牲
陈肇光	浸潭镇	绥贺支队东风团战士	1949 年在广宁作战牺牲

革命历史文献资料

一、历史文献资料

北江农军远征述评①

（1927 年 11 月 14 日）

周其鉴

北江农军在武汉政府反动局面底下，一月以来，除了了解资产阶级政党和政府的反动而外，自然没有得着什么。所谓汪主席主持的政治委员会却决定，把广东来汉工农军改编到新编的第十三军军长陈嘉祐〔佑〕部下，每月决定六千元给养，做他的补充团。随后并由陈嘉祐〔佑〕派出一个在北江历次做出压迫工农、摧残工农、到处詈骂工农运动的反动参谋长沈凤威做补充团团长。这便是武汉政府和陈嘉祐〔佑〕对待广东工农的态度。

北江工农军在武汉完全明白了武汉政府和南京政府对待工农没有两样，觉得万分不对路，要自己设法离开武汉；同时，接得共产党及一切革命分子与贺叶铁军有在南昌另组革命委员会，提兵南下广东，讨伐李黄钱邓诸逆，实行土地革命，解放农民，建

---

① 中共清远市委党史研究室等合编：《清远县党史资料选编（1924—1949 年）》，2000 年版（内部发行），第14—15 页。

立工农革命政权的消息，这在北江工农军看来是很值得参加和拥护的，因此不惜牺牲自己从几千里带到武汉的枪弹，交由陈嘉祐〔佑〕派人缴库，而秘密跑到南昌来，参加南昌"八一"的大暴动。这才得吐出数月来——尤其是在武汉所受的抑郁不平之气，于是一部分编入贺龙部第三师第六团，一部分编入政治保卫处特务队，一部分编到粮秣管理处运输队，沿路高呼"土地革命"、"杀回广东"、"建设工农政权"，大家觉得这才是工农自己应做的事体，不枉数月来的奔波劳碌呢！

八月二十五日大军行到江西赣东道瑞金县之壬田市，把李、钱、黄派出江西堵截我军之前锋打败了。二十六日我军攻入瑞金城，敌人大队完全退集会昌，我军便直赶至会昌，此时编入贺龙部第六团之北江工农军，大显其勇敢牺牲杀敌致胜的气度。虽然与敌正面强悍部队相接触以至于短兵相接，血肉相搏了，然而有死无二之决心，北江农民领袖卓庆坚和粤汉铁路工人领袖甄博五与勇敢工农出入枪林弹雨中，相与一致冒险冲锋突围陷阵的精神，是值得钦佩的！谁说工农不能当兵，打仗，去冲锋呢！此次北江勇敢觉悟的先进工农，和北江工农领袖卓、甄二同志，合计牺牲在战场上的数十人。他们的血，是为着工农的本身利益，为着土地革命而流的！他们的事实，将在土地革命历史上占有重要的位置！他们的牺牲精神，将永远指导着全北江，全广东，以至于全中国农民兄弟和工人兄弟，使踏着先烈的血迹前进，以完成土地革命解放农工之使命！

会昌一役，我军是胜利了，把钱黄部队打得落花流水，不能成军了，后来并且由福建到达潮汕方面来。此时北江工农军，正在改编到东路讨贼军，准备独立（？）指挥的作战时候，然而单纯的军事运动的胜利，是靠不住的。革命的胜利，只有全广东工农自己起来大暴动，才能够成功。贺叶铁军到潮汕以后，究竟因为工农大暴动没有兴起，以致孤立无援，受着逆军大队的摧残，在普宁失败了。同时北江工农军，也因失败而溃散，现陆续由潮汕转省港潜回各地的不少。他们企图再接再厉，唤起农民群众自己起来暴动，实行没收土地取消债务夺取政权，还是气吞敌人雄心犹存呢！

北江农友们工友们！两湖两广工农，还正在继续斗争，夺取土地最后之胜利。起来！拿着这几个月万里奔走中所得政治军事以及从前一切教训和经验，继续数月来与敌人奋斗的精神前进！最后的胜利，终属于我们！

我们高呼：

土地革命成功万岁！

农工革命成功万岁！

连江支队三团发布之减租减息条例①

民国三十六年（即一九四七年）十月

甲：凡本属内各乡村，不论外地与本地田主、债主、耕户、债户，一律应遵照本减租减息条例切实执行，毋得违抗。

乙：减租项：

1. 凡十足收成者，除依照各地乡例区分山尾田洞、下田订定租额外，必须一律执行二五减租，即按照原额七五折交租、收租。

2. 凡不能十足收成者，应除去时年损失外，再减其应减之数额，由联区政务委员会（以下简称联委会）（或当地人民团体）会同业佃双方及本队代表参加商酌实际情形确定之。

3. 因天时水利不能下种或被山猪、蝗虫、田鼠食害，全部不

---

① 中共清远市委党史研究室等合编：《清远县党史资料选编（1924—1949 年）》，2000 年版（内部发行），第48—50 页。

能收成者，一律免租，非全部失收者，则按照上条之规定办理之。

4. 减租后各业户不能因减租而借故收回自耕，或贪租另佃〔如业主确有需要，亦应于满批后，商请联委会（或当地人民团体）及本队代表会同处理之〕。

5. 减租后严禁任何人用任何方式进行揪耕霸耕侵害原耕人之佃权与地主人之业权。

6. 凡业主借词不减或明减暗不减者，佃人有向联委会（或人民团体）或本队提出控诉之权。

7. 除正项田租外，一切额外索取，如田信鸡、田信肉……等，一律严禁收授。

8. 减租必须交租，不能借故延交或拖欠，如有此等情弊者，业主有向联委会（或人民团体）及本队提出控诉之权。

丙：减息项：

1. 借谷还谷者，以加三息为标准，即借一石还石三。

2. 借银还谷者，其息额多少，由债权人与负债人会同联委会（或人民团体）及本队代表斟酌实情公平处理之。

3. 凡因旧债缪辕未清，双方无法解决者，可将实情报告本队，以便秉公处理，惟对以利作本，利上加利等无限制之非法盘剥，一律禁止。

4. 凡农当过耕者之田，如历年之应得田租已超过本谷（或本银折谷）之一百分之一百四十者则可由债约赎回并由联委会（或当地人民团体）决定还本成数，惟不得超过本谷百分之三十（如系纸币者，按当时物价折谷计）。

5. 在高利贷者的操纵下，各地谷会入金部〔原文如此〕变高利贷剥削的一种形式，故必须加以合理处置，其办法由群众大会及本队代表决定之。

6. 凡本利已清者，债主必须将借债人之抵押品原物、原数交还，不得扣押或少欠。

7. 减息必须交息，如借故不交或有意拖延者，债权人得向联委会（或当地人民团体）或本队投诉请求处理之。

丁：凡不遵照本条例之规定，提前收租收息者，必须退租退息，将超过本条例规定之数额交回佃人债户。

戊：凡租息未交清者，业主与债权人必须立回清单交佃人与借债人收执为凭。

己：凡借势违反及破坏条例之各项规定者，依其情节之轻重由联委会（或人民团体）与本队给以严厉之惩罚。

庚：凡因减租减息有关双方纠纷未决之事，均可向联委会（或人民团体）或本队投诉，以待公平处决。

申：附则：

1. 本条例有未尽善处，由联委会（或人民团体）会同本队补充或修正之。

2. 本条例自公布之日起施行。

布告①

查本队为苏陶部队人民子弟兵，无论过去与现在，均坚持救国为民之宗旨，故我们一方面反抗美帝国主义代替日本强盗侵占我国权益和凌辱我国同胞，一方面反抗蒋介石、宋子文丧权辱国、专制横行、贪污枉法、征兵征粮、强奸民意等种种罪行，而另方面，我队又忠诚为民众服务，坚贞民众结合，维持地方治安，推广减租减息，排解民间纠纷，举办福利事业，倡办平民教育，实行赠医赠药，清除土劣奸细，推行抗兵抗粮，并进行建立以人民

---

① 中共清远市委党史研究室等合编：《清远县党史资料选编（1924—1949 年）》，2000 年版（内部发行），第 51 页。

为主，听命于人民的区乡政权和自卫武装，为期早日结束蒋宋苛政，俾我国运昌隆，广大人民得自由民主和丰衣足食，在此，我们愿与各地爱国人士，开明士绅，有良心的伪乡保长，推心联络合作，维护桑梓或直接参加我区各种民主建设事业，又欢迎有正义的绿林豪杰和蒋家文武官员，暗中协助或者起义来归，本队将给予照顾优待及量才任用。

在此，我们得庄重指明，我队一向有着最严厉的民众纪律，非但不损民众一丝一毛，且以替民众做好事，引为无尚光荣。其次，我队向各地殷商富户筹粮，乃本"用之于民，取之于民"和"有钱出钱，有力出力"之原则，绝不强迫，亦绝不需贫户筹给。又其次，我队锄杀奸恶，向极慎重，除非罪大恶极，破坏我部队，又危害我民众，否则，均争取其自新改过，实与恶意造谣之胡言梦语根本异样，故希受骗之新区同胞，明辨是非，分清黑白。

切切此布

苏陶

一九四八年二月

对军事领导、战斗作风之检讨[①]
——看九连五战五捷之后

一、从一九四七年 25/12〔指 12 月 25 日，此文的日期均如此表示〕秦皇桥伏击开始我们骨干队（主力队）才有经常性与组织之军事活动，也才能胜利地完成过一些军事任务，到现在为止，在 18 个月作战中，我们经历大小战斗三十余次（包括秦皇桥伏击 25/12、梅仔坑战斗 24/1、石坳头战斗 2/2、马鞍岗战斗 28/4、北

---

① 中共清远市委党史研究室等合编：《清远县党史资料选编（1924—1949 年）》，2000 年版（内部发行），第 56—63 页。

坑战斗 16/6、石坳仔战斗 18/6、滨江河战斗 11/7、清西公路伏击 5/8、梅坑口伏击 25/9、滨江河伏击 18/1、石马战斗 16/2、龙政坑战斗 3/4、河洞口伏击 6/4、鲁山战斗 13/5、解放威井战斗 23/5、恢复威井之战 31/5 等十六次有缴获之仗，与包括杜山战斗、乌石洞战斗、北坑战斗、滨江河战斗、石马战斗等五次得不偿失牺牲同志之仗，以及十余次不胜不败之仗）其中大部分是消灭敌人一部与击溃敌人的胜仗、小部分是得不偿失、损失同志的败仗与风流仗又其中除三四次与兄弟队配合作战之外，绝大部分之单独作战。

二、在十八个月我们收获了一些什么战果呢？（不包括武工队之缴获、也不包括打"灰条"之缴获）

缴获：轻重机　　五挺

　　　驳壳枪　　二枝〔支〕

　　　长短枪　　一七六枝〔支〕

　　　掷弹筒　　一个

毙伤俘敌　二百人（约数）包括俘敌太平乡乡队副李宗文、太平乡联防中队长赖玉（煜），回岐自卫大队分队长梁汝森、山塘第二联防区区队长林信安、队副林兆权，石马乡民众自卫中队负责人温达、白月初、梁锦，清远自卫总队第六中队的分队长何粹清，毙敌回岐自卫大队中队长周志煜，太平市巡官刘通贤及下任潘汉义等。

三、在十八个月中我们损失了一些什么呢？

牺牲：九名

计：潘卓（队员）、怀（韦）禧（队员）、郭全（队员）、黄先（队员）、陈彬（手枪组）、木荣（小队副）、郭荣（手枪组）、梁永（荣?）（保卫员）、张玲（队员）、冼国（小队副）。

受伤：九名

计：曾镜、陈超、何昌、国强、杰仔、白满、李清、麦义、锦棠（只有二人未愈）。

投敌一名：

计：谢其（谢生不是骨干队的不计在内）

失枪：驳壳枪四枝〔支〕、七九二枝〔支〕。

四、得失相较，我们是有收获，是有成绩，我们所以胜利，是因为：

（一）我们经常保持主动，积极寻战，创造战机、保持旺盛士气与各战都几乎集中优势兵力执行了毛主席的游击战争方针，好像一九四八年廖琪集中三个中队（约百五六人）向山心进攻，并采用"驻剿"与兴筑碉堡分割我区的战术，那时我们只有三四十人，但积极寻战，日日设伏其联络队，坚决破坏其碉堡，结果梅仔坑一战，跟住〔着〕石坳头一战，便粉碎了敌人的全部布〔部〕署，又如滨江河伏击、石马解放之战与解决鲁山之战，都是集中相当优势的兵力，故很容易解决〔前者敌二十余人、我单突击队也二十余人，中者敌十余人（反动商家不计在内）我单预先入圩的突击队也三十余人，后者敌二十人，我投入战斗的八九十人〕。

（二）发扬军事民主，每战都经过讨论，领导上很易接受干部意见，甚至是队员同志和民众的意见（这可补领导上军事经验缺乏之不足），好像解放石马之战16/2、滨江河伏击18/1，都经过两三次干部会议。好像石坳头之战、鲁山之战、梅仔坑之战、马鞍岗之战等都是接受了民众和一些队员同志之意见，因为一些民众和队员他们熟悉地形，他们也熟知敌人武装的特性、质素与生活习惯故其意见有些是正确的。由于领导上战斗经验缺乏，惟有广泛的听取同志意见，才能使部署正确取得胜利。

（三）战场指挥灵活，喊话与军事压力相结合，差不多在每次战斗中，干部在前线的指挥都表现得灵活与英勇，尤其在收复威井的战斗中，在没有什么预先布置的情况下，以雷霆连为主配合其他两连很迅速便收复威井圩。梅仔坑战斗、石坳头战斗、石马战斗都是一些军事压力与政治诱降相结合而收到效果的范例。

（四）布置审慎，不打无把握与可能有大伤亡之仗，一九四八年初期，我们曾提出麻雀战的偷袭战术，因为攻坚武器缺乏，因为突击人才少，为避免无所谓伤亡与消耗弹药，故对偷袭的布置不做强攻的准备，一被敌人展开便迅速撤退，我们又强调"落在屎窟吊颈"，努力避免伤亡，爱兵观点是有的（当然另方面这种审慎是大胆放手之阻碍），因而在十九个月中只伤亡共十八人。

五、另方面由于我们在军事领导上尚有弱点、战斗作风不是完全正派，故我们的成绩仍是很渺小，仍赶不上形势的需要与满足上级的要求，我们的弱点是什么呢？

（一）未能大胆放手，战斗决心不够，怕伤亡，怕队伍疲劳，在使用兵力上也是不够大胆，我们承认在战斗作风上，顾虑太多，不易出战，不易下决心，不易投重兵于冲锋，在用兵上经常是全部出战以小队或中队为作战单位，很少以班为作战单位负担一线（如威井战斗、三坑战斗、山心战斗），在应付敌人冲锋上，坚守的信心未强（如杜山、乌石洞战斗），这是我们最严重的弱点，领导和干部都有这个弱点，如果不迅速克服，我们就只配开"烟仔摊"，不配开"行口"的，产生这个弱点的原因：①军事领导弱、战斗经验少；②过于看轻自己的力量，这与骨干队很多是弱兵有关；③未经大规模战斗，锻炼尚少；④过于强调爱兵，怕队伍疲劳，怕同志伤亡，没有认识到战场爱兵不应绝对强调，为了胜利我们得准备付出相当的代价；⑤保守思想仍残存着，领导上没有好好组织反省与切实纠正（只作一般纠正）。

（二）只能打小规模之仗与打无论兵力地形都很有利之仗，

而不善于打硬仗、打运动仗，也不善于应付无论兵力地形都对自己不利之仗，以及不善于在有伤亡之后组织冲锋、组织反击，好像石角战斗（张玲牺牲那一次）、北坑战斗（木荣牺牲那一次）、石坎战斗、石马战斗（冼国牺牲那一次）都是这样，一有伤亡，斗志便低，无法组织有把握的冲锋。

（三）缺乏完善的歼敌计划与周密的布置（包括情报与具体战斗的布置与深入的政治动员）。一九四八年和一九四九年都是第一季多打仗，多打胜仗，同时战斗都是连续进行，一系几个月都唔〔不〕打，一打便连续打几次，这都表明我们对作战有些少冷热病，热时连续求战，冷时简直很少想到去战。当然这与敌人的实际情况有关，敌人因我们长期没有什么军事行动，便渐渐麻木，警戒松懈，表露了他们的弱点，我们就抓紧时机给予一击，一击得胜，军威在震，士气提高，便乘胜再战，战了几次，一方面敌人已经警惕起来，不易入食，另方面我们胜利冲昏头脑，横冲直撞，一遭遇损失，士气跟住〔着〕低下，于是积极性降低，冷起来了（一九四八年初的进攻石坳头进攻石马，进攻三坑都是）。作战情报工作，我们一向都差，既不准确，又不迅速，失了好多机会。对战斗动员，有的虽做得好（如18/12滨江河伏击，同志们都有唔〔不〕打胜仗唔番〔返〕秦皇山过年的必胜决心）但好多时候都不甚注意，只在出发前作简单讲话。

（四）对总结经验重视不够，每战虽有总结，但有两个大弱点：①只是形式上的总结，没有很深入的发现经验与指出提高战斗的具体做法；②没有将总结精神贯彻于下面同志，即是说同志们尚不能领会总结的精神实质而在行动上接受，因而使总结经验失去应有的作用，对提高战斗力与战斗技术的帮助极少，好像节省弹药一点，就直到现在才有多少改变，又好像智谋应与英勇相结合一点，木荣同志盲冲牺牲之后又有冼国同志。

六、有几个经验值得我们重视：

第一个保持士气与提高士气，保持旺盛士气的方法为：（一）争取主动，时时维持进攻姿态，〈一九〉四八年初廖琪扫荡时，敌人相当强大，我地区缩少〔小〕大半，我们人数不过四十，配备很差，但当时我们派出十余人去出击珠坑鱼基庙、其余二三十人几乎日日设伏，就因为没有被动挨打而且都是自己去打人，所以在这力量悬殊的情况下，士气也很旺盛。（二）不要把兵力用于无谓的活动，不要猛和敌人作无益的周旋，当敌人集中力量向我们进攻，我们主力一时未有条件出击时，如果我们日日缩少〔小〕，那是影响情绪的，如果主力马上转到邻近地区（留番〔下〕武工队或小部同志坚持了解）猛烈展开活动，进行锄奸，或者到安定地方休息整训，以俟机再来，则对反扫荡有帮助，对士气又能保持，去年当敌人在江屯普遍组织地反之后，那边的同志与群众都希望主力能经常在此与他们磨过（社山和乌石洞战斗是在民众热烈要求下去决定的），如果我们真的接受这个狭隘性落后性的意见那我们会吃亏于是无补，而且士气必然会大大低落，乌石洞战斗之后，我们转过滨江，同志们情绪便好转起来。（三）在困难中，政治教育更应加强，队伍更应保持团结，本来，在谢生投降到梁永在滨江河牺牲这一段时间，环境很恶劣，打败仗最多，除石马冼国牺牲那次外，所有"败仗"都是在这个时候打的，但在那时——尤其是后期，我们提出了整党，提出了红黑点运动，队伍投入了整军整党的热潮，故士气能保持。（四）在平常状态，队伍都应活跃出击（就算打灰条也好）并与休整相配合，如果无行无动，死水一池，情绪也是不好的。如何提高士气呢？根据这次〈一九〉四九年第一季胜仗的经验，我们的士气是这样提起来的：1. 红黑点运动。推行的结果，同志朝向进步，我们又及时提出创造战斗英雄，各连队都选出同志来特别教育，使大家都想去打仗，都想做战斗英雄。2. 强调其他兄弟队的胜利，如新洲之胜，雷公涌之胜，车头坝之胜，人家胜得〔能胜〕，我地唔胜得〔们不能胜〕，几大〔怎么样〕都要打胜仗。3. 乘此进行政治动员，唔〔不〕打胜仗唔〔不〕返秦皇山过年，并订出奖励办法，一挺机枪奖一石米，一条步枪一斗米。4. 随即出击龙颈圩、日头〔白天〕去、化妆去，虽然未能成功，但毙敌二个、执〔缴〕枪一枝〔支〕，大大提高了同志们战斗信心，继续滨江河伏击，我们便取得了相当的胜利。这讲明什么呢？要提高士气一靠队伍生活紧张，同志向进步，二靠政治动员，有计划的鼓励同志，三靠慎重的选择新战，务使新战有结果。

第二个打胜仗唔单〔不只〕靠军事，也要靠政治，由于我们力量有限，不得不要也不得不强调以政治去济军事力量之穷。好像一九四八年梅仔坑之战，这是有决定意义之仗，我们用政治力量去取得胜利（事先已争取其中队长赖玉〔即赖沃〕、其子已参队并谈过话，当晚以其子引路，帮谈话〔指帮劝降〕而有礼地将其全部俘虏缴枪）。在取得胜利之后，又以正确的俘虏政策造好了投入石坳头战斗的政治力量，使战斗迅速解决（石坳头战斗我们把敌人压缩于炮楼，并把敌中队长周志煜击毙后，敌人二十余个便自动放下武器，如果没有明确的俘虏政策，敌人是不轻易投降的，就算不投降也可解决，但自己伤亡也会大），又好像石马圩是有名的反动堡垒，敌人有很多的地形地物可以利用（如当楼围墙高楼仔等）。在战斗时，商家也坚决参战，我们无法进攻它，其后我们首先把他在位置上孤立，把中立的商家争取过来，并取得其上层来搭线，又助长其上层温、白二姓的矛盾，结果商家中立，上层麻木又因有矛盾而不给当楼与乡公所住，加上群众条件成熟，故我们很顺利在日间解决之，这是很好的例子。我们的胜利不单靠军事，而且也靠政治和其他。从这里我们又可以得出一些道理：（一）有的同志以为自己武装有限，敌人比我们人多，比我们配备好，我们有什么办法打胜仗，他们不知道打胜仗不只靠武装力量的发挥，还可以靠政治工作的发挥，如石坳头战斗，敌人比我们骨干队的人马多，配备好，但结果大部被消灭。（二）有些同志以为一些敌人据点，一时无条件攻击，便以为亦无办法，他们不知道条件是可以创造的，是可以用政治力量和其他去帮助创造的。（三）有些同志以为战斗胜利完全是某些同志英勇所致，不成问题，英勇是攻胜之主要原因，但其他工作同志的长期努力对胜利之获取也是有功劳的，单纯的军事观点片面的军事第一论是错误的。

第三个军事民主必须发挥，而且可以发挥。根据我们的经验，我们之所以在军事上有些少收获，一个主要的关键是我们实行了军事民主（这表现在我们的行动，经过了干部会议在布置前，在战斗中战士的意见都被尊重参考或采纳，在战场上前线指挥员敢于灵活行事，在检讨会或评功会中，大家同志都可提出意见并选出战斗英雄……）。因为正确的执行军事民主只有好处而没坏处，有些同志认为军事上不能也不应民主，因而强调集中，强调军事秘密，单几个负责同志便决定了战斗及如何战斗，不成问题，指挥要统一行动要秘密，统一指挥与行动秘密都是为了战斗的胜利，而战斗要胜利，还要靠情报的准确，靠严密的而又为下面同志善于执行的布置，因此，我们就不能不在"提出也不会使敌人知道"的情况下，广泛征求同志们和有关人士的意见，倾听他们对情况的了解和判断，如此我们的情况才会更加准确，又因为布〔部〕署是由干部和同志执行，而且必须他们执行得好，故和他们商量，看看他们要怎样打法是有益于我们下达正确命令的，我们各单位的负责同志，军事经验多数是缺乏，故有必要发挥民主精神集思广益，以补不足（当然在领导上还应慎于审查和判断，以作出正确决定）。

七、我们的军事领导和战斗作风，比起九连山区部队的确相差很远，我们的进步太慢了，我们的领导太无组织了，我们的作风太保守了，这是我们全体指挥员（尤其是我自己）所应深深反省与切实检讨的，我们必须学习九连的经验。首先认识自己错误的军事领导思想及其严重性而把我们的弱点迅速克服，另方面对我们胜利的原因也给予正确的认识，把我们优点好好发扬，我们一向都善于向人家学习，在胜利形势的督促下，在队伍日趋巩固的情况下，相信我们是能够迎头赶上的。（完）

第三团本部

1949 年 6 月 26 日

情况通告①

……（上略）

乙：清远

△六月×日伪（国民党）三区专员薛汉光在某地召开会议及会议后之各种态度。

1. 会议内容概况：

a. 他们承认力量不足，虽处防卫状态，但仍强调不能死守，必须能攻才能守，故应采取攻势防御。

b. 他们又讨论到将来之退路问题，滃江还是滨江？据说滃江则恐突出，滨江又怕截断归路云。

c. 他们还决定了组织民众，地方及行动队等并加紧征兵征粮。

---

① 中共清远市委党史研究室等合编：《清远县党史资料选编（1924—1949 年)》，2000 年版（内部发行），第64—66 页。

d. 并讨论及有关广四英清之"联剿"事项。

2. 会议后各种动态。

a. 伪县长陈德用六月×日曾在滨江召开会议，强调民众应组织自卫队及走报匪情，否则烧光、杀光、抢光，车头坝要组织四十名自卫队，珠坑也要组织，并切实由龙颈运米三千斤帮助之。

b. 在最近平原及许多地方已发现了行动队之组织，专事暗杀，侦察及扑灭我小组活动之工作，并有多股散匪，借"红军"名义抢劫。

c. 军粮急如救火，清城负责军米九百石，太平市负责军米一万斤，其他各地也积极催收，如何文山于七月三日有百人左右，配轻机两挺〔枪〕，炮一门到河洞、石马一带催粮。

3. 六十三军与保四师之动态。

六十三军之动态（从各方面综合情报如下，但不是完全证实）。

a. 六十三军由六月二十二日至七月二日，从北江（南雄）落清远，先后到达清城约有两日。

b. 指挥部及医院驻清城，并有一营（约二百人）驻山塘，其余分驻于龙塘、滗江、银盏各地。

c. 关于他们的任务传说不一，有说调防，有说路过，有说部分在清整编，并有部分到后又有部分离去等情况。

d. 关于他们的去向是传说不一，有说调台湾，有说调广州，有说调东江。

e. 据该军之逃兵说，士兵情绪很差，多是新兵，编制不定，设备不良，每连多是一挺至二挺轻机，甚至有无枪的。

保四师之动态（这是从各方综合之材料但未完全证实）。

a. 关于保四师之调防问题，说法不一，有说调珠〔株〕州〔洲〕，有说调曲江，有说调西南。

b. 保四师之十二团三营于廿五日由阳山之大湾调沙河、龙颈一带。

c. 现保四师仍分驻在清城、炸油、迳口、珠坑、太平、三坑一带。

4. 其他。

a. 当六十三军来时，曾在北江河沿岸由号定飞水至石角一带驻××××，葵岗、马安〔鞍〕岗、松杆岗、花岗、行头、回其〔岐〕、石角等地（现有很多地方仍未驻）。

b. 太平之牛骨（国民党军队）曾对人说："六三军来此是整编，拟将伪保四师全部整编为六十三军之一部，但我仍决意留广州，不待收编云。"

c. 有传说保四师编入六十三军，但干部留下，并从（重）组保四师云。

d. 其他。

（1）太平及三坑、陂头之伪自卫班，自卫队及杂牌军，拟编为伪保四师另一部（花名册已呈县府）。太平伪乡长可征任连长职，并任该副乡长陈松辉为乡长（此人比陈镜更坏）但县长还未批复云。

（2）联城乡乡长，因县长认为是不稳分子而去职，现由李德昌继任。

（3）清城之刑警队长陈赞华调任源潭巡官。陈计接掌刑警。

（4）六月廿四日夜清城之电话局炸毁了一部。

（5）六月十四日十天连日在滨江河公路经过之牛骨给我队截击二次，敌人死伤数人，我无损失。

（6）六月廿三日上午有牛骨四十余人入洛（络）坑口，是日上午又有一部由朱〔珠〕坑入第二（大姨坑），其企图搞我税站。

（7）六月廿三、廿四〈日〉连日在龙颈附近各队与敌发生接触，两次结果，敌伤中队长以下六名，并缴获米四石，我无损失，经过两次战斗，敌人逃跑了多名。

（8）连日敌人逃跑甚多，甚至集体（数人）逃跑，加上病员不少，太平市之敌一连只四五十人，但病了二三十名，守卫者仅廿余人。

吕梁山注
一九四九年七月五日

注：吕梁山即粤桂湘边纵队。

连支三团发布入圩纪律①

甲：服从命令听从指挥：（一）未有任务入圩的，不得入圩。（二）□（原文字迹模糊）有任务进入敌□（原文字迹模糊）地或灰条铺头的□（原文字迹模糊）不得入去。（三）未有任务没收物资的，不得擅自没收任何物资。（四）入圩队伍，无论属任何人员，均须绝对服从圩内各指挥员同志之指挥（包括派你去警戒、去缴枪、去没收、去运输、去传达命令、去追击、去协助宣传维持会场秩序）。

乙：严格整顿军风纪：（一）服装尽量整齐，要扣风纪纽。（二）出入要宣传，态度要严肃，不得随街玩，不得嘈〔吵〕闹与乱讲粗口。（三）买卖公平，严格禁止以没收得来物资去换嘢食。（四）检查行人（尤其是女人）态度要好，如应和蔼，亦应多作解释。（五）未有命令或任务时，不得乱入铺头检查。（六）不得随地大小便。（七）买嘢〔东西〕要付钱，不乱食商民食物。（八）食风要正，不得□（原文字迹模糊）嘢〔东西〕食，也不

---

① 中共清远市委党史研究室等合编：《清远县党史资料选编（1924—1949年)》，2000年版（内部发行），第81—82页。

得大饮大食与及随街食嘢〔东西〕。（九）无事不要在铺头逗留。（十）学习各种常识，讲话小心，不要创造笑话。

丙：一切缴获要归公：（一）所有物资，通通交番〔回〕副官室分配，在分配时提出小部最好的作战奖励之用。（二）圩内指挥员对于物资应该定专人负责没收及运输，不能就地分配（小数量之食物指挥员有权分配，弹械有权分给同志暂时保管使用）。（三）干部应起模范作用，切实做到一切缴获都归公（尽管是最少的最必需的物资）。（四）在没收物资时，有秩序，有规矩，取其有用的，不得乱来。（五）有命令没收物资时，应切实负责，不应马虎，不应放松。

丁：实行宽大，优待俘虏：（一）没有命令不得随便捆人。（二）没有命令，不能烧反动派的屋与没收其财产。（三）没有命令不能杀人。（四）对普通敌公教人员，不能逮捕，但应带他们去圩内指挥员处问话。（五）敌人放下武器一律给以优待并安慰他。（六）对乡公所公文档案不应该乱烧，而应该送番〔回〕指挥阵地。（七）对于反动头子应扣留之，并带他去见入圩指挥员，但不得随意打骂之。

戊：保护工商业：（一）不得阻住做生意。（二）没有命令不得封锁交通。（三）劝告商人开门营业，解释本军保护工商业政策。（四）在合理负担原则下，叫商家筹粮。

己：提高警惕，严密警戒：（一）在圩内同志要跟堆跟组，不得自由行动。（二）留心可疑人物，善于发现可疑迹象，不能麻木。（三）切实派出警戒，切实执行警戒任务。（四）注意搜索，并作适当检查，重视保卫工作。

连江支队三团各个时期情况表①

（一）成立初期简表

番号：一九四六年八月至一九四七年十月用冯石生（即冯光）名义。十月以后改用苏陶名义，无番号，群众叫我们做红军。

主要负责人：苏陶任指导员，受冯石生领导，〈一九〉四七年七月后受马奔领导。

成立经过：一九四六年七月，冯石生队从广宁四雍区回广清边活动，八月派出一个武工队到清远南冲、太平乡，四会威井乡一带执行筹粮，联系群众，锄奸及开阔地区的任务。这个武工队逐渐扩大，成为连江支队第三团。

进行过哪些教育：没有进行过系统的教育，军事教育以制式教练及野外勤务为主，政治教育以阶级教育、思想教育为主。

编制情形：名义是中队，实际只有一个班，质素〔素质〕差，大部分是民兵提拔。

作用的估计：①联系了群众。②筹粮支持大部队。③扩大了地区。

军事力量：人员：12人。机枪：1挺。长短枪：11枝〔支〕。

备考：遇到什么困难与危险：部队成立以来，遇过四次较大的困难。第一次是一九四七年二月，部队受敌包围，十九个同志损失两个，枪支损失四枝〔支〕，经过几天，才将队伍收回。而广宁边□□（原文字迹模糊）队的中队长又被叛徒杀死，敌人非常嚣张，经过出击石马墟及冯马队的出击，镇压了江屯的敌人，

---

①　中共清远市委党史研究室等合编：《清远县党史资料选编（1924—1949年)》，2000年版（内部发行），第84—88页。

情况才好转。第二次是一九四八年一月，敌人的四个中队深入山区，到处□□□（原文字迹模糊）兴筑炮楼，截断交通，老区与新区的群众都动摇，对我们失信心，非常困难。当敌人初来，气焰正高时，主力转过广宁，当敌开始麻痹，队伍又转回来，取得民兵的配合，主动出击，首先通过统战的关系，解决了联防中队，跟住〔着〕再打一次胜仗，便把敌人从山区赶走。第三次是一九四八年九月，武工组长谢生等投敌，广宁敌人进行重点进攻，群众害怕，队内情绪波动。我们对付清远敌人之"压迫自新"阴谋，很快就采取镇压反动，主动出击的方法，经过个多月的斗争，局面就稳定下来。对付广宁之敌，得边纵主力之配合与牵制，使其凶焰逐渐下降，我们就从公开活动转到秘密活动。第四次是一九四九年八、九月间，敌人从清远及广宁、四会向我区进攻，情况比较严重，但武工队扰敌之后，把大部敌人牵制住，边纵主力又来配合作战，队伍没有遭遇损失（群众损失很大），到大军解放清远，最后的困难才克服了。

（二）发展时期简表

发展经过概述：一九四六年八月至〈一九〉四七年六月这一段，发展较慢，人数增至二十余人，地区扩大两三倍，伸展到山边平原。七月之后，展开减租减息运动，发展较快，建立山区的民主政权，成立民兵（均不健全），密切了军民关系，队伍扩至六十几人。十二月，开始主动出击敌人，但即遭清远伪县长的"扫荡"，以四个中队的兵力，深入山区，兴筑碉堡，引起空前困难。经过三十六天的斗争，打了两次胜仗，才粉碎敌人的全部阴谋，巩固了老区，恢复了新区，并乘胜派出武工队开辟清远笔架山区，跟住〔着〕又出击清远山塘乡，敌人在平原武装起来的第一个反动堡垒——马鞍岗村。打击了敌人在平原实行联防联乡的计划，使活动面从山边展到平原中部。到一九四八年八月止，全队人数已增到三百人，主力队有两个连八个班，大小武工队有十二个，活动到清远附城及滨江龙颈、珠坑一带。九月，武工组长谢生等四人投敌，广宁敌人又疯狂向我区进攻，地区曾大大缩小，队伍情绪曾起波动。经过镇压地反，又得边纵主力的协助与牵制敌人，地区及队伍才稳定下来。跟住〔着〕进行有计划的整训，展开红黑点运动，到一九四九年一月，又连续出击，打了五次胜仗，武工队的活动伸展到清远沙河、长洞、共和、兴仁、石角等乡及三水四会边境，队伍发展最快，渡江之前，大小武工队已有二十个以上，全队人数达八百人。渡江之后，清远敌人增兵，发展遭受很大阻碍，平原活动部分收缩，主力转向威井地区，经过五战五胜，全部解放威井地区。八、九月期间，敌人进行临死挣扎，地区继续缩小，群众遭受很大的损失，到十月大军才解放清远城。

主要活动地区及方法：主要活动地区是清远西部平原及滨江中南部各乡，广宁的江屯、四会的威井，罗源等乡。活动的方法是：武工队插入敌区，大武工队派出小武工队，小武工队也分小组活动，四面散开，执行开区、筹粮、缴枪、锄奸、扩兵、情报、联系群众的任务。主力则在老区外围，负担战斗任务。

斗争任务：以反"三征"、减租减息、反"扫荡"、扩大地区、扩大力量为主。

整训几次，收效如何：大小整训有十次以上，都是在敌人"扫荡"告一段落，队伍大流动之后，制度松懈，队伍情绪不安，必须整顿以向敌人反击的情况要求下进行，一般时间为一个星期至半个月，但没有很好的计划，只收到提高情绪，健全制度的效果。只有一九四八年末的整训，部队展开红黑点运动，时间较长，计划较好，达到思想上提高与推动武工队进行整训的目的，打下了〈一九〉四九年初连续出击胜利的思想基础，临解放的整训，也进行很〔得〕算好，在整训中建了团，一出就打了胜仗。

整编几次，什么目的：未经整编过，只曾拨一个连及一个排给边纵主力。

参加过什么较大的战斗、战役、时间、地点、收效怎样：参加较大的战斗计有：一九四八年二月，清远石坳头战斗，歼敌三十余人。一九四八年十一月广宁与石洞战斗（联合作战）失利。一九四九年一月，清远滨江河战斗，歼敌二十余人；一月，清远秦皇口战斗，伤毙敌数人；二月，清远石马战斗，歼敌二十余人；六月，清远三坑战斗，伤毙敌十余人（联合作战）；七月，威井战斗，歼敌六十余人；九月，三厂战斗，伤毙敌数人；十月，回澜战斗，歼敌五十余人。

缴获情形：长短枪 267 枝〔支〕，轻机 14〈枪〉，弹筒 1〈具〉，火箭筒 11〈具〉，俘敌 214〈人〉，伤敌 99〈人〉，毙敌 64〈人〉。

兵源及动员方式：兵的来源是农民，绝大部分是由武工队动员来。动员方式，以个别动员为主，有些是用亲戚兄弟的关系拉过来的。军事干部靠培养，部分文化及政治干部，通过地〈下〉党动员入来，（少数）上级也分配几个来。

发展最高时期编制及人数：主力队（四个连二十二个班，一个警卫排两个班）：300 余人；大小武工队二十个以上，300 余人。政权及后勤人员，50 余人，共约 800 人。

（三）解放前夕情况简表

部队组成：解放前夕，有三个连十六个班，一个警卫班，武工队二十个，是小团制。

时间地点：连江支队第三团在一九四九年六月在清远正式成立。

军事实力：人员 700〈人〉（约），长短枪 600 余〈支〉，轻机〈枪〉15〈支〉，弹筒、火箭筒 111〈具〉。

政治实力：出身成份：绝大部分是农民，其他出身的不到 10%。年龄：18 岁以下约占 30%，25 岁以上约占 20%，18 至 25 岁的约占 50%。文化程度：大部文盲，知识分子不到 10%。军龄：一年以下的 60% 以上，一年以上的 30%，二年以上的 10% 以下。性别及党团员：男干部有党员约 40 人，团员 10 人；士兵有团员 8 人。女干部有党员 3 人，共青团员约 60 人，占总数的 8%（约）。

战斗作风：速战速决，主动机警，多打袭击伏击。过于稳阵〔保守〕，怕损失，不够大胆。

部队特点：1. 政治领导弱，干部高傲自满，群众纪律弱，组织观念差。

2. 队伍有朝气，善于学人之长，但不能挨苦。

3. 战斗主动，多打胜仗，但不善打硬仗。

4. 武工队多，发展快，但部分为二流子掌握。

战斗情绪：一直算好。

营以上干部职别及姓名：团长兼政委苏陶；参谋周流；广四清边政权负责人冯华。

二、报刊资料

清远农会声援广宁农民①

清远县农民协会筹备处发出电云，（衔略）均鉴，迭接广宁农民通电，痛悉该地之劣绅土豪地主，勾结军匪，煽〈动〉串

---

① 中共清远市委党史研究室等合编：《清远县党史资料选编（1924—1949 年)》，2000 年版（内部发行），第 469 页。

〈联〉拥〈护〉县长作弊，希图扑灭农会，竟敢屠杀农民，焚毁农村房屋，抢掠农民财物，驯至失所流离，悲惨万状，敝会对于此种惨案，群情愤激，争欲援助，直接所以尽团体互助之决心，间接即以巩固革命政府之基础，彼冯月庭、江彬等处此革命政府旗帜之下，屡与农民协会为难，去年虽受惩创，野心仍未稍戢，与政府迭次保护农民利益扶植农民协会宣言各要旨绝相背驰，若不痛予缉拿，尽法惩治，实无以肃党纲而平公愤，至于防军第三师及新旧县长蔡鹤朋、李绮庵，身任政府官职，且受人民供给，乃亦与恶绅地主互相勾结，不惜残农以逞，其丧心病狂，殊堪痛恨，倘不并予惩究，我农界将无瞧类，万乞政府迅令将冯月庭、江彬等通缉归案，查封家产，并将其防军县长分别惩治，抚恤死者家属，庶戢凶焰，而保农命，并望各界主持公道，敝会誓与各地农会共同与恶势力奋斗，愿效前驱，临电愤激，执戈以待，清远县农民协会筹备处率同会员一万二千余人同叩。

(《广州民国日报》1925 年 8 月 17 日)

清远各界援助罢工工会派代表慰问罢工[①]

清远县举行援助罢工纪念大会，已于前日举行，各界民众参加者万数千人，为当前未有之大会，当日热闹之情形，可想见人民援助罢工之热烈，兹复电告派代表来省慰问罢工工友云：省港罢工委员会鉴，蔽县各界代表定皓日来省慰问，谨闻清远各界援助罢工周大会。〈赠〉荣誉旗一面。巧印兹查该代表郑大涵、丘邵文、黄聘侨、冯玉书等四人，已于昨日抵省，即到罢工委员会慰问一切，并携有清远各界捐助罢工款项五百元及罢工胜利万岁

---

① 中共清远市委党史研究室等合编：《清远县党史资料选编（1924—1949 年）》，2000 年版（内部发行），第 472 页。

之红底白字之奖旗一面、慰问书一封，（慰问词另录）在今天函罢工工人代表大会慰问工友云。

（《工人之路》第 265 期，1926 年 3 月 12 日）

清远六区农会成立①

清远六区农民协会于三月十四日开幕，到会会员三千余人参加，省农民部特派员赖彦芳、林焕文、县党部代表郑大涵、县长代表陆发将，二区、八区等区会代表、各工会、各商民协会、妇女解放协会共二十余团体，是日十二时开幕：（一）读总理遗嘱；（二）向国旗行三鞠躬礼；（三）行受省会旗印礼；（四）来宾演讲；巡行、拍照、茶会、散会。其中决议有一点，要求陆县长执行上级命令，照旧开通山塘海口一案，陆县长答允。大会选定赖松柏、钟玉玲、曾鉴等七人为职员，又各乡农会纷纷加入国民党，是日影党相六百余，党员分编为四十五个区分部。

（《工人之路》第 164 期，1926 年 3 月 19 日）

省农会慰勉清远农民②

（中华社）清远县民，此次被县民团局长刘东，纠率团匪，大劫焚夺掳劫，蒙祸之惨，令人不忍目睹，闻省农会除派员前往慰问外，特致函慰勉云。

清远县农民协会转全清远的农友们：此间连日得到你们反抗不法匪团的消息，知道你们被土匪民团烧了廿多条乡村，杀伤了

---

① 中共清远市委党史研究室等合编：《清远县党史资料选编（1924—1949 年）》，2000 年版（内部发行），第 473 页。

② 中共清远市委党史研究室等合编：《清远县党史资料选编（1924—1949 年）》，2000 年版（内部发行），第 474 页。

不少革命健儿，我们不胜愤恨，农友们，不要怕，我们有八十万耕田兄弟，和许多勇敢的革命军，做我们的先锋，还有工人、学生、商人做我们的后盾，我们在这艰苦奋斗当中，流了我们的热血，只有促我们更团结，焚了我们的房屋，只有促我们更努力，我们越艰难越要勇敢，务须踏着先烈的血迹前进，夺取将来之利益，必要这样，先烈的血才不是枉流，我们的房屋才有强固的保障，我们要加紧团结啊！我们要加紧努力啊！我们要加紧奋斗啊！我们更要加紧前进啊！我们的鲜血无穷，我们的头颅不尽，最后的胜利必归我们，全清远的农友们，我们全广东八十万的农民兄弟，将以全力援助我们，必使我们奋斗成功，打倒逆党刘东，消灭清远不法民团，解除清远农民痛苦。广东省农民协会执行委员会，中华民国十六年一月九日。

（《广州民国日报》1927 年 1 月 10 日）

查办清远民团焚掠农村之邮电①

国民革命军总司令部广东省政府钧鉴、团务委员会鉴、清远县陆县长鉴：现据广东省农民协会虞日快邮代电称：清远民团，因种种不法，经团务委员会指令该县农工商学各界改组。该县民团局长刘东，以地位动摇，迁怒农会，突于去年十二月三十一日，纠率大队土匪民团，进攻该县第六区黄獠座等各乡农会，焚烧民居数间，杀死农民一人。又于本月四日清晨，集中土匪二百余人，进驻县城，围攻该县农会。农军力御终日，团匪势渐不支，本可乘胜追击。惟以县城重要，深恐匪乘机焚掠，糜烂地方，遂请县公署及各界调处，议定双方退出城外，农军经即离城十余里。谁

---

① 中共清远市委党史研究室等合编：《清远县党史资料选编（1924—1949 年)》，2000 年版（内部发行），第 476—477 页。

料农军去后，该团匪等仍据驻城廓一带，凶猛嚣张，即日再进攻二区各农会，焚烧屋宇三十余家。连日更从三水召来土匪三百余人，从咸泰区调到团匪二百余人，集中城廓一带，再纷向第二区、第六区各乡农会进攻，枪炮隆隆及农友哭号之声，不绝于耳。现查农村之被焚烧数达二十余乡，农民之被残杀数，尚未知其确数，耕牛家畜，衣物粮食，抢掠一空。现在县长及县署职员，早已畏势引避，县政无人主持。而团匪等更继续焚杀不已，全县震动，四乡骚然。查该民团局长刘东，土匪出身，前充粤军步兵第三十六团团长，近且胆敢威吓清远县陆县长，亲向陆县长声称：如政府果行改组清远县民团局，彼即率所部入山为匪云云，足见此次违抗政府命令，纠率土匪，进据县城，残杀农民，焚烧农村，荼毒生灵，扰害地方，显系早经包藏蝎心，图谋不轨，故意扰敌后方治安。若不早日削平匪祸，势将蔓延全县，影响所及，将不止清远农民受祸已也。伏乞我厅长即日檄调大军，严以痛剿，以平匪患，而安人民。临电惶悚，不胜屏营待命之至等情。据此，查此案昨据该县支电称，农军民团，近忽集中县城，互相械斗。即经电请总司令部，檄饬军队，前往弹压，并请团务委员会查明办理。一面饬县传谕双方静候查办解决，毋得再纠斗酿祸。兹据邮电前情，该民团局长刘东，如果纠匪进攻农会，杀害农民，殊属不法。拟请示总司令部核派军队，弹压查办，并请团务委员会并案查明办理，由县督警卫军，协力弹压，以免再次滋事。

广东农工厅长陈孚木叩

（1927 年 1 月 13 日）

善后会呈请通缉团匪（清远）①

政府昨接清远团匪摧残农会善后委员会来呈，请迅予通缉团匪归案究办，兹将其呈文照录如下：呈为团匪再肆焚劫造谣，冀延惨祸，重乞迅予通缉惨杀农民之主谋祸首，并封变其产业，以绝乱源，而恤难民事。窃清远团匪此次焚烧农村，惨杀农民之惨案，其主谋祸首业由各方举报，及由敝会调查部详细调查，累交敝会第六次全体委员会议，审核结果，以案中之最凶残者列为第一等祸首，则有刘东等一十四名，其次苏子鹏等一十二名，合共二十六名，前经呈请迅予通缉严惩，并封闭其产业在案。在敝会成立以来，凡事皆秉公办理。军队对于团匪，则分别首从，剿抚兼施，纪律严明，秋毫无犯，地方治安，得赖维持，人心较为安定，各界群众，方幸风潮缩小，早求解决。讵反动之团匪，非惟怙恶不悛，近且大为猖狂。于一月廿七，在三区石涌田尾等乡掳去农民崔秀英、黄德屏、江云波等九名，酷刑毒殴，勒去银一千六百二十六元，洗劫家私杂物不计。二月二晚，乘各农村渡夏历年关之际，六区团匪，又复纠集党羽数十名，焚烧车公咀农民住居四所。七日又勒去黄修乾六十五元八毫八仙。十一日三区匪首黎七，谢家齐洞悉军队和平，无足畏惧，复督率匪党四十余名，再入石涌乡洗劫，奸淫掳掠，无所不为，同时将三区农民协会执行委员黎联波之屋全座焚烧，现复四出骚扰，乞未稍休。敝会为顾全地方，不忍遽令军队进剿，曾力派宣传部用口头及文字极力宣传，冀其悔祸，无如匪性凶顽，不独不甘接受，更以为各界表示和平为可侮，因而凶焰益烈。最近该匪团等明知罪大恶极，于

---

① 中共清远市委党史研究室等合编：《清远县党史资料选编（1924—1949年）》，2000年版（内部发行），第484—485页。

事实上无可讳饰，于是阴谋百出，先派人到广州及其他各处大肆谣言，且假借清远公民名义，发出快邮代电及各项传单，颠倒是非，淆乱视听。莫此为甚，党国前途，影响殊深，若不急谋善后祸害将不知伊于胡底。敝会为保障人民之生命财产，维护地方安宁，拥护农工政策，及巩固吾党之基础计，势不得不将团匪之阴谋揭破，并暴露其残暴，陈请察核，更不得不再请迅将此次惨杀农民之祸首，刘东、伍厚培、潘伯良、李达刚、谢家齐、梁佩玱、李联壁、罗华杨、刘卓、李葵、陈新桥、黎七、蔡延杰、范子贞、苏子鹏、张瑞贞、何卓荣、张清、张盛、吴云翘、汤瑞延、陈香池、郭昌、薛一多、廖永澜、戚伯环等共二十六名，通缉归案，从严惩办，并封变其产业，以绝乱源，而恤难民，清远人民幸甚，党国前途幸甚。

（《广州民国日报》1927 年 2 月 25 日）

廖县长南冲剿匪经过[①]
捕获奸匪七名　击毙十余人

奸匪苏陶马奔两部，上旬在广宁江屯一带为我国军痛击无法立足，最近移窜县属南冲一带，向附近搜刮粮食。廖县长闻讯，即率团队前往围剿。查廖县长已于昨（十八）日下午四时已返抵县城。据告记者称：本月十五日晨，奸匪马奔苏陶率股匪五六百人匿在南冲乡属塘坑、三圣宫、木古洞、江咀及广宁边境之三站岭，即率保警与滨江区长陈奇伟带同滨江联防队分路围剿，是日天仅明，即抵奸匪匿聚之山岭，包围搜索，匪见本人亲自率队突

---

① 中共清远市委党史研究室等合编：《清远县党史资料选编（1924—1949 年）》，2000 年版（内部发行），第 499 页。

至，即退至大山顽抗，因我队以迫击炮遥击，当堂击毙奸匪十五六人，激战至下午，匪乃不支向广宁方向逃窜，我团队追踪搜索，捕获奸匪七名（内有三名系滨中学生，有一名系奸匪冯石生之弟）。计是役奸匪伤亡数十人，我队无损失，俘获奸匪已交承审迅，现南冲一带已无匪踪。

（《清远民治报（半周刊）》第 164 号，1948 年 5 月 19 日）

广清匪合流　窜扰清远①

防军保四师自开驻英清以来，迭饬所部围剿苏陶、张耀伦、王适培、罗发各股土匪，文洞、高田、珠坑、山心、三坑诸役，奸匪甚多，近以广宁古绍辙叛变，又派兵进剿，克服广宁县城及江屯排沙各地，古匪复联同苏陶、陈瑞琮各股分窜广清边区一带窜扰，邓师长为期彻底剿灭各该匪帮起见，特于昨日亲率所部出发督剿，连日分向各匪区推进，紧密包围，全面扫荡中，至清属附近小股散匪，则由吴副师长策划清剿。

（广州《珠江报》第 151 号第 8 版，1949 年 10 月 3 日）

---

① 中共清远市委党史研究室等合编：《清远县党史资料选编（1924—1949 年）》，2000 年版（内部发行），第 505 页。

1923 年

春，在法国勤工俭学的清远县滃江地区上岳村青年朱祺加入周恩来等领导的中国社会主义青年团旅欧支部，不久转为共产党员，是已知清远籍第一个共产党员。

是年，清远县石板村农民爆发反对土豪劣绅霸占田产事件。

1924 年

8 月，宋华、赖彦芳在广州农民运动讲习所学习期间，由共青团员转为共产党。

11 月，中共广东区委通过省农民协会筹备委员会名义，派党员赖彦芳、宋华以特派员身份到清远作成立农会、开展农运的具体指导。25 日，石板乡农民协会正式宣布成立。这是清远县的第一个农会，也是广东省早期成立的农会之一。农民部发给石板农会犁头旗和刻有"清远后岗石板乡农民协会"大印一枚。

是月，社会主义青年团广东区委委员、共产党员韦启瑞到清远，与宋华、赖彦芳组成中共清远县第一个党小组，组长为韦启瑞，以县城（即清城）上廓街"新万合"为与中共广东区委联络点。

1925 年

1 月，第三届农民运动讲习所开学。是届共招收学员 128 人，其中清远有钟耀生、赖松柏、林焕文、钟耀初 4 人，他们均在讲习所学习期间加入中国共产党。

是月初，清远县农民协会筹备处在县城公开成立，指导和组织全县的农民运动。

是月，清远石板村进步青年刘清加入中国共产党，他是第一个在本地入党的清远籍人。

是月，清远县农会筹备处举办农干训练班，省农运特派员、共产党员叶文龙担任班主任，培训出一批地方农运骨干。

3 月，清远县第二区（附城）农会成立。

5 月，清远县派选钟耀龙、钟耀初等 6 人为代表出席广东省第一届农民代表大会，钟耀龙被选为省农民协会候补委员。

是月，成立中国共产党清远县支部，支部书记韦启瑞，有党员 14 人。

是月，成立中国共产主义青年团清远县特别支部，书记韦启瑞。

6 月，驻广州的滇、桂军阀杨希闵、刘震寰趁广东革命政府军东征陈炯明之际发动叛乱，密谋推翻广东革命政府，清远等县的农会会员和农军主动为革命军充当向导、传递情报和搬运军用物资等。

1926 年

年初，清远县农民协会正式成立，所属区农会 3 个，乡农会 122 个，会员 9587 人。

4 月，广东区委将清远县党支部升格为清远县委员会，叶文龙任清远县委书记（下设石板、庙仔岗、上黄塘、县农会4个支部，由广东区委直接领导），清远县级党的领导机构正式建立，领导机关设于清城。

5月，国民党籍清远县长廖百芳按省公署训令，在县城公开批准成立清远县农民自卫军大队。

10月，县农会组建农民自卫军模范大队，下设3个中队、9个小队，120人。

11月25日，民团派苏子明等到清城麻寺田牛行挑衅，强硬要求将牛行的租税改由民团收取，与保护农会收费的苏森农军发生冲突。在冲突中，农军打死周田乡民团局董王观水。

11月26日，民团头子刘东、潘伯良纠集民团武装300多人，围攻黄狼座苏森农军。苏森等16人据守村中祠堂奋起抵抗。县农会闻讯，派赖松柏率领石板、太平两队农军前往救援。赖松柏亲率18名农军战士冲入重围，与坚守祠堂的苏森部会合。苏森、赖松柏马上发动反攻，与外围农军内外夹击，将民团击溃。

12月初，省农会负责人周其鉴到清城，与清远县委负责人叶文龙等人开会，民团发动突然袭击，100多人包围县农会和农军驻地。赖松柏等设防坚守，与民团激战一昼夜。直到国民党县长出面调停，双方签署协议，战斗才结束。

12月中旬，在石板村，农军被民团武装围困，钟三顺率农军迎击民团，最终因武器缺乏，力量单薄而退出石板。在庙仔岗，农军在赖松柏的率领下，临危不惧，沉着应战，给数倍于己的民团沉重打击，后突出重围，转移至太平市。民团武装复又围攻太平市农军驻地，农军与民团激战数天后冲出包围圈。

12月下旬，农军积极寻找战机，主动出击，围歼了民团高田梁信昌部，随后又攻破回澜民团局，给予民团一定打击。

下半年，清远县农会举办农军训练班，轮训各区、乡农军骨干。

1927 年

1月3日，农军在县城迎击进犯民团，成功将其打退。

1月4日，刘东率民团300多人进攻六区的庙仔岗及车公咀，焚烧屋宇20多间。当晚，又有民团400多人进攻石板，后得农军驰救而收队。

1月6日，民团再进攻六区各乡。

1月7日至8日，民团500多人连续围攻太平市农军。太平市农军只有73人，敌我力量悬殊。

1月9日，太平市农军子弹耗尽，为保存实力，分三路突出重围，撤至山塘。民团大量涌入太平市，纵火洗劫100多间商铺、200多家民宅。并在光天化日之下强奸妇女，杀害小孩，尤以潘伯良所部最为凶残。最后，民团在洗劫一空的太平圩掳走青年妇女62人。

1月中旬，清远县长在山塘圩召集民团、农军代表开会调解，民团乘机对农军发动突然袭击。是役，农军有48人牺牲，170多人受伤，震惊全省。

是月，国民革命军第三军教导师师长陈嘉佑派出黄敬如营400多人，由团长周之矢率领开赴清远。农军在国民革命军的配合和支持下，攻破县城民团总部下廓华光庙，民团总长刘东跳河逃跑，全队民团被歼，缴获一批枪械。

是月，国民革命军进剿山塘，民团败退。最后，农军与国民革命军会师，大军包围潘伯良部。经过激烈的战斗，除潘伯良及残余十数人逃脱外，民团残部被尽数全歼。

3月，县农会和"善后委员会"在县城召开"殉难烈士追悼大会"，并将山塘战役牺牲的烈士遗骸48具，移葬松树岗，并举行公葬仪式。各乡农民代表和农军进城参加，并举行万人示威游行。

4月18日，中共清远县委书记叶文龙在县城召开全县党团员及农民协会干部扩大会议，成立清远县非常时期特别委员会，主持应变工作，成员有叶文龙、周其鉴、赵自选、李资、赖彦芳、宋华、赖松柏、钟耀初、刘清、温锦成等人。

4月下旬，国民党反动派在清远县进行清党。刘焕章、李孔政等5人为北江宣抚委员，搜捕共产党员，并拘捕支持农运的国民党县党部委员，对国民党党员重新进行登记。

4月20日下午，叶文龙、刘清动手拆去城楼电报机。不久农军大队从后岗出发，到横石渡河到车站，再到英德。

5月，国民党的广东政治分会又指派李孔政等到清远进行"清党"，改组国民党党部、县农会以及其他群众团体。

5月1日，工农自卫军从韶关出发，进入湖南郴州，休整后继续北上，于5月14日到达耒阳，并在此进行整编训练。

5月21日，长沙驻军三十五军三十三团团长许克祥叛变，制造"马日事变"，屠杀共产党人，工农自卫军北上受阻。

6月15日，周其鉴、林子光、叶文龙等率部抵达武汉。

7月，在北江工农自卫军总指挥的领导下，全体指战员以东征讨蒋的名义，在7月底开赴九江，转乘火车到达江西南昌，准备参与武装反抗国民党的南昌起义。

8月1日，周恩来、贺龙、叶挺、朱德、刘伯承等人率领2万多人在南昌举行武装起义。北江工农自卫军担任新营房驻区的防御并配合二十四师教导团，全歼了新营房的敌军。

是月，清远农军参加了激烈的会昌战役，全歼了钱大钧的4个团。

是月中旬，成立中共清远县委留守组织，由温锦成任书记。

10 月，清远县农运骨干赖松柏被选为中共广东省委委员，他和赖彦芳秘密前往香港，成立中共香港（清远）小组，计划组织清远农军暴动，以策应省委即将发动的广州起义。

11 月，赖松柏回到清远后，召开清远暴动准备会议。会后，各人积极准备清远攻城暴动相关事宜。

12 月 2—3 日，赖松柏与周其鉴等 6 名党员在清远成立清远县攻城暴动指挥部，联合花县农军，发动了清远暴动。

12 月 11 日，清远农军参加广州起义。

1928 年

1 月 22 日，中共广东省委候补委员周其鉴秘密回到清远县活动，潜伏在葫芦岭农会骨干余锦华家中。23 日（年初一）凌晨，潘伯良带领民团逮捕周其鉴。3 天后，周其鉴被秘密杀害于清远县城西门岗，时年 35 岁。

2 月，叶文龙与刘清返回清远县，被清远县民团截获。随后叶文龙、刘清遇害。

春夏间，赖松柏在广州郊区瘦狗岭石场以打石工作掩护秘密活动时，被叛徒出卖。不久，赖松柏被国民党枪杀于广州南石头监狱。

1929 年

12 月，中共广东省委决定将中共清远县委改为特别支部。

1930 年

秋，清远县党组织基本停止了革命活动。

1937 年

7 月 27 日，日军首次空袭清远，在滗江兵工厂投弹。

8 月 26 日，日机首次空袭清城。

9 月，日军多次轰炸粤汉铁路一带，炸毁滗江大桥。

1938 年

10 月，在石角马头石村党的秘密联络点尚德小学成立了中共清远县临时工作委员会，书记冯扬武，委员万明、李云。

11 月，广东省委批准成立中共清远县工作委员会，书记云昌遇，委员万明、李云。

1939 年

7 月，中共北江特委（简称北特）在韶关河南八路军驻韶办事处重建，归属广东省委领导。

9 月初，云昌遇被调去西江工作，清远县工委的工作由李云领导。

1940 年

2 月，广州的日寇准备沿粤汉铁路北犯，清远、花县等处于抗日前线，形势紧张。

4 月，谢永宽调至滗从地区任中共滗从区委书记，赵炳权任中共清花区工委书记，李福海为副书记。

1941 年

农历春节后，北江特委第二期党训班在庙仔岗进行，为期 1 个月。这一期的党训班有学员邓重行、成崇正、吴其芬、吴其均、唐凌鹰、杜鲁、何淑娴、廖宣、李云，连同北特派来办班的邓楚白、王炎光、李福海，共12人。班主任是北特宣传部长邓楚白，班的支部书记是李云。

2月，清花区工委撤销，恢复建立中共清远县委员会，邓如淼任县委书记。

1942 年

6月，邓如淼病逝，书记职务暂由北江特委宣传干事饶华代理。

1943 年

下半年，中共广东省临委根据中共中央指示，在东江召开会议，会议决定自上而下层层恢复党组织活动，确定以武装斗争为中心任务。

1944 年

10月，北特、清远县委通过莫雄的关系，派共产党员杜国栋去"挺二"第二大队第五中队任中队长，周辉任副中队长，黄孟沾任政治指导员，叶盛宣任副指导员。

11月，县委依靠当地赖德林党小组，组织起了二三十人的抗日游击队，后成为"挺二第三大队第九中队"，与"五中"一样，名义上属莫雄管辖，实际上为共产党所掌控。

1945 年

1月，日军为巩固粤汉铁路以支持其太平洋战争，第五次侵入清城。

春，"九中"在太平大垌岗活捉伪军大队长何秋。

5月13日，"九中""五中"攻打县城日军，其间，赖德林受伤，因流血过多，不幸光荣牺牲。

是月，清远县委经北特批准，在石马骆坑向清远人民和各界人士发表了《告清远人民书》，公开党的领导，把第九中队和第五中队合并起来，成立清远人民抗日同盟军大队，何俊才为大队长，杜国栋为副大队长，朱小仲为政委，熊河清为教导员。

6月，西北支队的西虎中队和同盟军的小队伏击迳口别动军的一支走私船队，经过半个小时的战斗，歼敌1个中队，俘敌30多人，缴获枪械、物资一批。使国民党顽固派遭到严重的打击。

7月，国民党当局集中清远所有的军队，包括正规军和杂牌部队共2000多人，分三路进入文洞山区。

8月，2日，西北支队留下少量部队与敌周旋，主力则撤出文洞，远袭敌人老巢龙颈，当晚到达朱坑尾以东。3日晚，袭击龙颈。完成任务后，部队沿滨江南下，于4日黎明到达迳口东岸三家村附近隐蔽，下午三四点从苏围附近抢渡滨江河，第二次打迳口。当晚11时撤出。游击队打了敌人老巢后，顽固派不得不撤兵救援，"扫荡"以失败告终。

9月7日，北上部队往始兴瑶山进发途中，在上洞乡的龙头石山，遭到国民党一八七师的伏击。南三大队指挥员杜国康、群虎大队排长赖树林和3名战士英勇牺牲。

9月中旬，北上部队进入大瑶山，被敌人包围，发生战斗。

9月16日，广东区委作出了坚持长期斗争的工作部署，决定一方面坚持斗争，保存武装力量，保存干部；另一方面作长期打算，准备将来开展合法的民主斗争。20日正式作出了《对广东工作长期坚持斗争的工作部署》。

10月24日，广东区委向各地发出了《当前斗争形势和工作指示》，分析当前形势，要求地方武装以不同的名称，利用各种关系，进行分散隐蔽活动。

12 月下旬，根据广东区委的决定，成立中共西江特别委员会，梁嘉任书记，副书记谢斌，组织部长王炎光。中共西江特委在清远县举行第一次会议，部署开展隐蔽斗争工作。

1946 年

春，由广东区委副书记黄松坚派司徒毅生到清远，任清远、英德、佛冈 3 县特派员。

8 月，广四清边区队返回秦皇山后广泛发动群众反"三征"，减租减息，清匪除霸，维持治安，成立民兵和农会组织，扩大武装队伍，并派出武工组向外围发展，开拓了以秦皇山为中心的游击根据地。

12 月，马奔率领广怀区队的一部从阳山太平、清远桃源进入清远南冲、石坎一带。

1947 年

年初，苏陶部队发展成为广四清边独立中队。

1 月 7 日，广四清边区队在冯光指挥下，突入北坑，打跑了国民党清远县税警队，经过枫坑时，打退了县税警队、三坑自卫队的截击，毙伤敌七八人。

是月，中共粤湘桂边区工委派中共清远县委副特派员方君直进文洞山，接收和领导了张耀伦分队的武装人员，在这一带山区积极发动群众。

2 月 23 日，广四清边区部队又深入太平圩，镇压了罪大恶极的回岐区税捐总承包者、奸商、县参议员黄路泉。在太平乡又镇压了土匪头子曾成南。

3 月 12 日，驻山心黄湖坳的苏陶中队遭到清远县保警大队的偷袭。部队一边沉着还击，一边突围转移到太平附近。特务长何洪在突围战斗中牺牲。

3月21日，广四清边区队夜袭驻石马圩的县保警第三中队，炸毁其碉堡，当场炸死保警4人。

4月，中共粤桂湘边工委成立，下设连江、绥江两个地委，清远县委属连江地委领导。

6月5日，广四清边区队夜袭广宁县江屯自卫队，当场击毙叛徒欧焱的弟弟欧碧光，自卫队长江海跳井自毙，歼敌10人，缴长枪12支，救出被俘战士崔绍。

6月17日，广四清边区队在太平乡百步梯伏击来犯的清远县保警队，敌人不支败退。

7月3日，广四清边区队攻打石马圩，炸毁敌人碉堡后撤出。

8月27日，广四清边区队利用圩日袭击石坎乡公所，俘副乡队长以下13人，缴获枪支11支，把没收的救济米和奶粉当场分给群众。

9月，广四清边区负责人马奔派副大队长冯开平率一支50多人的英清边挺进队，进入清远文洞，与张耀伦分队合编，成立英清边独立中队。

10月1日，广四清边区队攻打横山乡公所。

10月3日，广四清边区队在立坑屋打了下乡抢粮的何文山石坎自卫队。

10月16日，广四清边区队击退了到社山抢掠的江屯保警和自卫队。部队还伏击太平乡十三保自卫队。

1948 年

1月，根据粤湘桂边纵队司令部的部署，广四清联区政务委员会在清远南冲成立，由冯华任主任，下设10个民主乡政府。在联区政务委员会下成立了属清远的南冲、山心、秦皇 3 个乡人民政府。

年初，部队派黄日等 16 人组成笔架独立小队挺进笔架，开辟新区，以威胁清远县城敌人，并打通连接清远经文洞到英德的交通线。

年初，部队布置原在石马南田一带活动的廖四武工队，负责开辟龙颈和沙河地区，以便与隔河的笔架独立中队负责的珠坑、鱼坝地区和南冲梁国英武工队负责的石马、河洞和滨江税站负责的大小姨坑地区联成一片。

1 月 28 日，部队夜袭江屯，缴机枪 2 挺，俘虏叛徒欧炳和敌副乡长梁箕球等 11 人，缴长短枪 20 支。

2 月 1 日，广四清边区队及民兵对石坳头碉堡半夜包围，拂晓进攻，击毙了敌保警中队长周志煜，俘小队长梁汝森等以下 25 人，缴机枪 1 挺、长短枪 19 支，再次将碉堡夷为平地。

2 月 10 日，在南冲三圣宫学校召集群众代表 150 多人，商讨成立人民民主政权。

3 月，粤桂湘边区工委决定成立广四清边大队，苏陶任大队长兼政治委员。

4 月 13 日，英清边部队攻打清远鱼咀新圩炮楼，全歼升平乡联防中队。

是月，中共粤桂湘边工委任命苏陶为中共清远县委负责人。

是月，笔架武工队为配合秦皇山区反"清剿"斗争，夜袭清城电厂。

5 月，笔架独立小队升格为独立中队（后改为附城独立中队）。

9 月，部队先后袭击了太和洞山口、珠坑等地的敌人，作战 8 次，毙伤敌 60 多人。

10 月，粤桂湘连纵队司令部进驻秦皇山，直到 1949 年 10 月清远解放为止。

是月，广四清边区队派林鹏、邓安等组成武工队在清（远）四（会）三（水）边区活动。

11 月，边纵司令部率部队胜利突围后，指挥直属第一、二团在外围作战。粉碎敌人并村筑城向秦皇山游击根据地的进攻。

年底，广四清边区队派吴汉、农夫率回岐平原武工队 15 人越过北江河去开辟河东地区。后以石角马头石为据点，成立了一个在游击队领导下的外围武装组织——河东大队。

1949 年

1 月 1 日，武工队化装成国民党军队，白天智取车头坝联防队炮楼。

1 月 8 日，部队袭击龙颈圩，击毙哨兵 2 人，缴获枪 1 支。

1 月 18 日，部队在滨江河伏击清远保警第五中队的一个分队。

1 月 20—21 日，部队又连续两天在秦皇山口与敌开展阵地战，毙伤太平市巡官潘汉义以下十余人。

是月，广四清边大队被编为连江支队第三团。

2 月 16 日，部队集中优势兵力，经过严密侦察，袭击石马圩，取得重大战果。

四五月间，廖四武工队和在石坎乡活动的熊奕轩武工队合并，成立滨江独立中队。

5 月，任命苏陶为广（宁）四（会）清（远）花（县）三（水）边区县委负责人直到解放。

是月，连支三团在秦皇大坪村召开大会，由司令员兼政委梁嘉公开宣布成立中国人民解放军粤桂湘边纵队连江支队第三团，并授连支三团团旗。苏陶任团长兼政治委员。

6月，连江支队三团团部派朱志明等配合附城独立中队组成城市工作队。朱志明带领城工队穿插和渗入县城活动。

7月，附城独立中队派何润等配合城工队夜袭清城，在西门岗向敌人炮楼密集射击。

7月23日，粤桂湘边区工委军委正式向中共中央华南分局报告，关于边区地委确定组建中国人民解放军粤桂湘边纵队的领导机构及干部人选等问题。梁嘉为中国人民解放军粤桂湘边纵队司令员兼政治委员，王炎光为政治部主任，林锋为参谋处主任。

8月1日，连江支队公开宣布成立，周明为司令员兼政治委员，马奔为副司令员，蔡雄为副政委，陈奇略为政治部主任，司徒毅生为政治部副主任。

是日，中国人民解放军粤桂湘边纵队独立团在清远南冲白芒村召开成立大会及新党员宣誓仪式。纵队司令员兼政委梁嘉宣布独立团成立。

10月2日，广东战役打响。解放军第四兵团、第十五兵团和两广纵队奉命进入广东。

10月7日，解放军第四兵团主力解放粤北重镇曲江（韶关）后继续南下追击敌人。

10月12日傍晚，解放军第二野战军第四兵团十四军四十师从英德以南60公里的下步圩出发，星夜水陆并进。

10月13日拂晓，四十师在县城以东的江口展开进攻，击退国民党六十三军二一一师、二一三师的阻击。

10月13日，连江支队第三团主力，从清远太平洞口围向县城进发，到达回澜与正在西逃的国民党六十三军残部遭遇，经过一小时战斗，歼敌1个营部和1个整连。是日，清远县解放。

附录五

参考文献

1.《广州民国日报》，1927 年 1 月 15 日。

2. 吴凤声、余启谋修，朱汝珍纂：《清远县志》卷三《县纪年下》，高要余启谋书端 1937 年铅印本。

3. 中共清远县委党史办公室编：《抗战风云录——纪念抗日战争胜利四十周年专辑》，1985 年版（内部发行）。

4. 中共清远市委组织部等编：《中国共产党清远县组织史资料（1924—1987）》，中共清远市委组织部、中共清远市委党史研究室、清远市档案馆 1990 年版（内部发行）。

5. 清远市地方志编纂办公室编：《清远县志》，清远市印刷厂印刷 1995 年版。

6. 中共清远市委党史研究室：《连江支队史》，广东人民出版社 1995 年版。

7. 中共肇庆市委党史研究室编撰：《中国人民解放军粤桂湘边纵队史》，广东人民出版社 1996 年版。

8. 中共清远市委党史研究室等合编：《清远县党史资料选编（1924—1949 年)》，2000 年版（内部发行）。

9. 魏宏运主编：《中国现代史》，高等教育出版社 2002 年版。

10.《清远革命老区巡礼》编纂委员会、清远市史志办公室编:《清远革命老区巡礼》，清远市史志办公室 2004 年版（内部发行）。

11．清新县史志办公室、中共清城区委党史研究室：《中国共产党清远县地方史（1924—1949）》，中共党史出版社出版 2007 年版。

12．清新县地方志编纂委员会编：《清新县志（1988—2005）》，广东人民出版社 2012 年版。

13．陈露：《追寻北伐铁军精神》，岭南美术出版社 2013 年版。

14．《清远市老区建设促进志》编纂委员会编：《清远市老区建设促进志（1991—2016）》，2017 年。

15．清新年鉴编纂委员会编：《清新年鉴（2013）》，广东人民出版社 2014 年版。

16．清新年鉴编纂委员会编：《清新年鉴（2014）》，广东人民出版社 2014 年版。

17．清新年鉴编纂委员会编：《清新年鉴（2015）》，广东人民出版社 2015 年版。

18．清新年鉴编纂委员会编：《清新年鉴（2016）》广东人民出版社 2016 年版。

19．清新年鉴编纂委员会编：《清新年鉴（2017）》，广东人民出版社 2017 年版。

20．清新年鉴编纂委员会编：《清新年鉴（2018）》，广东人民出版社 2018 年版。

2019 年 10 月，是新中国成立 70 周年；2021 年 7 月，是建党 100 周年。为新中国成立、建党周年盛典献上一份厚礼，为铭记革命历史，传承红色基因，2017 年 6 月，中国老区建设促进会下发了《关于编纂全国 1599 个革命老区县发展史的安排意见》（中老促字〔2017〕15 号），决定组织全国编纂《革命老区县发展史丛书》。根据中国老促会以及广东省老促会的要求，清新区于 2018 年 7 月成立了清远市清新区老区发展史编纂委员会和编纂组，开展编纂《清远市清新区革命老区发展史》的相关工作。

2018 年 8 月 7 日，编修工作正式开始启动。编纂组从市老促会、区史志办、区老促会、区直属机关单位等搜集、征集大量的资料，经整理分析后，编写出发展史大纲。

2018 年 7 月至 2019 年 3 月，编委会和编纂组成员先后到肇庆的广宁县，清新太和镇五星、秦皇山、石马、南冲、三坑镇枫坑和雅文、山塘镇大湾等革命老区进行实地调查采访，其间还参加省编写革命老区县发展史培训班和清城编写老区发展史意见稿座谈会，积极听取省老促会、市史志办、市老促会、区老促会和干部群众的意见。

2019 年 3 月底，编纂组写出初稿。2019 年 4 月 16 日，编纂委员会召开本会会员、编纂组成员及审稿人员会议。会议要求认真修改初稿稿件，完善图片及各章节内容。5 月底，经修改、补充，编纂组形成审改稿，并将稿件送市老促会、区老促会、区史志办审阅，且将综合意见和建议汇报编委会，根据编委会的要求再次进行修改、校对，从而在 2020 年 7 月形成送审稿。

《清远市清新区革命老区发展史》设八章，另有图片、序、前言、大事记、附录等，约 30 万字，由主编陈露负责统筹规划，执行主编林勇伟负责落实和编写，各章内容由下列人员执笔编纂：

林勇伟负责前言，第二章，第四章，附录二、三、四，后记的撰写及搜集图片、拍摄照片；何连平负责第一章的撰写；邓文勇负责第三章的撰写；袁灿洪负责第五章的撰写；梁其明、罗其华、陈明明负责第六章的撰写；胡卓南负责第七章和第八章的撰写；余卫鸿负责附录一的撰写。

本书是广大史志工作者多年努力的成果，集合了各方智慧。在本书编写过程中审核小组和编纂组成员分别作了认真细致的审核和校对，亦得到了相关领导、专家及同行的指导，这里一并致谢。

本书编写难度大：始讫时间超 90 年；内容涉及革命斗争、中华人民共和国成立及改革开放以来老区各项事业的发展变化；档案及史料记载清新老区的发展变化资料较少且分散；编纂人员水平有限等等。故书中难免有错漏及不足之处，敬请读者更正。

《清远市清新区革命老区发展史》编纂组

2020 年 7 月

广东人民出版社　党政精品图书

围绕中心，服务大局，做最具高度、深度和温度的主题出版物

中宣部主题出版重点出版物

《中华人民共和国通史》（七卷本）

· 全国第一部反映中华人民共和国70年光辉历程的多卷本通史性著作

· 中央党校、中央党史和文献研究院权威专家倾力打造

《账本里的中国》

一册册老账本，串起暖心回忆，讲述你我故事，体味民生变迁。

· · ·

《全国革命老区县发展史丛书·广东卷》

· 挖掘广东120个革命地区的红色记忆

· 中国老区建设促进会牵头组织

《红色广东丛书》

· 广东省委宣传部重点主题出版物

· 传承红色基因，弘扬革命精神

本书配有智能阅读助手，为您1V1定制

《清远市清新区革命老区发展史》阅读计划

帮助您实现"时间花得少，阅读体验好"的阅读目的

建议配合二维码一起使用本书

您可根据自己的学习需求，量身定制专属于您的阅读计划：

阅读服务方案	阅读时长指数	为您提供的资源类型	帮助您达到以下学习目的
1. 高效阅读	阅读频次 较低　每次时长 较短　总共耗费时长 ▆	总结类	快速学习和掌握红色精神。
2. 轻松阅读	阅读频次 较高　每次时长 适中　总共耗费时长 ▆▆	基础类	简单了解革命老区的历史。
3. 深度阅读	阅读频次 较高　每次时长 较长　总共耗费时长 ▆▆▆	拓展类	继承和发扬红色精神，推动老区发展。

针对您选择的阅读计划，您可以享受以下权益：

立刻获得的主要权益

▶ **专享本书社群服务：** 提供创造价值与私密的深度共读服务，群内分享阅读干货，发起话题探讨

▶ **1套阅读工具：** 辅助您高效阅读本书，终身拥有

每周获得的主要权益

▶ **专属热点资讯：** 16周社科文学类资讯推送，每周2次

▶ **精选好书推荐：** 16周文学社科热门好书推荐，每周1次

长期获得的主要权益

线下读书活动推荐： 精选活动，扩充知识开拓视野
不少于1次

抢兑礼品： 免费抽取实物大礼
不少于2次限时抽奖

微信扫码

添加智能
阅读助手

只需三步，获取以上所有权益：

1. 微信扫描二维码；
2. 添加智能阅读助手；
3. 获取本书权益，提高读书效率。

❶ 鉴于版本更新，部分文字和界面可能会有细微调整，敬请包涵。